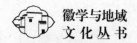

徽学与地域文化丛书

新安理学论纲

解光宇 著

北京师范大学出版集团
BEIJING NORMAL UNIVERSITY PUBLISHING GROUP
安徽大学出版社

图书在版编目(CIP)数据

新安理学论纲/解光宇著.—合肥:安徽大学出版社,2014.11
(徽学与地域文化丛书)
ISBN 978-7-5664-0385-8

Ⅰ.①新… Ⅱ.①解… Ⅲ.①理学－哲学学派－研究－徽州地区 Ⅳ.①B244.05

中国版本图书馆 CIP 数据核字(2013)第 026045 号

新安理学论纲
XINAN LIXUE LUNGANG

解光宇 著

出版发行:	北京师范大学出版集团 安 徽 大 学 出 版 社 (安徽省合肥市肥西路 3 号 邮编 230039) www.bnupg.com.cn www.ahupress.com.cn
经　　销:	全国新华书店
印　　刷:	合肥远东印务有限责任公司
开　　本:	152mm×228mm
印　　张:	20
字　　数:	280 千字
版　　次:	2014 年 11 月第 1 版
印　　次:	2014 年 11 月第 1 次印刷
定　　价:	39.80 元

ISBN 978-7-5664-0385-8

策划编辑:朱丽琴　刘　强	装帧设计:知耕书房
责任编辑:王娟娟	美术编辑:李　军
责任校对:程中业	责任印制:陈　如

版权所有　侵权必究

反盗版、侵权举报电话:0551－65106311
外埠邮购电话:0551－65107716
本书如有印装质量问题,请与印制管理部联系调换。
印制管理部电话:0551－65106311

徽学与地域文化丛书
编委会名单

编委会主任: 吴春梅

编委会副主任:(按姓氏笔画为序)

　　　　卞　利　　张子侠　　张能为　　鲍　恒

编　　委:(按姓氏笔画为序)

　　　　卞　利　　王国良　　王达敏　　王天根
　　　　王成兴　　江小角　　李　霞　　张子侠
　　　　张能为　　张崇旺　　张爱冰　　张金铣
　　　　吴春梅　　吴怀东　　吴家荣　　陆建华
　　　　陈　林　　宛小平　　徐国利　　鲍　恒

● 全国高等院校古籍整理研究工作委员会直接资助项目"《新安理学先觉会言》整理与研究"(0803)

● 安徽省教育厅人文社科重点研究基地重点项目"新安理学派对'理'的解构研究"(SK2012A138)

目 录

001 第一章　朱熹与新安理学派
- 001　一、新安理学派的形成
- 006　二、新安理学的特质
- 013　三、徽州程朱文化遗存

017 第二章　朱子徽州十二高第弟子
- 017　一、程洵
- 021　二、程先、程永奇父子
- 027　三、汪莘
- 032　四、滕璘、滕珙兄弟
- 037　五、其他及门弟子

041 第三章　程大昌思想研究
- 042　一、哲学思想
- 050　二、经世思想
- 061　三、《诗经》学思想
- 068　四、结语

071 第四章　吴儆思想研究
- 074　一、师承与交游
- 077　二、事功思想倾向

080　三、奉程朱为正统
086　四、"恢复大计"的政治思想
096　五、教育思想
100　六、结语

105　**第五章　倪士毅与《四书辑释》**
106　一、生平与著述
108　二、《四书辑释》的哲学思想
124　三、《四书辑释》的价值及其历史意义

129　**第六章　朱升思想研究**
129　一、生平与著述
131　二、作诸经旁注，求真是之归
135　三、理者，纹理之谓也
140　四、政治思想与教育思想
145　五、朱升思想评价

149　**第七章　汪循思想研究**
149　一、生平与著述
151　二、与王阳明"数相论辩"捍卫朱子学
155　三、《仁峰文集》展现的徽州社会

161　**第八章　《范子咙言》思想研究**
162　一、生平与著述
163　二、《范子咙言》及其思想研究

180　**第九章　晚明徽州的讲会与心学兴衰**
180　一、湛若水开徽州讲会之先河
186　二、阳明学登上徽州的讲坛
189　三、心学为不结果实的花朵

193 第十章 戴震义理之学
- 194 一、戴震的义理之学
- 203 二、戴震的学术渊源

207 第十一章 新安理学派对"理"的解构及其意义
- 208 一、理是"自然之节","不为言之有无而损益"
- 210 二、理是"太极"、"元气"
- 212 三、理,道理也,文理、条理是也
- 214 四、理者,纹理之谓也
- 216 五、理是"礼文","是人事中之理"
- 217 六、理者,在物之质,曰肌理、腠理、文理
- 219 七、结语

222 第十二章 徽州释奠朱子考
- 222 一、程朱阙里
- 224 二、紫阳书院释奠朱子礼
- 227 三、茗洲吴氏家塾释奠朱子的释菜礼
- 229 四、结语

231 附录 《新安理学先觉会言》

305 主要参考文献

309 后记

朱熹与新安理学派

一、新安理学派的形成

徽州历史悠久,春秋之际即有设置。三国时称新都,晋时称新安郡,因此徽州又有"新安"之称。至宋元和年间改为徽州,明时徽州府领歙、休宁、婺源、祁门、绩溪、黟六县,府治在歙。

徽州自南宋以来就被称为"程朱阙里",并产生新安理学派,足见该地区受程朱理学影响之大。为什么徽州被誉为"程朱阙里"?新安理学派又是如何产生和发展的?

首先,"二程"、朱熹的祖籍均是徽州。据清《河南程氏正宗世系谱》记载,"二程"一世祖为东晋新安(即徽州,晋称新安郡)程元谭。又据明洪武十九年(1386)《新安程氏族谱》载,自元谭起二十八世而有程泽,因避唐末之乱,举家北迁中山博野(今河北博野县)。自程泽起三传而为程羽,即"二程"高祖。程羽因佐宋太宗赵光义有功,被赐第京师泰宁坊,遂移居开封。"二程"曾祖程希振又从京师迁至洛阳,自此,"二程"为洛阳人。

朱熹之父朱松为徽州人,宋徽宗政和八年(1118),朱松授南建州政和尉,朱熹遂出生于福建尤溪。故高攀龙曰:"程夫子生洛,朱夫子居闽,人知三夫子洛、闽相去之遥,不知两姓之祖同出歙,又出黄墩之撮土也。"①

其次,徽州儒风盛行:

> 新安为程子之所从出,朱子之阙里也。故邦之人于程子则私淑之,有得其传者;于朱子则友之、事之,上下议论,讲劘问答,莫不允然,各有得焉。嗣时以还,硕儒迭兴,更相授受,推明羽翼,以寿其传。由宋而元,以至我朝,贤贤相承,绳绳相继,而未尝泯也。

> ……新安介万山间,而中兴绝学之大儒与夫左右之者,胥此焉出,殆乾坤气运之所关,山川英灵之攸钟也,岂偶然哉,昔人谓之东南邹鲁。②

《茗洲吴氏家典》亦云:"我新安为朱子桑梓之邦,则宜读朱子之书,取朱子之教,秉朱子之礼,以邹鲁之风自待,而以邹鲁之风传之子若孙也。"③

由于"二程"、朱子祖籍均为新安(徽州),并且程朱理学在徽州代代相传,从而自南宋始,在徽州逐渐形成了程朱理学的一个重要支派——新安理学。新安理学的概念起于何时尚无从知晓,但早在明中叶时,休宁人程曈在正德三年(1508)所著《新安学系录》中,已有此意。该书十六卷,共列新安理学家一百一十二人。卷一为明道先生,卷二为伊川先生,卷三为韦斋(朱子之父朱松)先生,卷四为晦庵先生。即是说,新安理学肇始于程朱,这已是明代徽州学者的共识。万历二十一年(1593),徽州黟县人韩梦鹏辑《新安理学先觉会言》,直接提到"新安理学"一词。万历四十四年(1616),徽州学者范涞校订的《朱枫林集》,首页就有"新安理学名儒朱枫林集"醒目大字。到了清代,休宁人赵吉士在其所著《寄园寄所寄》中,以"新安理学"为其卷十一《泛叶寄》中的篇名。至此,"新安理学"之名广为人知。南宋以降,徽州书院林立,儒风独茂。从北宋至清代

---

① (明)高攀龙:《程朱阙里志原序》,(明)赵滂编集:《程朱阙里志》,紫阳书院藏版,清雍正三年重刻本,第4页。
② (明)程曈:《新安学系录》,合肥:黄山书社,2006年,第1页。
③ (清)吴翟:《茗洲吴氏家典》,合肥:黄山书社,2006年,第3页。

末年,徽州六县共建书院九十七所。其中,宋建十四所,元建十七所,明建五十二所,清建十四所。此外,从元代起,徽州六县还创办许多社学。明初时社学已发展到三百九十四所,到清代更发展到五百六十二所,真是"书院林立,社学遍地"。除了书院和社学以外,徽州各地还创办了大量的私塾。明清时期,徽州只要有人烟的地方都有私塾,以至"远山深谷,民居之处,莫不有学有师,有书史之藏",而这些书院、社学、私塾中读的都是程朱理学的书。朱熹更是被奉若神明,"其学所本,则一以郡先师子朱子为归,凡六经传注、诸子百氏之书,非经朱子论定者,父兄不以为教,子弟不以为学也"①。

由于"二程"与朱熹的祖籍均是徽州,并且程朱理学在徽州影响甚广,随着明初理学兴起,徽州的理学家们尊贤卫道,修筑了程朱阙里祠,编纂了《程朱阙里志》,树立了程朱阙里石坊,故"程朱阙里"已成为徽州的代名词。

朱熹祖籍徽州,在徽州有不少亲朋好友,他曾多次回徽省亲,收授许多门生,并且有多人赴闽随朱子学习,所以朱子理学思想在徽州广为传播。据有关史料记载,朱子曾三次回徽省亲。第一次在绍兴二十年(1150)春,"朱子二十一岁始归婺源省丘墓宗族"。第二次在淳熙三年(1176)二月,朱子归婺源省先墓,"取道浦城,自常山、开化趋婺源,蔡元定从。日与乡人讲学于汪氏之敬斋,至六月乃去。有归新安祭墓及告远祖墓文,又作茶院朱氏谱后序"。第三次在庆元二年(1196)九月,朱子六十七岁归婺源省墓,"讲学于郡城天宁山房"②。

朱子每次回徽,都应友人之邀讲学授徒。明代徽州学者程瞳在其《新安学系录》中说:"昔乡先正授学于子朱子者,几三十人。"③《紫阳书院志》还为其中杰出者立传:"文公归里,乡先正受学者甚众,今论定高第弟子十二人列于从祀,义应各为列传。然圣人有取于述而不作,故凡诸贤行实有前人志状家乘者仍

---

① (元)赵汸:《东山存稿》卷四《商山书院学田记》,《四库全书》第1221册,上海:上海古籍出版社,1987年,第287页。
② (清)施璜:《紫阳书院志》卷五《文公本末》,清雍正三年刻本,第69页。
③ (明)程瞳:《新安学系录》,第150页。

之,或冗长则遵伊洛渊源例略节之,阙者补之,不复署名。有遗事间增数行为附录,传首则称先生……兹十二君子者,生文公之乡,亲受业于文公之门,得以配食,岂不伟哉!"①其中优异者十二人为:程洵、程先、程永奇、汪莘、滕璘、滕珙、汪清卿、许文蔚、吴昶、谢琎、李季子、祝穆。这十二人是新安理学的早期创始人,影响徽州几百年的新安理学派即发源于他们。

古代徽州是程朱故里,为程朱发扬光大儒学而感到自豪。明代徽州学者赵滂说:"吾夫子生尼山,而颜、曾、思三大贤非出其家即出其乡,七十二弟子大抵鲁人为多,至孟氏道益大明。……孟氏之后圣学不传。千四百年重开于周子,光大于程朱。"②《紫阳书院志》云:"孔子没而微言绝,异端蜂起,百家争鸣,历汉唐以来,鲜有能发其精蕴者。有宋之兴,周、程、张子并世而出,邪说排斥,正学昌明,而其于天人性命之故,诗书礼乐之文,考古证今,毫厘必辨。则至紫阳朱子而后集其成。"③

《新安学系录》亦云:"孟子没而圣人之学不传千有余岁。至我两夫子始得之于遗经,倡以示人,辟异端之非,振俗学之陋,而孔孟之道复明。又四传至我紫阳夫子,复溯其流,穷其源,折中群言,集厥大成,而周、程之学益著。"④明代程曈还专门编纂了《新安学系录》,记载新安理学学派。

《新安学系录》共十六卷,收录了自宋至明初的一百一十二位理学学者的资料,可以说是宋、元、明初的徽州理学史,是新安理学的学案。《新安学系录》有以下特色:

第一,该书的主旨是弘扬程朱理学以及建构在徽州的道统。由于程颢、程颐、朱熹祖籍为徽州,故卷一、卷二为"明道先生程纯公"、"伊川先生",即程颢、程颐;卷三为朱熹之父"朱献靖公"朱松,以及和朱松同辈的徽州学者;卷四为"晦庵先生"。程曈在《新安学系录》序中认为,孔孟之学不传千余年,至"二

---

① (清)施璜:《紫阳书院志》卷八,清雍正三年刻本。
② (明)赵滂:《程朱阙里志·原序》,清雍正三年刻本。
③ (清)施璜:《紫阳书院志·序》,清雍正三年刻本。
④ (明)程曈:《新安学系录·序》,民国二十一年《安徽丛书》第一期影印本。本书引文出自此书,只标注页码,版本同。

程"始得之于遗经,孔孟之道复明,朱子使孔孟之学益著。而新安为程朱阙里,硕儒迭兴,更相授受,推明羽翼,以寿其传。从学术渊源来看,将程朱作为新安理学的宗师,说明新安理学"其来有自",继承了正宗的学脉,勾画了从孔孟到新安的儒家道统。

程曈勾画了两幅徽州师生"更相授受"的脉络图,也就是师承世系图表,曰"新安学系图",突出了程朱是新安学系的始祖。图一的始端为程子,在此师承的世系上有李缯、滕恺、滕洙、汪应辰、朱松、程鼎、吴儆、王焱等徽州学者;图二的始端为朱子,在此师承的世系上有朱熹徽州的及门弟子十六人,以及再传弟子四十多人。

从该书收入的人物来看,主要有三类,一是程朱及其同辈学者;二是程朱在徽州的及门弟子和再传弟子;三是弘道和卫道有功的书院山长和相关的官员。

第二,该书收集了这些学者的生平、著述、学术特点等史料。在该书中,一百一十二位学者的资料甚为翔实,主要来自正史、府志、县志、文集、家乘、族谱以及行状、墓志铭、传、书信等。其中传记部分,一般是采用前人已撰者;如前人未撰者,程曈则亲自撰写。另外,还有遗事部分。在这一部分,程曈广收同辈和后辈学者记载传主的事迹、学术思想以及对传主的评价,使对传主的介绍更为翔实。

第三,也是最根本的一点,就是作者编纂该书的目的在于捍卫朱子学。南宋以降,学者群起著述,异说纷起,朱子学之精神得不到彰显和传承,尤其是遭到陆、王心学的挑战,危及程朱理学的正统地位。故程曈在《新安学系录》的编纂中,始终贯穿着弘扬与捍卫朱子学的思想。在人物选择上,非朱子学者及后学,或有陆学倾向者,一概不收。如元徽州学者郑玉、明徽州学者程敏政等均未收录。在思想观点上,"朱子之所未发者,扩充之;有畔于朱子者,刊去之"①。如朱升认为:"理者,纹理之谓也。"这与朱子的"理"有很大的差异,则"刊去之"。对于扩充、弘扬朱子学有功之学者,则重点介绍,如被称为"如出文公之

---

① (明)程曈:《新安学系录》,第1页。

门"的程洵、"朱子世适"的陈栎等。由于程曈本着"崇正道,辟邪说"的编辑主旨,所以,《新安学系录》通篇排斥陆、王心学,弘扬和捍卫朱子学,目的是使"朱子之学焕然于天下"。

新安理学的历代传人,致力于儒学与朱子学的传承与弘扬,形成新安理学学派,以至徽州被誉为"东南邹鲁"、"程朱阙里"。

二、新安理学的特质

(一)新安理学时间跨度

新安理学派的起始时间应是绍兴二十年(1150)。该年春,"朱子二十一岁始归婺源省丘墓宗族"。这次回徽,朱子就收授了程洵、滕璘、程先、程永奇、吴昶等弟子。朱熹在世时曾三次回婺源省墓,每次都逗留数月,收授弟子,从事讲学活动。朱熹以及朱熹的徽州友人(如程大昌、吴儆)和朱熹徽州的及门弟子,成为新安理学的早期创始人。

新安理学的终结是在清早中期,以戴震对"理"的批判和徽派朴学兴起为标志。即是说,新安理学从南宋时期形成一直到清早中期衰落,共经历六百多年的历程。

(二)新安理学地域跨度

新安理学的活动与影响范围,主要是宋、元、明、清徽州所辖婺源、休宁、歙县、绩溪、祁门、黟县,这与该地区的自然地理环境有关。徽州在万山之中,相对封闭,从而形成相对独立的稳定的环境。在这样的环境里,新安学者主要以书院为依托,进行教育与学术活动。如歙县的紫阳书院、斗山书院、师山书院、天都书院、芩山书院等;休宁的还古书院、天泉书院、竹洲书院、西山书院、海阳书院等;绩溪的桂枝书院、槐溪书院、颖滨书院、二峨书院等;祁门的东山书院、白杨书院、全交馆、全交精舍、梧冈书院等;黟县的碧阳书院、松云书院、集成书院、南湖书院等。

除了书院的正常讲学传授外,新安学者还制定了讲会制度,即"六邑(六县)讲会"。讲会是学术交流与研讨的地方,有力地推动了徽州地区的学术发展。

徽州的书院教育与讲会,促进了该地区的学术繁荣。以《皖人书录》记载为例,宋代徽州有著述传世者一百三十一人,而同时代安徽其他地区共计一百一十三人,尚不及徽州一地。故徽州有"程朱阙里"、"文献之邦"的美誉。

(三)新安理学特质

新安理学在其六百多年的发展过程中,大体上经历了四个历史发展时期。在其发展的不同时期,虽呈现出不同的阶段特征,但奉朱熹为开山宗师,以维护继承、发扬光大朱子学为宗旨的学术旨趣却基本未变。由于各阶段历史背景不同,面临的学术环境各异,因而形成了各自的特色。

第一个时期为南宋新安理学形成时期。朱熹在世时,曾三次回婺源省墓,每次都逗留数月,从事讲学活动,阐述自己的思想。朱熹去世后,其门人弟子和学友,均以研习传播"朱子学"为己任。朱熹的友人程大昌与吴儆,学术造诣高,影响大,与朱熹往来密切,学术交流甚笃。总的说来,南宋时期是新安理学形成时期,新安学者团结在朱熹周围,精研性命义理之学,重在阐发朱子学的学派宗旨。主要表现在三个方面:

一是传承与弘扬朱熹理学。在朱子学中,"理"是核心概念,早期的新安学者,特别是才入朱子门下的弟子,对"理"的认识并不深刻,后在朱子的指教下,才入理学圣堂。如程洵对"理"有一个由浅入深、由片面到全面的认识过程。在这个认识过程中,朱子对其指教起了很重要的作用,以至程洵能够认识"理"的本质,认为"四时行矣,百物生矣"的主宰都是"天命"、"理",自然界的发展、运动、变化以及人类社会的发展、运动、变化都有其自身的规律,"不为言之有无而损益",不以人的意志为转移。人们认识的任务就是认识、体会"道"或"理",也就是认识规律。程洵将"理"看成自然界和人类社会的本源,"理"涵盖一切,并且"理"是客观存在的。在朱子的影响下,程洵成为新安理学大家之一,以至于"凡登程洵之门如出文公之门"。

程大昌的学术特色是坚持理学方向,奉程朱为正统,在宇宙观、修养论、历史观等理学的根本问题上与程朱相一致。程大昌比朱熹年长数岁，两人常以书信讨论学术问题，感情甚笃。程大昌发挥朱熹的"理"为万物之源、太极为众"理"之总的观点，建立了太极生万物的宇宙观，并且在易学研究方面有很深的造诣，尤其研究宇宙生成问题，坚持理学，援道入儒。

吴儆在学术本旨上坚持理学方向，奉程朱为正统，在天道观、历史观、人性论、格物致知等理学根本问题上与程朱相一致。

汪莘初对"文词"有兴趣，后在朱子的指教下，研究儒学与理学，成为朱子在徽州的"高第弟子"。汪莘关于宇宙是有限与无限相统一的思想以及天地交泰的思想，代表了南宋自然哲学的最高成就。

二是注重事功，主张积极入世，这在程大昌和吴儆身上表现更为突出。

程大昌注重事功，主张积极入世、参政议政。程大昌十分关注社会现实和民众生活，对南宋黑暗的现实和困苦的民生等各个方面都极为关注，对吏治、狱治、军事、财政、农业、教育等各个方面都进行了深入的思考与不懈的探索，不仅在理论上取得了成功，更是以身作则、积极入世，以其非凡的才干，在各个方面都做出卓绝的贡献。此外，程大昌的整个学术特点是平实、朴素。除易学思想之外，他关于政治、历史、地理等领域的思想，都与亲身经历有关，都立足于现实、有感而发，不作形上抽象的思辨，不作玄远空洞的虚论。但这并没有使程大昌的思想显得粗陋，相反，他的思想立足于现实，切中时弊，同时又具有理论深度，这使得他和专言事功不言心性的永康、永嘉等事功学派又有所区别。

吴儆的思想以理学兼事功，基于内圣而强调外王。吴儆强烈地关注现实与民生，从恢复大计到吏治、狱治、军事、财政、教育等，都进行了认真的思考和艰辛的探索，不仅取得理论上的成果，而且付诸实践。思想与行为的一致性使吴儆的学术具有一种"知行合一"的色彩。此外，吴儆的整个学术具有平实、朴素的特点，无论在理学方面，还是政治、教育方面，他都从现实问题、具体情况出发，既切中时弊，又具理论深度，至今仍有现实意义。

三是排佛老,捍卫儒学的正统地位。

朱熹理学深受佛老影响,但为了捍卫儒学的正统地位,必须排斥佛老。朱熹不仅经常批判佛老,而且经常告诫弟子佛老之弊,远离佛老。

朱子在给弟子《答汪太初》书中批评佛老:"然间尝窃病近世学者不知圣门实学之根本次第,而溺于老、佛之说,无致知之功,无力行之实,而尝妄意天地万物、人伦日用之外别有一物空虚玄妙、不可测度,其心悬悬惟徼幸于一见此物,以为极致;而视天地万物本然之理、人伦日用当然之事皆以为是非要妙,特可以姑存而无害云尔。盖天下之士不至于学,则泛然无所执持而徇于物欲,幸而知志于学,则未有不堕于此者也。"①

朱子弟子滕璘曾一度"所喜释氏之说",朱子在《答滕德粹》之五指出:"释氏之说,易以惑人,诚如来喻。然如所谓若有所喜,则已是中其毒矣。恐须于吾学有进步处,庶几可解。不然,虽欲如淫声美色以远之,恐已无及于事,而毒之浸淫侵蚀日以益深也。"②针对滕璘所喜释氏之说,朱子批评其"已是中其毒矣",如不立即警觉,将会受害日深。

滕璘也曾一度读庄周书,朱熹认为"读庄周书,泛观无害,但不必深留意耳"。他在给滕璘的书信中指出:"向来相聚,见德粹似于此理见得未甚端的,且尚不能无疑于释子之论。今若更以庄周之说助之,恐为所飘荡而无以自立也。"

由于新安理学学者具有排佛老的传统,故佛老之教在徽州一直不得势。正如许承尧所云:"此地不尚佛老之教。"其原因是徽州为"文公道学之邦","其教泽入人深哉"!③

总之,学宗朱熹、发扬光大朱子理学是新安地区的普遍学风。但南宋时期的新安理学虽推崇朱熹理学,却无门户之见,对其他学派的学说能持宽容乃至接纳态度。如吴儆的理学思想既与朱熹理学有渊源关系,也与张栻的湖湘学派、吕祖谦的

---

① 《朱文公文集》卷四十六《答汪太初》,北京:北京图书馆,2006年。
② 《朱文公文集》卷四十九《答滕德粹》,北京:北京图书馆,2006年。
③ (民国)许承尧:《歙事闲谈》第十八册《歙风俗礼教考》。

金华学派的理学有师承关系,这多少反映出新安理学在其形成过程中对其他学派理论成果有所吸收与借鉴。

第二个时期为元、明新安理学发展时期。南宋以降,朱子学被朝廷立为官方哲学,居于显赫的地位,成为士人获得功名的敲门砖。但就朱子学本身发展来说,"朱子既没,天下学士群起著书,一得一失,各立门户,争奇取异,附会缴绕,使朱子之说翳然以昏然"①。故元、明的新安学者治学重心是努力探寻朱学本旨,致力于维护朱子学的纯洁性。同时,不满足于一味地墨守门户,致力于学风的转变,力倡独立思考,于是提出了"求真是之归"、"和会朱陆"的口号,即要求真正明了儒学、朱子学的真谛,发展儒学、朱子学,而不是人云亦云,附声唱和。这一时期的新安理学家大多是朱熹的再传弟子,代表人物有程若庸、陈栎、倪士毅、朱升、郑玉、赵汸、汪循、范涞等。

程若庸建立的理学范畴系统"宗朱"是显而易见的。他对范畴的解释源于朱熹,以朱熹的理学思想为宗旨。但他对很多范畴的解释,综合了朱熹及张载、"二程"等人的思想,字字精要,概括全面,如对"命"、"心"、以及"心"、"性"、"情"三者关系的观点,就体现了综合性。对少数范畴的解释,程若庸甚至提出同朱熹不一样的看法,来阐释范畴概念,如"道"、"器"。朱熹反对以"形上"和"形下"来区分"道"、"器",程若庸则赞同"二程"的观点作了"形上"和"形下"的区分。在他的《性理学训讲义》中,程若庸不仅吸收了《易》中的思想来阐释其中的范畴,他还引用了《老子》"一生二,二生三,三生万物"的宇宙生成模式来表达他自己对宇宙生成过程的理解,用易学的思想改造了老子的宇宙生成论。他的哲学思想是"不尽同于朱子"的,表现出了对朱子学的继承与发展。

陈栎学宗朱子,排斥异端,返朱子学本来面目。他著述颇丰,阐明性理,有功于朱子学,并影响了其后的新安理学家。

倪士毅编著的《四书辑释》,是新安理学发展到元代的重要成果,它全面反映了元代新安理学的基本风貌。朱子之后,思想界出现了"惧儒家之说,乱朱子本真"的局面,对此,倪士毅就

---

① (明)程曈:《新安学系录》卷一二《陈定宇墓志铭》。

通过《四书辑释》一书,主要是通过对《大学章句》、《中庸章句》的重点分析以及《论语》、《孟子》的简要分析,来纠正诸儒异说,传承朱熹思想,目的就是为了捍卫朱子学的纯洁性。

朱升是朱熹的五传弟子,不仅是明朝的开国功臣,而且在学术上也有独特的建树。政治上,朱升从战略高度提出"高筑墙、广积粮、缓称王"的创基立国之策;学术上,则作诸经旁注,凸现儒学真谛,返归元典儒学,求真是之归。更重要的是,他对"理"这一概念,作了新的阐释,认为理是"脉理、纹理",摒弃程朱理学和陆九渊心学中的神秘性和主观性,赋予"理"客观规律性,这是对先哲思想的超越。

赵汸作为朱子再传弟子,致力于著书立说、教书育人、传播朱子理学思想,为徽州地区培养了大量的理学人才,从而丰富和发展了新安理学,为新安理学的兴盛做出了积极的贡献。其思想反映了新安理学对朱子学的传承,同时体现了元末新安理学流派的典型特征。赵汸重视治经,其原因是元代朱子学在发展过程中出现弊端,尤其是当时一些新安学者有盲目迷信的风气,促使赵汸提出新的治经主张,即"一切以实理求之"。

郑玉治经以"义理"为旨归,宗朱取陆,不执门户之见,兼采诸儒之长。善于就史事立论,不尚空谈"义理",以致用为目的。郑玉解《春秋》有如下特征:一是经传并用,以经为重,兼采诸儒之说;二是宗朱子而不拘执,自成一家之言;三是以经明理,以用求治。郑玉还比较客观公正地分析朱、陆之学各自的利弊,认为学者应汇两家之长,打破门户之见。郑玉"和会朱陆"的观点影响了当时及后代学者,为理学内部阵营的统一做出了一定的贡献。

汪循作为"休宁理学九贤"之一,不仅在政治上有所作为,而且在学术上、思想上也有独特的建树。面对内忧外患,汪循向朝廷提出"外攘内修十策";在学术上,他极力反对王阳明"妄诋朱子",与阳明"数相辩论",以捍卫朱子学说。

范涞是明朝中后期著名的新安理学家。在"理气论"方面,他继承了朱熹"以理为本"的宇宙论思想,坚持了"理在气中"的观点,并且认为"气"是沟通"形上之理"和"形下之物"的中间环节。范涞的"心性论"也基本上继承了朱熹的观点并有所发挥。

此外,在"和会朱陆"的过程中,徽州学者也做出了重要的理论贡献。虽然有少数学者如程曈认为朱陆之学"早异晚异",互不相容,但大部分学者都主张"和会朱陆"。朱升认为,朱陆所分别主张的"道问学"与"尊德性"的关系是动、静关系,"动而道问学,静而尊德性",二者相辅相成,"如寒、暑、昼、夜之更迭而无间",缺一不可;郑玉认为,朱陆之学各有优劣,应取长补短;赵汸认为,朱陆思想"合并于暮岁";程敏政提出"早异晚同"说。徽州学者的这些观点直接影响了王阳明及其后学。

第三个时期是晚明心学兴盛时期。晚明时期,白沙心学和阳明心学在徽州曾兴盛一时,形成晚明徽州心学思潮。

心学在徽州有一个发生、发展的过程。元末明初,徽州学者致力于"和会朱陆",同时也表明陆九渊心学在徽州有一定的影响,如郑玉、赵汸、朱升等,就对陆九渊心学有所研究,主张"和会朱陆";明代徽州学者程敏政主张朱陆"早异晚同",具有明显的心学倾向。尤其是到陈白沙、王阳明心学崛起,以及晚明白沙后学湛若水与阳明高足邹守益、王畿出现之后,学者们纷纷赴徽州讲学,培养弟子,形成徽州特有的讲会,心学大有压倒朱子学之势,成为这个时期徽州学术的主流。从《新安理学先觉会言》卷一《新安同志会约之序》中可看到,当时白沙心学与阳明心学盛行,郡有郡会,邑有邑会,乃至一家一族亦莫不有会。而为会约作序者,大都是鼓吹心学的大家,如湛若水、邹守益、王畿、刘邦采、祝世禄、潘士藻等。《江南通志》谓"皖南讲学之盛一时,民淳俗朴有三代风",由此可以想见晚明心学在徽州的传播和兴盛的状况,说明心学是当时徽州学术的主流。但由于晚明心学弊端及徽州的深厚朱学传统,故心学在徽州为"不结果实的花朵"。

第四个时期为清初新安理学终结时期。

晚明的新安理学,因受"心学"的冲击以及学者阐释朱子学不力的影响,整个学派出现萎靡不振的衰落迹象。清初虽出现过复兴朱子学的局面,但也是短暂的。而陆、王心学讲求内省,空谈心性,特别是明亡以后,王学末流被抨击为空谈误国,心学在徽州也无市场。随着清初汉学的兴起,清代的学术研究开始向求实切理、名物训诂,并崇尚朴实无华的"朴学"方向发展。

而徽州的学者则是"朴学"的主力,站在这股学术浪头之上的是徽州休宁人戴震。戴震是徽派"朴学"的集大成者,不仅在声韵训诂、名物制度、经籍考证、天算地理研究等方面取得了重大成就,而且创造性地阐发了"义理"之学。在解构程朱之"理"的过程中,其思想闪耀着启蒙思想的光芒。以戴震为代表的新安学者对"理"进行解构,他们继承和发扬了传统儒学中的求实求真精神和经世致用的务实态度。尤其是戴震目睹理学被充当统治者的"忍而残杀之具",阻碍了徽商经济发展后,认为必须对"理"进行解构,还"理"本来的面貌。可以说,戴震是新安学派的"叛逆"。

随着戴震等徽州学者对程朱理学的批判,以及受清初学术界由"宋学"转为"汉学"这股潮流的影响,"徽派朴学"创立,这标志着新安理学向徽派"朴学"的转型,新安理学终被徽派"朴学"所取代。

三、徽州程朱文化遗存

程朱祖居地皆位于屯溪东北十公里的篁墩。故高攀龙曰:"程夫子生洛,朱夫子居闽,人知三夫子洛、闽相去之遥,不知两姓之祖同出歙,又出篁墩之撮土也。"① 由于三夫子远祖皆出于歙之篁墩,加之程朱理学在徽州盛行,徽州对程朱三夫子尊敬有加。南宋以降,徽州不仅修了相关的志(如《紫阳书院志》、《程朱阙里志》),还修建了一些书院和祠庙,其中以紫阳书院、程朱阙里祠和篁墩最为著名,还有与"二程"祖先和朱子有关的遗址、祠、石坊(如程朱阙里石坊)、雕刻、碑文等,故徽州地区现有许多程朱文化遗存。

(一)紫阳书院

紫阳书院在徽州府治歙城南五里的紫阳山上。紫阳书院的建成有一个发展过程。最初是宋宁宗嘉定元年(1208)太守

---

① (明)赵滂:《程朱阙里志·原序》,清雍正三年刻本。

孟公即学宫作晦庵祠堂；七年（1214）郡守赵公师端改建文公祠；十五年（1222）歙令彭公方别立祠于县圃岁寒亭之侧；理宗淳祐六年（1246）太守韩公思轩补奏建书院于城南，御书"紫阳书院"四大字榜其门，始名"紫阳书院"。至明正德时，张文林太守始移建于紫阳之山，而名实相符，为千古不拔之基。据《紫阳书院志》记载："子朱子即祀先圣庙，而宋理宗赐建紫阳书院，复专祠焉。"因而，紫阳书院内的大堂（朱子殿），是专门祭祀朱子的场所。此后，紫阳书院成为明清徽州地区祭祀朱子、讲学、会讲的重要场所。

据了解，紫阳书院已有完整的规划和专项经费，复建正在启动。

（二）程朱阙里祠

程朱阙里祠为明代建筑。明万历年间，歙县知县刘申在湖田古圣堂建程朱阙里祠，又命太学生赵滂编《程朱阙里志》。后不久赵滂募集、捐资拓地十五亩，以九亩将程朱阙里祠改建为程朱三夫子祠，留有六亩作为祠田，岁取租金，以备维修用。同时，有吴姓三人出银四百五十两建"程朱阙里"石坊一座，鲍姓三人出银三百八十两造阙里享堂三间。根据《程朱阙里志》记载，祠基即古圣堂遗址，其地在岩镇余翁桥北，旧所称吕湖，东距竭田，西连朱方，南接湖村，北抵后美，周围十余里。湖有山，名曰"湖中山"，今在后美者是。自湖厴见毙于忠壮公，而湖淤为沃壤，仍一水泓然，常注如练。古圣堂故为梵宇，僧多不法，邑令刘公撤之为阙里祠，其规模轩敞，境地旷远，足称伟观云。

清康熙年间，在徽州知府常弘祖、知县蒋振先的支持下，歙吴廷彦重修程朱三夫子祠。又因《程朱阙里志》流传不广，吴廷彦遂主持编辑《重刻程朱阙里志》，以广其传。

另外，《程朱阙里志》有完整的《阙里祠庙图》，可按照该图恢复程朱阙里祠。

（三）篁墩

篁墩为程朱祖居地，有关文化遗存有世忠庙（即忠壮公庙，为纪念"二程"新安显祖程灵洗所建）、朱家巷、程朱祖墓等。

根据龙念、许大春、胡长春等专家的调研，篁墩现已收集到的有关"程朱阙里"文物清单：

1."程朱阙里"牌坊的御赐"宸翰"石料部件（明万历四十年，公元1612年）；

2.程氏董夫人墓碑顶原件一个（陈朝光大二年，公元568年）；

3.程氏三夫子祠牌坊前青狮一只（母，明万历年间）；

4.程氏统宗祠，龙湾派旗杆斗两个（丁丑科清康熙年间）；

5.程氏统宗祠，原屋石柱八根、屋柱礅四个（清康熙年间）；

6."程朱阙里"原配石狮托两块（明万历年间）；

7.敕建"世忠庙"碑一块（方一藻将军手书，明代，公元1630年）；

8.程灵洗将军董夫人墓碑一块（程氏祖墓）（陈朝光大二年，公元568年）；

9.程氏统宗祠，原徽州府禁封碑一块（康熙年间）；

10.程氏三夫子祠"朱师古"墓碑一块（明万历年间）；

11."世忠庙"土地佬前祭拜香炉一个；

12.康熙三十五年（1696），原世忠庙大殿案桌面一块（长九尺八寸，宽一尺六寸）；

13.明万历年间，朱熹祖墓"朱夫子祖墓"碑一块（石料长一米五，宽八十厘米，重一百五十公斤）；

14.民国二十五年（1937）修祠庙、各派捐款石碑一块（账目刻字公布碑）。

（四）有关程朱其他主要文化遗存（婺源另行统计）

宋理宗御书"紫阳书院"石碑；康熙御书匾"学达性天"；乾隆御书匾"百世经师"；

歙县中学内的"明伦堂"；

芩山书院（在歙南桂溪。淳熙丙申（1176），朱子与宗人讲学其中）；

程朱阙里坊、"古紫阳书院"牌坊；程瑶田书写的"紫阳书院学规"碑文（紫阳书院朱子殿内）；

呈坎朱家村、祁门夫子山，等等。

朱熹题写的与徽州有关的文字:

1.《婺源茶院朱氏世谱》序,《朱子全书》第二十六册第三十五~六十页。

2.《程朱阙里志·汇增·吴少微赞》:"文以振三变之衰,德以立千载之祀。瞻彼容仪,乃真御史,李唐以来,如公有几?"

3.《新安文献志》卷四七《勉学箴》:"百圣在目,千古在心。妙者躬践,侥者口吟。——读好书;莠言虚蔓,兰言实荟。九莠一荟,驷追不回。——说好话;圣狂路口,义利关头。择行若游,急行若邮。——行好事;孔称成人,孟戒非人。小人穷冬,巨人盛春。——作好人。"

4.徽州区呈坎《新安罗氏宗谱序》。

5.歙县桂溪项氏族谱载:"淳熙丙申朱熹曾讲学村西岑山书院,其喻道体诗云:'莫道溪流小,深源更可寻。'又云:'众派殊流源有在,万山总是一山来。'题岑山书院诗云:'木落空山证道心,一编终日费沉吟。不知寂寞秋窗里,中有春融见皖音。'"

6.民国《歙县志》载朱熹曾为其外祖祝氏故居题"旧时山月"。

7.歙县长陔题"新安大好山水"。

8.休宁齐云山题诗。

9.徽州区唐模镜亭刻诗。

10."孝弟忠信,礼义廉耻"楹联(存歙县博物馆)。

11.为呈坎罗愿、罗颂撰写两幅挽联:"呈坎双贤里,江南第一村"、"经纬之才,双峙名贤"。

"程朱阙里"是徽州文化的一个重要闪光点,广义的程朱文化遗存还应包括新安理学学者的文化遗存。在上述程朱文化遗存中,具有标志性的遗存是紫阳书院与程朱阙里祠,这两处可尽快恢复。在重视徽州文化的今天,理清、保护、恢复程朱文化遗存具有重要的意义。

第二章

朱子徽州十二高第弟子

朱熹祖籍徽州,在徽州有不少亲朋好友,曾多次回徽省亲,收授许多门生,并且有多人赴闽随朱子学习,所以朱子理学思想在徽州广为传播。明徽州学者程曈在其《新安学系录》中说:"昔乡先正授学于子朱子者,几三十人。"①其中优异者十二人。这十二位是:程洵、程先、程永奇、汪莘、滕璘、滕珙、汪清卿、许文蔚、吴昶、谢琎、李季子、祝穆。其他的及门弟子还有:汪楚材、程端蒙、汪会之、祝直清、程珙、汪晫、孙吉甫、胡师夔、程实之、汪端雄、赵师端、赵师恕、祝汝玉、程樏、滕坪、祝癸、金朋说、詹初等。

一、程　洵

程洵(1134~1196),原字钦国,后更为允夫,号克庵,婺源人,朱熹内弟。程洵青少年时代专心科举考试,在应试读书期间,读河南程氏和眉山苏氏之书,自认为读之"心开目明,恍然若与数先生坐于卷中,而亲闻声咳也"②。并且"为三苏纪年十卷,闲以示予,其于苏氏父子出处,诗文先后,前辈议论之所及编纂略尽"③。不久,朱熹自闽回婺源扫墓,初见程洵,爱之甚

---

① (明)程曈:《新安学系录》,合肥:黄山书社,2006年,第150页。
② (清)施璜:《紫阳书院志》卷八,清雍正三年刻本。
③ (宋)程洵:《尊德性斋集·序》,知不足斋丛书本。

笃，因而很认真地启迪、教诲程洵。针对程洵"初慕苏氏之议论，复谓程苏之道同"，朱熹与之辩难千百言，结果程洵认同朱熹，致力于孔、孟和濂洛之书，剖析推明，入圣学之门。程洵本打算放弃科举考试，一意学问以求进于圣贤之域，因贫不果，科举又不中。后以特恩授信州文学，为衡阳主簿。时临江刘清之典州事，对程洵非常赞赏，二人经常"相与讲所疑，上自圣贤精义致用之要，下至古今属词比事之旨，无所不及，风晨月夕，杯酒唱和，不以属吏待先生也"①。由于程洵学问受到朱熹影响，凡登程洵之门的士子、朋友如出文公之门。程洵后调庐陵参录，时任丞相周必大敬其学行，折节与之友。"伪学"祸起，程洵亦被诬为"伪学之流"。但程洵坚定朱学立场，并致书朱熹曰"滥得美名，恐为师门之辱"，朱熹答曰："今日方见吾弟行止分明。"庆元二年（1196）九月八日，程洵以疾终，享年六十二岁。朱熹"闻讣哭之恸，为文祭之曰'中外兄弟，盖无几人，有如允夫，尤号同志。学与时背，仕皆不逢，犹计暮年，更相勉励。卒其旧业，以毕余生。何意允夫而遽止此！'"②程洵曾以"道问学"命斋名，朱熹为之更为"尊德性"。程洵所著文集亦曰《尊德性斋集》，计三卷，周必大为之作序曰"议论平正，辞气和粹"；朱熹评曰"意格超迈，程度精当"。

程洵对"理"有一个由浅入深、由片面到全面的认识过程。在这个认识过程中，朱子对其指教起了很重要的作用。在朱子的影响下，程洵成为新安理学大家之一，以至于"凡登程洵之门如出文公之门"。从现有的资料看，程洵的理学思想主要见于《晦庵先生朱文公文集》卷四十一《答程允夫》，在朱子答程允夫书信中可略见一斑。

在朱子文集里，给程洵的书信约三十通，主要涉及指教或点评程洵见解的有十三通。程洵给朱子的书信在其《尊德性斋集》中基本没有保存，我们只能从《答程允夫》书中窥见一二。

从朱子《答程允夫》书中可以看出，程洵早期对"理"的理解不够深刻，程洵给朱子书信说：

---

① （清）施璜：《紫阳书院志》卷八，清雍正三年刻本。
② （清）施璜：《紫阳书院志》卷八，清雍正三年刻本。

> 穷理之要,不必深求。先儒所谓"行得即是"者,此最至论。若论虽高而不可行,失之迂且矫,此所谓过犹不及,其为失中一也。①

以上可以看出程洵早期轻视对"理"的探讨与研究,认为只需"行",便是"是"。这与朱子思想是不相通的。朱子一贯注重理论探讨,反对如功利主义的实用主义,也反对不注重"格物致知"的盲目"践履",故朱子批评道:

> "穷理之要,不必深求",此语有大病,殊骇闻听。"行得即是",固为至论,然穷理不深,则安知所行之可否哉?……穷理既明,则理之所在,动必由之,无论高而不可行之理,但世俗以苟且浅近之见,谓之不可行耳。如行不由径,固世俗之所谓迂;不行私谒,固世俗之所谓矫;又岂知理之所在,言之虽若甚高,而未尝不可行哉?理之所在,即是中道。惟穷之不深,则无所准则而有过不及之患,未有穷理既深而反有此患也。《易》曰:"精义入神,以致用也。"盖惟如此,然后可以应务;未至于此,则凡所作为皆出于私意之凿,冥行而已。虽使或中,君子不贵也。②

经过朱子的批评与指教,程洵开始重视对"理"的研究:

> 仁者,天理也。理之所发,莫不有自然之节。中其节,则有自然之和,此礼乐之所自出也。人而不仁,灭天理,夫何有于礼乐?

朱子评点说:

> 此说甚善。但"仁,天理也",此句更当消详,不可只如此说过。③

程洵认为,"理"是来自"天",即"自然之和",也即是"礼乐之所自出",如果灭天理,那又有何礼乐?如果没有礼乐,人类

---

① 《晦庵先生朱文公文集》卷四十一《答程允夫》。
② 《晦庵先生朱文公文集》卷四十一《答程允夫》。
③ 《晦庵先生朱文公文集》卷四十一《答程允夫》。

社会岂不大乱？故朱子认为程洵"此说甚善"。然朱子认为程洵"仁，天理也"的说法不准确、不完整，不能简单地"如此说过"，更需全面把握"理"的内涵，即"理"是涵盖自然界和人类社会运动、变化、发展的规律和法则，"仁"仅是"理"的一个特征。因此，朱子要程洵对"理""更当消详"。

在朱子的点拨下，程洵对"理"的理解越来越深刻，并达到较高的水准：

> "天何言哉？四时行矣，百物生矣，天何言哉"！洵窃谓四时行、百物生，皆天命之流行，其理甚著，不待言而后明。圣人之道亦犹是也，行止语默无非道者，不为言之有无而损益也。有言，乃不得已为学者发耳。明道先生言"若于此上看得破，便信是会禅"，亦非谓此语中有禅，盖言圣人之道坦然明白，但于此见得分明，则道在是矣，不必参禅以求之也。

朱子评曰：

> 如此辨别甚善。近世甚有病此言者，每以此意晓之，然不能如是之快也。①

程洵认为，"四时行矣，百物生矣"的主宰都是"天命"、"理"，自然界和人类社会的运动、发展、变化都有其自身的规律，"不为言之有无而损益"，不以人的意志为转移。人们认识的任务就是认识、体会"道"或"理"，也就是认识规律。认识和掌握规律，程颢指出如同佛教的"会禅"，但是程洵所强调的"会禅"与"理"或"道"有本质的区别。并不是说认识"道"或"理"就是参禅，而是说圣人之道本然明白，通过我们的认识"见得分明，则道在是矣"，即认识了"道"是我们认识过程中的一个质的飞跃，尽管这个认识过程与"会禅"有共性，但"不必参禅以求之"。

程洵这段关于"理"的论述有两点值得注意：一是对"理"的认识显著提高。本来仅认为"仁者，天理也"，而现在将"理"看成自然界和人类社会的本源，"理"涵盖一切，并且"理"是客观

---

① 《晦庵先生朱文公文集》卷四十一《答程允夫》。

存在的。二是划清理学认识论与佛教"会禅"的界限。

在南宋,理学内部有理学与心学之争,即以朱子为代表的理学和以陆九渊为代表的心学。朱、陆在学术思想上有分歧,曾进行过多次的学术争论。心学佛学化或禅学化是朱子批评陆九渊的一个主要方面。如针对陆九渊批评朱学"支离",朱子说:

> 今必以是为浅近支离而欲藏形匿影,别为一种幽深恍惚艰难阻绝之论,务使学者莽然措其心于文字语言之外,而曰道必如此然后可以得之,则是近世佛学诐淫邪遁之尤者。①

即认为陆九渊心学为禅学,只讲顿悟而不讲渐修,只讲理性的飞跃而不讲感性认识的积累。所以,对程洵将理学的认识同"会禅"区别开来,朱子大加赞赏,认为"如此辨别甚善"。朱子认为陆学全是禅学,每每批评之,但不如程洵说得"如是之快也"。

上述可见,在朱子指教下,程洵渐入理学殿堂,以至凡登程洵之门的士子、朋友"如出文公之门"。

二、程先、程永奇父子

新安理学家程先、程永奇父子是朱子的及门弟子。程先以古稀之年从朱子学。程先排佛老,反对方士盗用儒家学说招摇惑众;重视儒家丧葬之礼,认为这关系到后世为人子者知慎终之义的问题。程永奇著述甚丰,其人性学说坚持孟子"性善说",恪守程朱的人性二分法,论述天地之性与气质之性的辩证关系,为丰富儒家人性学说做出了一定的贡献。

(一)程先

程先,字传之,南宋徽州休宁陪郭人,学者称东隐先生,生

---

① (宋)朱熹:《大学或问下》,上海:上海古籍出版社,2002年。

卒年月不详，比朱子年长。《紫阳书院志》说：

> 先生之行大者有三：初团练公（程先父程全）以偏师御金于池州，死国难，当录其嗣。先生哀痛，固让不受，庐墓三年，有异征，其孝也。先生自以出伊洛后，为学务躬行，不事佔毕，隐居东山。既老犹请益不已。闻晦庵夫子为世儒宗，以归墓还婺源，担簦见之。夫子示以圣学大要。时先生年已七十余，不能追随入闽，遣其次子永奇侍朱子归建安其学也。①

道光《休宁县志》说：

> 程先，字传之，陪郭人。痛父（程）全死节于金，葬衣冠庐墓三年，固辞恩禄不受，隐居邑之东山，号东隐。所著有《东隐集》。尝以书问道于朱子，朱子嘉之。闻朱子来婺源，挈子永奇见之。以老病不能卒业，因遣永奇从学于闽。②

《新安学系录》"程东隐"条曰：

> 程东隐，名先，字传之，休宁陪郭人。墓表谓晦庵夫子还婺源担簦见之，夫子示以圣学大要。时年七十余，不能从，遣其子永奇事入闽。而文公大全集亦有答书。然恐其未必在弟子之列也。③

程先所著曰《东隐集》，除县志著录外，厉鹗《宋诗记事》在录程先诗之前的介绍也曰"有《东隐集》"。但该集已佚。据《安徽通志稿·艺文考》说：

> 《东隐集》，宋程先撰。先字传之，号东隐，休宁人。以父（程）全死于金，辞恩禄不受，隐邑之东山，事迹具县志。是集道光、光绪通志皆著录，无卷数。县志称其毁于兵。先尝以书问道于朱熹，并遣子永奇从

---

① （清）施璜：《紫阳书院志》卷六，清雍正三年刻本。
② （清）道光《休宁县志》卷十四，道光三年刻本。
③ （明）程瞳：《新安学系录》卷十六，民国二十一年安徽丛书第一期影印本。

学。厉鹗《宋诗记事》录其诗。①

《皖人书录》也说:"《东隐集》毁于兵燹"②。

由于程先《东隐集》已佚,很难全面地探知程先的理学思想,只能从其他资料中窥见一斑。《新安学系录》中说:"文公大全集亦有答书。"即朱子答程先的一封书信:

> 熹与足下为同郡人,然彼此未相识面。而足下以书先之,此意厚矣。夫佛老之言,不得以道名,足下之说是也。至于吾之所谓道,与其所以求之之方,则足下之言有略而未究其蕴者,无从面讲,临风怅然。异时因来,有以见语,千万甚望。过此则有非衰拙之所敢知者,不知所以报也。③

从朱子答程先的这封书信可见,程先也是排佛老的,即"夫佛老之言,不得以道名"。同时,程先对朱子的"道"以及求"道"的方法,也阐述了自己的看法和理解。但理解尚未达朱子本意,故朱子曰"至于吾之所谓道,与其所以求之之方,则足下之言有略而未究其蕴者,无从面讲,临风怅然。异时因来,有以见语,千万甚望"。

从朱子的另一封书信中,还可看出程先对《易》研究颇深:

> 《龟山易传》传出时已缺乾、坤,只有草稿数段,不甚完备。《系辞》三、四段不绝笔,亦不成书。此有写本,谩附去。然细看亦不甚满人意,不若程传之厌饫充足。④

朱子认为自己手中的写本对《易》的解说"不若程传之厌饫充足",对程先的易学研究赞赏有加。

另外,程敏政的《新安文献志》收录程先《论方士》与《跋地理书》两篇文章。《论方士》认为,方士盗用儒家学说招摇惑众,

---

① (清)徐乃昌:《安徽通志稿·艺文考》,民国二十三年安徽通志馆铅印本。
② 蒋元卿:《皖人书录》卷三,合肥:黄山书社,1989年。
③ 《晦庵先生朱文公文集》卷六十四《答程传之》。
④ 《晦庵先生朱文公文集》卷四十一《答程允夫》。

蛊惑人心，必须予以取缔。

程先《跋地理书》认为，丧葬是大事，关系到后世为人子者知慎终之义的问题。在这一问题上易走向"迂"和"矫"两个极端，所以"必得中行而与之可也"。如何"得中行"？程先遵照儒家经典《礼》中说的"卜其宅兆是中行者也"，即看阴宅风水，考察地理环境。讲究地理环境有其道理，是"格物致知之一端也"。可以看出，程先同样反对"伎术者"将丧葬神秘化、忽略物理而妄为、违背儒家丧葬之礼，故为地理书作跋。

从上述史料可见，程先在未见朱子之前，就有书信向朱子请教问题；闻朱子还婺源，程先"担簦见之，夫子示以圣学大要"。应该说视程先为朱子的弟子也说得过去。至于程曈说程先"恐其未必在弟子之列也"，可能主要考虑程先年岁比朱子长许多的缘故。又由于程先与其子永奇具事朱子，故新安后学在将二人配享朱松和朱子的安排上，也有认真考虑：

> 程东隐先生与其子格斋（永奇）先生亦并列。昔时莫之有考为愆，于礼非格斋所能安用。是告于朱子，并进东隐于献靖公祠与西山分左右配焉。①

故程先与蔡元定安排在献靖公（朱松）祠配享，而其子程永奇安排在朱子祠从祀。

（二）程永奇

程永奇（1151～1221），字次卿，号格斋，程先次子，南宋徽州休宁人。永奇自幼聪颖，程先认为"有受道之资"，并亲督课之。程永奇本人"亦励志于诸经子史，悉含英咀华而卒以反躬实践为事"。朱子归婺源省墓，程先携永奇拜见，请朱子教诲，拜朱子为师，并且让永奇随朱子至建安考亭书院学习。永奇在朱子身旁"所造益邃，逾年而返"。分别时朱子手书"持敬明义说百余言勉之"。回乡后永奇"遂以敬义名其堂"，并收徒授学。时本邑学子"信从者云集，郡县大夫稽古礼文悉来咨。一言之下，罔不敬服。江西制阃请为白鹿洞书院山长，浙东帅专书币

---

① （清）施璜：《紫阳书院志》卷六，清雍正三年刻本。

聘为塾师,皆辞不服"。其父晚年得瘅疾,永奇"孝养备至,务适其欢"。永奇兄长永正为清远军承宣使,永奇经常以"国耻未雪勉之尽瘁,以嗣世烈"勉励之。①

庆元二年(1196),朱子学被诬为"伪学",朱子被诬为"伪学罪首",永奇遂"去隐邑之东山。值文公讣至,合同志设位恸哭曰吾道已矣。或传其挽章于有司,被系数月乃免"②。程永奇一生课徒授学,钻研儒学、理学。临终前一日,"沐浴正冠而坐,门人交入问疾。久之曰吾不能多言,呼纸笔至,大书一敬字,曰守此足矣"。由此可见朱子的教诲是他一生的座右铭。著作有《六经疑义》二十卷,《四书疑义》十卷,《朱子语粹》十卷,《中和考》三卷,《格斋稿》四十卷,"又以明道《定性书》,伊川《好学论》当与《太极图说》、《西铭》并行,各为之注释一卷"③。

关于程永奇的著述,《安徽通志稿》记载较多。《安徽通志稿·艺文考·子部》儒家类一:

《太极图说注释》,《西铭注释》,《定性书注释》,《好学论注释》,宋程永奇撰。永奇字次卿,休宁人,受学于朱子,勉以持敬明义之说,遂以敬义名其堂,邑子弟从者云集,郡县大夫有稽古礼文之事,悉来咨访。伪学难作,遁于邑之东山。生平玩索经传,谓明道《定性书》、伊川《好学论》当与《太极图说》、《西铭》并行,乃各为注释一卷。

《朱子语粹》十卷,宋程永奇辑。是书之作以文公语录出于众手,纯驳不一,乃加诠择,为《朱子语粹》十卷。

《中和考》三卷,宋程永奇辑。永奇以中和之说文公盖有遗憾,因集其语为《中和考》三卷。

《安徽通志稿·艺文考·集部提要》第二册,集部五别集类四:

---

① (清)施璜:《紫阳书院志》卷八,清雍正三年刻本。
② (清)施璜:《紫阳书院志》卷八,清雍正三年刻本。
③ (清)施璜:《紫阳书院志》卷八,清雍正三年刻本。

《格斋稿》四十卷,宋程永奇撰。永奇字次卿,号格斋,休宁人,(程)先子。江西制闻请为白鹿洞书院山长,不就。事迹具县志。是集四十卷,乃所著诗文,《江南通志》及道光、《光绪通志》皆著录。永奇从朱熹游,其曰"格斋",以大学工夫始于格物也。

《安徽通志稿·艺文考·经部提要》第六册,群经总义类:

《六经疑义》二十卷,《四书疑义》十卷,宋程永奇撰。永奇,字次卿,号格斋,休宁人,程先之子,受学于朱子,居家尝仿伊川宗会法以合族人,又行吕氏乡约冠昏丧祭悉用朱氏礼。伪学难作,遂于东山,其于经传玩索有疑误者识之,晚岁订其大义,所系为"六经疑义"二十卷,"四书疑义"十卷。①

程永奇虽有上述数种著述,但无处寻觅,可能大都亡佚。明代程敏政就说:"程次卿永奇,东隐先生传之子,号格斋。父子著述多毁于兵燹。"②所以很难探寻其思想。仅见程敏政《新安文献志》收录了程永奇《性原》一文。通过《性原》一文,可看出程永奇对儒家人性问题的看法。③

《性原》一文,似在解答门人就人性问题所提出的疑问。有人提出疑问:"性善者,天地之性也,余则所谓气质者也,然尝疑之。"其怀疑的重点在于天地之性,因为天地之性乃未受生以前流行的天理,所以只能说是命,不能说是性。既然天地之性是命,命又是先天的善,那么这与后天的人性又有何干系呢?

程永奇从天地之性与气质之性之间的辩证关系阐述了自己的看法。程永奇认为,虽然说天地之性是天地赋予万物之本然的善,从理论上讲不杂乎气质,但是它不是孤立存在的,而是"寓乎气质之中"的,"善反之"才能认识到天地之性,即"天地之性未尝离乎气质之中"。

---

① (清)徐乃昌:《安徽通志稿·艺文考》,民国二十三年安徽通志馆铅印本。
② (明)程敏政:《新安文献志·先贤事略上》,《四库全书》本。
③ 参见(明)程敏政《新安文献志》卷三十一,《四库全书》本。

那么,"形而后有气质之性",为什么就有善恶之别呢?程永奇认为,气有偏正,则所受之"理"随而偏正;气有昏明,则所赋之"理"随而昏明,即如"二程"所言"气有清浊,禀其清者为贤,禀其浊者为愚"①。所以,气质之性有善恶。

既然"气质之性有善恶,则不复有天地之性矣。子思子又有未发之中,何也"?程永奇回答说,性虽然为气质所杂,但在没有"感物"之前,心中湛然,物欲不生。在这种情况下,不管气是偏、是昏,"理"都正、明,这就是"未发之前天地之性纯粹至善,而子思子所谓中也"。并且程永奇就这一问题请教过朱子,朱子曾说:"未发之前气不用事,所以有善而无恶。"但人一进入社会,则"感物而动","动则万变之不同焉","由是至善之理听命于气,善恶由之而判矣"。

另外,《晦庵先生朱文公文集》收朱子《答程次卿》书信一通,就程永奇对"理"事关系的认识作了纠正:

    示喻存心之说,此固为学之本,然来喻又有所谓"有是事必有是理"者,不知又何从而察之耶?若所谓"当应事然后思是事之理,当接物然后思是物之理",则恐思之不豫而无所及。若豫讲之,则又陷于所谓"出位而思、念虑纷扰"之病。窃意用力之久,必有说以处此矣,幸明告我,得以反复之。②

上述可见,程永奇在儒家的人性学说上,坚持孟子性善说,恪守程朱的人性二分说,并对之作了详细的诠释。窥一斑略见全豹,从以上资料可以推测出程永奇在弘扬和发展程朱学说以及丰富新安理学方面,做出了一定的贡献。

三、汪 莘

汪莘为朱熹的及门弟子。汪莘初对"文词"有兴趣,后在朱

---

① 《二程集》,北京:中华书局,1981年,第204页。
② 《晦庵先生朱文公文集》卷五十九《答程次卿》。

子的指教下,研究儒学与理学,成为朱子在徽州的"高第弟子"。汪莘关于宇宙是有限与无限相统一的思想以及天地交泰的思想,从某种意义上说代表了南宋自然哲学的最高成就。

汪莘,字叔耕,休宁人,生卒年月不详,与朱熹同时代,略小于朱熹。程瞳《新安学系录》中的"新安学系图",将汪莘列入朱子及门弟子。

汪莘自幼性格不羁,青年时代有大志,但"不肯降意场屋声病之文,乃退安丘园读《易》……嘉定间,会诏下求言,遂三扣天阍,论天变、人事、民穷、吏污之弊,行师布阵之法"①,后石沉大海。时陆九渊著名弟子杨简见其所上之书,给予高度评价说:"真爱君忧民之言也。"朝中大臣真德秀等人欲以遗逸引荐于朝也没有结果。

汪莘虽爱君忧民,有治国平天下之才志,但没能受到朝廷任用。他筑室于柳溪之上,自号方壶居士,每醉必浩歌赋诗,以宣其郁积,著述有《方壶存稿》、《方壶诗余》、《方壶词》。有《柳溪诗词》传世。

关于汪莘的著述,汪莘曾亲手自编《柳塘集》。《皖人书录》说:"是集系自编,初名《柳塘集》,嘉定元年(1208)刊,至明已不多存,裔孙汪灿等辑为八卷,万历重刊。"②

关于《方壶存稿》,《四库全书》提要说:"《方壶存稿》四卷,宋汪莘撰。……是编第一卷为书辨序说歌行,第二卷、第三卷为古今体诗,第四卷为诗余。""卷末载徐谊书,称移滕州县使书吏录其著述。则当时原有全集行世,其后岁久散佚,裔孙循等复就其存者辑而传之,故以存稿为名"。即《四库全书》收集的是明代汪循所辑《方壶存稿》四卷本。至于为什么有四卷本和八卷本的差异,提要说:"而世所行本往往彼此异同,未详其故,殆其子孙各有所辑录,故不免于增损移易耳。"

从《方壶存稿》所收集的资料来看,汪莘的理学思想资料较少,但其中《天地交泰辨》较突出地体现了汪莘的自然哲学思想。

---

① (明)程瞳:《新安学系录》,第165页。
② 蒋元卿:《皖人书录》卷四,合肥:黄山书社,1989年。

儒家的自然哲学思想,在北宋周敦颐之前并没有系统的论述,历代儒者仅在相关论述中有所涉及。但这种涉及是零碎的,不成体系的。如儒家经典之一的《礼记》,在《月令》篇中谈到"孟春之月"时指出:"天气下降,地气上腾,天地和同,草木萌动。"该文描述了天地阴阳二气在正月变化的情况。正月天之阳气下降,地之阴气上升,一降一升,天地交融,天地之气互相混和,草木便开始抽芽,万物生生。当然,《月令》在其他十一个月中没有专门谈"天气下降,地气上腾"以及天地交泰、万物生生问题。由此汪莘就这一问题提出质疑,并表明自己对这一问题的看法。汪莘的质疑是:

> 《月令》孟春有"天气下降,地气上腾"之文,后世说《易》之泰者率取是以为证。以余思之,如但以孟春"天气下降,地气上腾"为天地交泰,不知自孟春之外如何为天地交泰耶?是有十一个月天地不交也。[①]

即汪莘认为,如果像《月令》孟春所说的只有孟春天地交泰,那么一年之中其他十一个月难道不交吗?事实上大自然的天地交泰、阴阳变化无时无刻不在进行着,自然界的运动是永恒的:

> 四时行而百物生,时无一时而不行,物无一时而不生。一月天地之气不交,则一月之物失其生生之理矣;一日天地之气不交,则一日之物失其生生之理矣。故曰,以《月令》孟春"天气下降,地气上腾"为天地交泰者,不知天地交泰者也。是皆未尝深察夫天地之所以为高下,日月之所以为往来,则不能知夫阴阳之所以为升降,宜乎不能知天地之所以为交泰也。[②]

即天地交泰无一时不行,万物无一时不生,否则,则失去生生之理。就是说天地交泰不仅在孟春,在一年中其他十一个月里同样进行。认为天地交泰仅在孟春,是没有深入地研究天地和日月的运动,以及阴阳矛盾运动的规律性和普遍性。

---

① (宋)汪莘:《方壶存稿》卷一,《四库全书》本。
② (宋)汪莘:《方壶存稿》卷一,《四库全书》本。

汪莘认为,天地有高下,日月有往来,自然界的阴阳双方有差异对立,正是这种差异和对立的矛盾运动,导致阴阳双方的此消彼长,导致天地无一时不交。

汪莘还沿引历代思想家对天地有内外高下的论述:

> 张湛曰,自地以上皆天也,若是则曰天亦太虚而已矣。横渠曰,地,物也;天,神也,顾有地斯有天,若其配然耳,是皆以太虚为天。庄周盖尝言之,六合之外,圣人存而不论;六合之内,圣人论而不议,是自庄周以六合为有内外也。程明道父子兄弟尝与邵康节先生饮于天津桥上,问天地所依之处,康节遂剧谈天地之状,以及六合之外,是自康节以六合为有内外也。近时吕东莱以为六合安得有内外?欲朱晦庵于濂溪书后削去此条。①

即张湛、张载、庄周、邵雍等都认为"六合有内外",宇宙之内有地,宇宙之外有天,宇宙是有限与无限的统一体。但是吕祖谦则认为"六合安得有内外"。针对吕祖谦的这一观点,汪莘说:

> 予以为不然。非好异说也,请折中于《易》。《易》之说非异也。在《易》之乾曰天行健,如以太虚之象,为天是无动无静也,安得谓之行健乎?杨子云曰:"驯乎玄浑,行无穷止象天。"是皆所见者浑天也。由是观之,四方上下为六合之宇,安得而无内外乎?是故黄帝书曰,"天在地外,水在天外,表里皆水,两仪浑转,乘气而浮,载水而行"。又曰:"地在太虚之中,大气举之。"汉上朱子发以水为气,亦非是。康节谓"地轮依水轮,水轮依风轮,风轮依虚空,虚空无所依",此为得其实。云"地轮依水轮",即载水而行是也;"水轮依风轮",即乘气而浮是也。其曰"地在太虚之中,大气举之",大气即风轮是矣。康节谓"风泽洞虚,金刚乘天",此皆言天地之下有泽有风。泽非地上之泽,风非地上之风也。"金刚乘天"者,金刚之气举之也。列子

---

① (宋)汪莘:《方壶存稿》卷一,《四库全书》本。

谓"渤海之东有归墟焉,其下为无底之壑",此皆所谓"风泽洞虚"者是也。康节谓"风轮依虚空,虚空无所依",即所谓六合之外是也。如是而天地之所以为高下见矣。①

这段话语表述了汪莘这样的思想:第一,天行健,天是终年运动不息的;第二,天有内外,同时天的内外具有相对性,天与地相比,天外地内;水与天相比,水外天内;第三,地在太虚之中,大气举之,乘气而浮;第四,地载(乘)水而行。由于对宇宙天体认识的局限,古人看到海洋水域大于陆地,就认为地浮在水面上并乘水而行;同时认为天外还是水,这与古人对世界的本原是水的认识有关。《管子·水地》就曾认为水是"万物之本原也,诸生之宗室也"。

既然宇宙有内外,天地有高下,并且无一时一刻不在运动着,那么天地交泰也无一时一刻不在进行着。汪莘"折中于易",列举了"泰"、"否"、"需"、"讼"、"明夷"、"晋"、"既济"、"未济"等卦象来说天地之交泰。在天地交泰中,"日"则集中代表了"天",因为"天者纯阳之体,而日者又太阳之精":

日既负太阳之气以下交于九地之下,而月又负太阴之气以上交于九天之中,于是阴阳之气无一时而不交泰,而万物生生之理亦无一时而不相浃洽于交泰之中,而阴阳之所以为升降,天地之所以为交泰见矣。②

从汪莘对天地交泰问题的分析论证,我们可见其自然哲学思想的大概。首先,关于宇宙构成问题,汪莘认为宇宙由太虚构成,太虚是物质性的气,这种物质性的气是变动变化着的。其次,汪莘认为宇宙的模式是"天旋于外而包地者也,地凝于内而承天者也,水载地而浮天者也",并且"天地之中有太虚,天地之外有太虚;天地之中太虚有量,天地之外的太虚无穷"③。这是说宇宙是有限与无限的统一,天地之中的太虚是具体的可以

---

① （宋）汪莘:《方壶存稿》卷一,《四库全书》本。
② （宋）汪莘:《方壶存稿》卷一,《四库全书》本。
③ （宋）汪莘:《方壶存稿》卷一,《四库全书》本。

认识的,所以说是"有量";而天地之外太虚是无穷尽的,天外有天。再次,天地阴阳之气无一时而不交泰,而万物生生之理亦无一时而不相浃洽于交泰之中。太阳每天都是新的,即事物的矛盾运动是绝对的,整个宇宙世界像一团永远燃烧的活火,永不停息。

综上所述,汪莘作为朱子的弟子,初对"文词"有兴趣,后在朱子的指点下,兴趣转到儒学与理学上,这一点同朱子的另一徽州弟子程洵的经历颇相似。汪莘的理学思想较集中体现在其《天地交泰辨》中。

四、滕璘、滕珙兄弟

(一)滕璘

滕璘(?~1229),字德粹,号溪斋,南宋徽州婺源人。《新安学系录》卷七"滕溪斋"条,有真德秀为之撰墓志铭云:

> 公名璘,德粹字也,世家徽之婺源。考讳洙,赠中奉大夫,其德善,族系见于子朱子之铭。公少笃学,诵书至丁夜弗倦。荐举于乡,入太学,淳熙八年中南宫第四人,对策又中乙科。以恩升首甲,调鄞县尉,教授鄂州。居中奉及母令人胡氏忧,服除,调四川制置司干官,用举主,更选知绍兴府嵊县签书,庆元府节度判官、主管官,告院奉仙都祠,通判隆兴府,浙东、福建帅司参议官。寻得请致仕。……既年八十,以朝奉大夫致仕,赐紫金鱼袋。考终于家,实绍定二年六月丁巳。其所为文曰《溪斋类稿》若干卷。

从上述可见滕璘一生的大概。那么,滕璘是如何从朱子学的呢?朱子又是如何指教的呢?其墓志铭云:

> 乾道、淳熙间,子朱子倡道南方,海内学士至者云集,新安滕公德粹时甚少,与弟德章奉其尊君之命,以书自通而谒教焉。……后数年,子朱子自寓里来归,

始以弟子礼见。于是得《大学中庸章句》而熟复焉。既而往仕四明,又教之以亲仁择善,为讲学修身之助,且曰"杨敬仲、吕子约、沈叔晦、袁和此四人者,皆子所宜从游者也"。居数年,子朱子于潭溪之上留止四旬,问辨弥笃。盖公于师友渊源所渐如此,故终身践行不离名教之域。①

由于朱熹祖籍徽州婺源,与滕璘之父滕洙为乡里,故滕洙要滕璘、滕珙以书信的方式向朱子请教。滕璘在《题晦庵先生真迹后》亦云:

晦庵先生世家吾乡,中徙于闽,倡明道学,户外履满而乡人未有至者。淳熙乙未,先君始命璘兄弟修书辞以请教,先生报书,示以为学之要。明年先生来归,始克谒见而请益焉。自后通书,悉蒙见答,训迪备至。②

关于滕璘的思想,由于其《溪斋类稿》暂不可考,故所见到的资料甚少,仅在《晦庵先生朱文公文集》卷四十九《答滕德粹》书信中,可窥见一斑。在《晦庵先生朱文公文集》里,朱子答滕璘书信共十二通。十二通书信,虽未注明时间,但大体上可以排出先后次序。通过分析朱子给滕璘的书信,可见滕璘为学的思想轨迹。朱子《答滕德粹》之一,即是"淳熙乙未,先君始命璘兄弟修书以请教,先生报书,示以为学之要"。

滕璘兄弟致朱子书信暂不可考,但朱子的回复却完整地保留下来:

仆与足下虽幸获同土壤,而自先世已去乡井,中间才得一归,扫丘墓,省族姻,今又二十余年。以故于乡里后来之秀少有接识,计其不相存录亦已久矣。而昆仲乃独惠然枉书,道说过盛,非所敢当。然所论为学之意,则正区区所望于乡人者。甚幸,甚幸。

---

① (明)程瞳:《新安学系录》卷七,民国二十一年安徽丛书第一期影印本。
② (明)程敏政:《新安文献志》卷二十二,《四库全书》本。

夫学者患不知其所归趣与其所以蔽害之者,是以徘徊歧路而不能得所从入。今足下既知程氏之学不异于孔孟之传而读其书矣,又知科举之夺志、佛老之殊归皆不足事,则亦循是而定取舍焉尔,复何疑而千里以问于仆之不能耶？意者于其所欲去者,既未能脱然于胸中,所欲就者又杂然并进,而不无贪多欲速之意,是以虽知其然而未免于茫然无得之叹耳。足下诚若有志,则愿暂置于彼而致精于此,取其一书,自首而尾,日之所玩不使过一二章,心念躬行,若不知复有他书者。如是终篇,而后更受业焉,则渐涵之久,心定理明,而将有以自得之矣。《论语》一书,圣门亲切之训,程氏之所以教,尤以为先。

足下不以愚言为不信,则愿自此书始。因风寓谢,他未暇及。昆仲书无异指,故不复别致,幸察。①

由朱子的回复,可知滕璘兄弟致朱子信的大致内容。即滕璘兄弟认为,程氏之学为孔孟真传而愿读其书,而"科举之夺志,佛老之殊归,皆不足事"。朱子赞成他们的想法,认为应该"循是而定取舍",不要有什么疑虑。所以,朱子要他们读《论语》,即"《论语》一书,圣门亲切之训,程氏之教尤以是为先,足下不以愚言为不信,则愿自此书始"。在朱子的指教下,滕璘苦读《论语》,认真研究,作《论语说》。其墓志铭曰:"公初为《论语说》,子朱子善之,因谓'为学以变化气质为功,而不在于多立说',公为悚然,自是不敢轻论著终其身。"此即朱子《答滕德粹》之六中所提:"所示语说一条甚善,但程先生说自不可废。今作实事推说太广,却恐又有碍也。兼看文字,且虚心体认实用功处,而就已分用力,方有实效。若一向只如此立说,即不济事也。大抵学问以变化气质为功,不知向年迟缓悠悠意思颇能有所改革否？若犹未也,更须痛自鞭策,乃副所望耳。"可能正因为如此,滕璘著述不多,流传下来的更少。而他的《溪斋类稿》也暂不可考。

---

① 《晦庵先生朱文公文集》卷四十九《答滕德粹》。

滕璘在未受朱子之教之前,已有排佛老的思想,朱子在《答滕德粹》之一中就转述了滕氏兄弟之意:"即知程氏之学不异于孔孟之传而读其书矣,又知科举之夺志、佛老之殊归皆不足事,则亦循是而定取舍焉尔,复何疑而千里以问于仆之不能耶?"

虽然滕璘早期有排佛老思想,后来曾一度"所喜"释氏之说,这正是朱子在《答滕德粹》之五中透露出来的信息:"释氏之说,易以惑人,诚如来喻。然如所谓若有所喜,则已是中其毒矣。恐须于吾学有进步处,庶几可解。不然,虽欲如淫声美色以远之,恐已无及于事,而毒之浸淫侵蚀日以益深也。"针对滕璘"所喜"释氏之说,朱子批评其"已是中其毒矣",如不立即警觉,"虽欲如淫声美色以远之,恐已无及于事,而毒之浸淫侵蚀日以益深也"。

滕璘不仅一度"所喜"释氏之说,且一度读庄周书。对此,朱子给滕璘书信指出:

> 示喻读庄周书,泛观无害,但不必深留意耳。若谓已知为学之大端,而自比于明道,则恐未然。明道乃是当时已见大意,而尚有疑其说之相似,故始虽博取而终卒弃之。向来相聚,见德粹似于此理见得未甚端的,且尚不能无疑于释子之论,今若更以庄周之说助之,恐为所飘荡而无以自立也。况今日诸先生议论流传于世,得失已分明,又非当日之比耶?若论泛观,则世间文字皆须看过,又不特庄子也。承有意此来,不如乘间早决此计。流光易失,衰老尤不可恃。果欲究竟此事,似不宜太因循也。①

从朱子的这通书信得知,滕璘泛观庄周之书,并认为程颢对庄周之书颇有研究,应向程颢学习博取众家。的确,程颢的思想中确实有道佛因素。但朱子指出:"明道乃是当时已见大意,而尚有疑其说之相似,故始虽博取而终卒弃之。"接着朱子批评滕璘说,你以前对佛老的问题虽然有所认识,但认识不够深刻,且一度喜释子之论,"今若更以庄周之说助之,恐为所漂

---

① 《晦庵先生朱文公文集》卷四十九《答滕德粹》。

荡而无以自立也"。

另外,由《朱子语录》中可见,滕璘将孟子的"义理悦心"解释为:"义理悦心,亦是临事见得此事合义理,自然悦怿。"朱子纠正曰:"今即终日无事。不成便废了理义,便无悦处。如读古人书,见其事合理义,思量古人行事与吾今所思虑欲为之事,才见得合理义,则自悦,才见得不合理义,自有羞愧愤闷之心,不须一一临事时看。"①

(二)滕珙

滕珙,字德章,滕璘之弟,学者称蒙斋先生,生卒年月不详。滕珙幼受家庭,闻伊洛之绪,不专为场屋计,笃志力行,与兄璘修书请教于朱子,朱子嘉之,告以为学之要。弱冠入上庠,复谒教于吕东莱。既归,群居讲学穷经看史,学者云集。淳熙十四年(1187)举进士,授旌德县主簿。为政甚洽,有声州县间。后知合肥县,先兄滕璘卒,有《蒙斋集》若干卷。滕珙为文以"义理"为主,不事绮靡。他诠释朱子的《学庸章句》、《论孟集注》,朱子曰:"示喻《大学》之说甚善。喜旧所为书,近加修订,稍有条理,补缺处正如来喻。"②

滕珙曾将朱子的语录、文集分类编次为前、后、续三集,共七十五卷,题为《经济文衡》。关于滕珙的《蒙斋集》,与其兄《溪斋类稿》一样,也暂不可考。从程曈在《新安学系录》卷七《滕蒙斋》的按语可知,滕璘、滕珙兄弟的著述可能都已亡佚:

> 昔乡先正受学于朱子者,几三十人,惟先生兄弟之传得其宗,故愈久而愈著。惜乎屡经兵燹,遗书散佚,言行湮泯,此后学所以不能不兴慨叹也。庸敢忘其愚陋,撷拾见闻,以纪其概。③

在《晦庵先生朱文公文集》卷四十九,收集了朱子给滕珙的信七通(参见《晦庵先生朱文公文集》卷四十九《答滕德章》),可

---

① (明)程曈:《新安学系录》卷七,民国二十一年安徽丛书第一期影印本。
② (明)程曈:《新安学系录》卷七,民国二十一年安徽丛书第一期影印本。
③ (明)程曈:《新安学系录》卷七,民国二十一年安徽丛书第一期影印本。

见滕琪常通过书信向朱子请教问题,朱子常以书信教诲之。

五、其他及门弟子

(一)祝穆

祝穆是新安著名的理学家,也是朱熹在徽州十二位"高第"之一。《新安学系录》曰:"祝和父,名穆,初名丙,直清从子。父康国,与晦庵先生为内弟,遂从居崇安,和父与弟癸同事晦庵先生,所著有《事文类聚》、《方舆胜览》行于世。""和父曰:幼失所怙,紫阳夫子以母党子侄实教育于考亭书院,粗知绪论"。"竹坡吕氏曰:和父幼孤,文公教育于家塾。年甫志学,命文肃黄公榦为行冠礼,盖及亲炙当时讲论之益,故其气象粹温,刻意问学,于书无所不读,下笔顷刻数千百言,将以儒业昌其家,所谓光远而自他有耀者也"。①

祝穆,初名丙,字和父,又作和甫,自号樟隐,歙人。据《徽州府志》载,祝穆的父亲祝康国为朱子的内弟,加之和父幼孤,遂从朱子居崇安,师事朱熹。说明祝穆的学术系朱熹嫡传。祝穆淡泊名利,厌恶仕途,孜孜不倦地钻研学问,著书立说,所著之书有《方舆胜览》七十卷,《事文类聚》前、后、续、别四集共一百七十卷,《四六宝苑》又名《四六妙语》若干卷(今佚)。祝穆的两部巨著虽然没有更多地体现其理学思想,但是却给后人在研究地理以及宋代以前的历史提供了极其宝贵的资料。恰如《府志》中所赞"性温行醇,学富文赡"。

(二)李季札

李季札,字季子,号明斋,南宋徽州婺源人,生卒年月不详。李季札为新安理学先贤李缯之子,本有家学渊源。朱子第二次回婺源省墓时,李季札从朱子学。据方彦寿先生考证,"庆元元

---

① (明)程曈:《新安学系录》卷七,民国二十一年安徽丛书第一期影印本。

年(1195),又从学于考亭"①。著有《明斋蛙见录》《肤说》《仁说》《近思续录》《字训续录》《会遇集》《家塾记闻》等。《朱子语类》第十六卷为李季札所记。

李季札著述甚丰,但暂无从考证,能见到的仅有《新安文献志》卷三十三《录所闻晦庵先生语》②。从这段所录,可知朱子自闽还婺源省墓时,李季札师之,并陪伴朱子参观访问其父李缯所在的钟山书院,同时也记载了朱子解答李季札所提出的问题。

(三)吴昶

吴昶(?～1219),字叔夏,歙人,《新安文献志》说吴昶"少刻志为学,博通五经。时罗鄂州端良、洪内翰景卢、程尚书泰之皆负重名当世,先生悉与之友,文名籍甚。淳熙三年(1176),朱子扫墓归婺源,先生幡然悟俗学之陋,率先执经馆下获闻伊洛之论。久之,伪学党作,弟子多更名他师,而先生志益坚,不为浮议所动,徒步走寒泉精舍,就正所学,得文公心印,文公深嘉之,书翰往来不辍,待之与滕德粹、德章、程允夫相等。安贫守道,意薄进取,以荐征为郡校书弗就。先生尝请得文公亲笔《四书注》稿以归,终身守其师说,造诣愈深。泰之著《雍录》《〈禹贡〉图演》《繁露》诸书,皆先生为之折中"。"自号友堂,学者称友堂先生。所著有《易论》及《书说》八十卷,《史评》七卷,诗文五十卷"。③

《新安学系录》卷十六《吴友堂》条曰:

> 名昶,字叔夏,歙向杲人。方虚谷谓友堂终身守其师文公之说,意薄进取。文公归婺源,率先执经至。禁伪学,徒步走寒泉精舍,不慑。与陈文简公大昌为文字友。文简著《雍录》《〈禹贡〉图演》《繁露》等十

---

① 方彦寿:《朱熹书院门人考》,上海:华东师范大学出版社,2000年,第138页。

② 参见程敏政《新安文献志》卷三十三《录所闻晦庵先生语》《四库全书》本。

③ (明)程敏政:《新安文献志》卷六十九《友堂吴先生昶小传》,《四库全书》本。

余书,多赖折中。晚以所辑《书说》、《史评》等书授其子,所著书曰《易论》若干卷、《书说》八十卷、《史评》七卷、诗文五十卷。①

其所著述暂不可考。

(四)汪清卿

汪清卿,"字湛仲,婺源人,有志圣贤之学。以'敬'名其斋。淳熙三年二月,朱子归婺源省墓,先生执贽焉。朱子常寓于其家,时邑令张汉率诸生请朱子讲学于学宫,辞不赴,独爱先生识'敬'字,为作《敬斋箴》。日与乡人子弟讲学于敬斋,随其资禀循诱不倦"。其箴曰:

> 正其衣冠,尊其瞻视,潜心以居,对越上帝,足容必重,手容必恭,择地而蹈,折旋蚁封。出门如宾,承事如祭,战战兢兢,罔敢或易。守口如瓶,防意如城,洞洞属属,毋敢或轻。不东以西,不南以北,当事而存,靡他其适。勿二以贰,勿三以参,惟精惟一,万变是监。从事于斯,是曰持敬,动静弗违,表里交正。须臾有间,私欲万端,不火而热,不冰而寒。毫厘有差,天壤易处,三纲既沦,九法亦斁。于呼小子,念哉敬哉,墨卿司戒,敢告灵台。

先生得此箴言而恪之,拳拳服膺,终身不敢违矣。②

(五)许文蔚

许文蔚,字衡甫,休宁东阁人,学者称环山先生。绍熙元年(1190)进士。"幼居贫苦学,从游东莱、晦庵。为文词皆根源道义。积平生笔耕所储,倒囊买田百亩为义庄,以赡宗族,申省立约为悠久计。官止著作郎"。③

---

① (明)程曈:《新安学系录》卷十六《吴友堂》,民国二十一年安徽丛书第一期影印本。
② (清)施璜:《紫阳书院志》卷八《列传》,清雍正三年刻本。
③ (明)程敏政:《新安文献志·先贤事略上》,《四库全书》本。

士林之论，以公有不可学者三焉：权势，人之所趋也，方权臣擅柄之日，诣其门者立登丞弼，公恶其为人，至不造铨部；富贵，人之所欲也，公以小宰梁公荐，有掌故之命矣，乃五年卧家，不以姓名自达，张参政开督府，辟公为属，公力辞避，且极言调发之非；贫贱，人之所恶也，自壮至老，布衣蔬食，一室萧然，疏帏败席，有野人之所不堪者。五十年官学之积，委诸橐中，居乏寸椽，耕无尺地，而经理曾不及焉。盖公之学，一出于诚。壮从诸公游，晚而授学者，一言一行，悉以不欺为主。故凡出公之门者，质而不华，诚而不伪，厚而不薄，望而知其为公之徒也。①

（六）谢琎

谢琎，字公玉，号竹山，南宋徽州祁门人，生卒年不详，大致生活于孝宗至理宗时期。谢琎是朱熹及门弟子。谢琎一生淡泊名利，以传播朱学、扶植纲常为志向。其著作《竹山遗略》体现出其理学思想恪守朱子学的特色，其人以"言行醇正，为时名儒"著称。

祁门《县志》记载："谢琎，字公玉，居城西。嘉泰初以诸生佐邑令林士谦兴学建庙，从朱子讲性命之旨。言行醇正，为时名儒，宝庆二年（1226）特奏名授迪功郎龚州助教，阐紫阳之道，俾龚人士流衍浸灌，风一道同，媲美中土，琎之功也。著《日录》《语录》若干卷，元末兵变，遗文散佚。"又载其殁后，"方岳以诗挽之，元汪克宽有文表其墓，从祀朱子祠，又从祀紫阳书院、程朱阙里。明邑人方若坤尹龚州请祀，名宦从之"②。

朱子的上述徽州十二高第弟子，是新安理学的早期创始人，在他们的身后，形成了影响徽州几百年的新安理学派。

---

① （明）程敏政：《新安文献志》卷七十《许著作文蔚墓志铭》，《四库全书》本。

② （清）周溶（主修）、汪韵珊（纂）：同治《祁门县志》，南京：江苏古籍出版社，1998年，第272页。

程大昌思想研究

程大昌(1122~1195),字泰之,徽州休宁人。自幼聪慧过人,十岁即能属文,绍兴"二十一年登进士第,以左迪功郎主吴县簿"[①]。著《十论》言当世事,献于朝廷,宰相汤思退得之,称奇,授太平洲教授。第二年,召为太学正,试馆职,为秘书省正字。绍兴三十二年(1162)六月孝宗即位,迁著作佐郎。屡次在朝堂谈论时政,帝称善,选为恭王府赞读,迁国子司业兼权礼部侍郎、直学士院。

乾道五年(1169)八月,任直龙图阁士、江西转运副使,后改任浙东提点刑狱。不久,程大昌被招进京城,进秘阁修撰,又诏升秘书太监,兼中书舍人,累官至吏部尚书。此后,程大昌离开京城,任泉州知府,汀州贼沈师作乱,在程大昌的指挥下得以平定。后迁知建宁府。光宗嗣位时,徙知明州。绍熙五年(1194),请老,以龙图阁学士致仕。庆元元年(1195)病卒,年七十三,谥文简。《宋史》有传。

程大昌一生笃学,在《考古编·序》中他自称"赋性朴拙,琴奕博射,法书名画,凡可以娱暇消日者,一皆不能","所为交际酬酢者,惟古今新旧书册而已"。有了这种笃学的精神,尽管他一生的大多数时间都在从政为官,但其著述仍然宏富,学术成就斐然,著有《易原》、《易老通言》、《禹贡论》、《禹贡山川地理图》、《雍录》、《考古编》、《演繁露》、《北边备对》等。

---

① (明)程瞳:《新安学系录》,合肥:黄山书社,2006年,第99页。

一、哲学思想

(一)理学思想

程大昌的学术特色注重事功,主张积极入世、参政议政,但其学术主旨是坚持理学方向,奉程朱为正统,在宇宙观、修养论、历史观等理学的根本问题上与程朱相一致。这使得他和专言事功不言心性的永康、永嘉等事功学派又有所区别。

程大昌比朱熹年长数岁,两人常以书信讨论学术问题,感情甚笃。程大昌在宇宙观、修养论、历史观等理学的根本问题上与程朱相一致,并且在易学研究方面有很深的造诣,尤其研究宇宙生成问题,坚持理学,援道入儒。程大昌在《易原》中,直接引用《老子》"一生二,二生三,三生万物"之句,来表达他对宇宙生成过程的理解。但对《老子》原文中的"道生一",程大昌以朱熹的太极来改造。他认为"一"就是太极,即"一"寓太极之名,太极乃阴阳未分之气,将宇宙以及万物的本源归之于"太极"。他的宇宙生成论描述为:"太极生二,二生三,三生万物。"朱熹称"太极只是一个理字","理"为太极,是天地万物之"理"的总体。我们将程大昌与朱熹的宇宙观稍作比较就可以看出,程大昌继承并发挥了朱熹的思想。另外,在论及宇宙生成时,程大昌赋予太极、阴阳、四象、八卦以气的规定性,则更具科学性,更符合人类认识和发展的规律。

在宇宙观上,程大昌发挥了朱熹的思想。他认为"一"就是太极,在天地未判、变化未行之前就已存在。而且,它"随在随有"、"无间乎幽明大小,而皆能与之为祖也"[①]。在程大昌看来,这个"一"就具有超越一切的性质,而且如程氏一再强调的,"一"不在有形有体之域。很明显,程大昌认为产生万事万物的本源,乃是非物质的。朱熹也称"理"为"太极",是天地万物之"理"的总体,"太极只是一个理字",太极既包括万物之理,万物

---

① (宋)程大昌:《易原》卷五《太极生两仪论》,《四库全书》本。

便可分别体现整个太极。这便是人人有一太极,物物有一太极。每一个人和物都以"理"作为其存在的根据,每一个人和物都具有完整的"理",即"理一分殊"。

宋代理学家十分注重心性修养。在南宋新安理学学派中,养心、复性是众多理学家追求的目标。如程洵善言"尊德性"、程永奇奉"敬"为学问根底等。程大昌一直秉承朱熹的"四书"章句之学,致力于对儒家"四书"的研究。他潜心研究《中庸》,并著《中庸论》四篇,专门探讨心性修养问题。程大昌何以对《中庸》特别推崇呢?这不仅因为《中庸》论及了道德修养问题,而且因为《中庸》与朱熹格物致知论的内在联系。《中庸》云:"诚者,天之道也;诚之者,人之道也。诚者,不勉而中,不思而得,从容中道,圣人也。诚之者,择善而固执之也。"天地本来就是至诚之物,能够像天地一样自然而诚者,只有圣人才能做到。普通人则需要一个"使之"的过程才能达到"诚"。《中庸》又言:"自诚明,谓之性;自明诚,谓之教。""自诚明",则是"先明乎善,而后能实其善者"[1],即由对"诚"的追求和向往而达到"诚"的本性和自觉,这是一个育化的过程,故"谓之教"。《中庸》的诚明学说实际上是强调除圣人外要达到"诚"必须有一个不断修养、逐步深入的教化过程。程大昌的修养论即是从"虽匹士亦可成为圣人"发散开来。在程大昌看来,人不分贫富、贵贱、智愚,只要通过自身的修养,就能够成为具有完善人格的"圣人"。程大昌认为要成为"圣人",其关键之处在于"体道",唯有如此才能达到"高明博厚"的境界。[2]《中庸》认为"至诚可以参天地",程大昌对此极尽发挥,进一步提出了"极乎高明博厚"又在于"至诚",并且这种"至诚"必须"经久不息"。由此可见,程大昌认为只要通过持之以恒、经久不息的至诚体道,就能达到"高明博厚"的境界。在此境界中,人性完善后可与天地匹配,"天命之性"因此而复,达到人性的完善,普通人就能够成为圣人。

我们再来看朱熹对"诚"的解释,他说:"诚者,真实无妄之

---

[1] (宋)朱熹:《四书集注》,长沙:岳麓书社,1987年,第46页。
[2] (宋)程大昌:《考古编》卷六《中庸论二》,《四库全书》本。

谓,天理之本然也。"①意为通过不断地修养达到"诚"也就是达到天理。我们将程大昌的修养论与其比较可见,他与朱熹的学说是完全一致的。

(二)易学思想

程大昌的《易原》体现了他的易学思想。自汉以降,解《易》者颇多,且众说纷纭,莫衷一是。宋代,这种风尚更盛,如北宋周敦颐的《太极图说》、司马光的《温公易说》、胡瑗的《周易口义》、程颐的《易传》以及南宋的张栻父子、朱震、蔡元定等人皆有关涉易学研究的著述。程大昌有感于"易义自汉以来,纠纷尤甚,因作是书以贯通之,苦思力索四年而成"《易原》一书。②《易原》成书于淳熙十二年(1185)。自汉以降,解《易》成百家争鸣之势,程大昌作此书是本着"疑众人之所不疑,不主久传,而务求其切"的旨意。③《宋史·艺文志》著录此书为十卷,然关于此书之内容却久无传本,四库馆臣据新安学者程敏政《新安文献志》中的三篇及散见于《永乐大典》中的百余篇将《易原》厘定编次为八卷。现存有《武英殿丛书》本、《易学六种》本、《丛书集成》本。

《易原》首卷为"河图洛书论"。在此卷中,程大昌开宗明义地提出"图也,书也,《易》之原也"的观点。显然,程大昌认为河图、洛书就是《周易》之源。

所谓河图、洛书,是中国易学的重要图示。有关河图的记载最早见于《尚书·顾命》:"大玉、夷玉、天球、河图在东序。"有人据此推论,河图是玉石之类,自然成文。洛书与河图并称。《周易·系辞上》云:"天生神物,圣人则之。天地变化,圣人效之。天垂象,见吉凶,圣人象之。河出图,洛出书,圣人则之。"河图、洛书被视为祥瑞之物。对于《周易》之原的问题,古代学者多有论及。如孔安国、刘歆皆认为圣人伏羲效法河图而画了八卦,刘歆还认为是圣人禹治水有功,天赐洛书与他,他据此推

---

① (宋)朱熹:《四书集注》,长沙:岳麓书社,1987年,第44页。
② (清)纪昀等:《四库全书提要·〈易原〉提要》,《四库全书》本。
③ (宋)程大昌:《易原》自序,《四库全书》本。

演出《洪范》一书。八卦自河图出,五行由洛书引,图为体,书为用,河图、洛书因而成为八卦与五行的渊源,这种思想为大多学者接受。据传,五代宋初时期的道士陈抟得此图于麻衣道士,后传于种放,再传李溉、许坚等,最后由刘牧画出,刘牧因而开创了易图学的先河。程大昌追随其后,在对《周易》之原的探究上,发明刘牧之说。《四库总目提要》亦说:"程大昌作《易原》,皆发明其说。"

在《易原》中,程大昌展示了刘牧的河图:

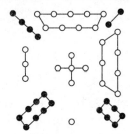

刘牧描述如是:"戴九履一,左三右七,二与四比肩,六与八为足,五为腹心,纵横数之,皆十五。"①

《易原》中所引的洛书图,亦是刘牧的《易数钩隐图》之中的洛书图示:

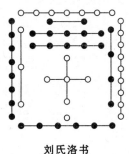

刘氏洛书

朱震描述如是:"一与五合而为六,二与五合而为七,三与五合而为八,四与五合而为九,五与五合而为十。一六为水,二七为火,三八为木,四九为金,五十为土,十即五五也。"②程大昌坚信"卦画之智发于图书",且旁征博引进行论证。他所列论据

---

① (清)刘牧:《易数钩隐图·遗论九事·论曰》,《四库全书》本。
② (宋)朱震:《汉上易传卦图》卷上《洛书》,《四库全书》本。

大致有以下几点:

其一,孔安国认为圣人伏羲则河图而画八卦。《尚书》孔安国传有云:"河图、八卦,伏羲王天下,龙马出河,遂则其文,以画八卦,谓之河图。"可作明证。刘歆也认为伏羲受河图,则而画之,乃成八卦,另有禹治水,洛成书之说。两人之间的分歧在于,孔安国认为洛书无字而有数至九,刘歆认为洛书有字。在这点上,程大昌所持观点是"典籍之书生于卦画之后",以圣人孔子有言书契取"夬"为象,作为佐证。而且,程大昌对于孔安国的"遂则其文"、"神龟负文"之"文"作了强调说明,即孔之"文"并非后世所言之文字,而是"数箸乎象而错综可观焉"。

其二,程大昌借孔子之言来论证。他首先肯定《周易·系辞》系孔子所作,每引《系辞》、《说卦》之语,皆冠之以"夫子之言",略举一二,如《周易·系辞上》有云:"河出图,洛出书,圣人则之。"可见河图、洛书皆天生神物,是圣人作《易》时所效法的。又如,孔子晚年曾慨叹曰"凤鸟不至,河不出图,吾已矣夫"!程大昌认为此处"河不出图"之"图"乃河图是也,孔子叹河不出图,可见此图是古代盛世实有,而非后世附会。

其三,为使己之论据更加翔实,程大昌还引用近世或当世学者观点证伪或证实。先观证伪之论,程大昌认为两汉时期,谶纬之风盛行,河图、洛书皆成编伪书的对象,东汉郑玄虽有河图九篇、洛书六篇之说,但二者都在伪书之列,伪书自非古书,故郑玄之说不足采信。再察南宋朱震之说,朱震认为,刘牧之学出自陈抟,刘治易主要"明其象"。何以明象?河图、洛书是也。河图、洛书并非刘牧自造,而是由陈抟四传至之,刘牧根据图示而陈天地之极数五十五。

总之,程大昌用大量笔墨论证黑白点式的河图、洛书"并非人智所能伪为",是天地所写造化,圣人则之而画八卦,是《周易》之原也。

(三)宇宙生成论

中国最早的、比较完备的宇宙生成论可以追溯到《易传》,在此书中提出了一个以天地为化生本原的宇宙系统论:天地感而万物化生,圣人感人心天下和平。《周易·系辞》将其发挥得更加完备:易有太极,是生两仪,两仪生四象,四象生八卦。对《系辞》中这段文句的理解,最具影响力的当属周敦颐,他以太极范畴为本体,杂糅了道教的"无极"、"无欲"、"主静"等概念,组成了一幅优美和谐的宇宙生成图。程大昌在周敦颐等前人的基础上,参以一己之理解,对这段文句重新进行了诠释,发明了自己的宇宙生成模式。

在《易原》的第四卷论一、第五卷太极生两仪论中,程大昌提出"一生二、二生三、三生万物"的宇宙生成模式。此语出自老子《道德经》,原句为"道生一、一生二、二生三、三生万物",程大昌认为老子立言要穷极造化,又恐学者迷本,故发明此说,而穷究始末,将宇宙生化之理公之于众,老子所说的"一"即为《易》之"太极"。他说:"一之为太极也。予固数言,不待申复矣。"程大昌强调"一"并非记实之数,而是设数,即天地间本无此数,圣人借数以识虚象,以写变化,如老阳九、老阴六之类。"太极"本无形质,自非记实之数之"一",命之为"一",只是借人人可识的记物之数来阐发造化难言之妙。

程大昌认为这个"一"即"太极"在天地未判、变化未形之先就已存在,是"未分之阴阳",是阴阳混而未分的一气。而且,它"无间乎幽明大小,而皆能与之为祖也",①具有决定一切、超越一切的性质。不唯如此,程大昌还认为"易有太极"之"易"是指变易,"太极"即为变易之道的最终根源,是变易之祖,他说:"易有太极犹曰变易之道,有立乎其极者焉,则凡象两象三象四以备乎八,固皆由此出变也,是为制变之祖也。"②

再看程大昌的宇宙生成论,所谓"一生二、二生三、三生万物",其实就是"太极生二、二生三、三生万物"。太极既为制变之祖,那么从二——三——万物的序列又是如何?程大昌对此作了详密的解释。"二"即两仪,"太极生二"即为太极生两仪。前已有述,太极乃阴阳未分之一气,"一气判而生两仪",此时阴阳已经对立为二。"二生三"即两仪生四象,四象为水、火、木、金,但此时还是"有其似而无其体"的四气。"三生万物"乃四象

---

① (宋)程大昌:《易原》卷五《太极生两仪论》,《四库全书》本。
② (宋)程大昌:《易原》卷五《太极生两仪论》,《四库全书》本。

生八卦,即由水、火、木、金四气周遍八方,遂形成八节气,八卦的时空序列就是根据八节气而列。不难看出,程大昌赋予太极、阴阳、四象、八卦以气的规定性。而刘牧在论及宇宙之生成时,则赋予太极、阴阳、四象、八卦以数的规定性,他说:"形由象生,象由数设。"又说:"两仪既分,天始生一,肇其有数也。"他以五个小白圈和五个小黑圈相间环绕成一大圈为天地奇偶之数,以之表示浑沦之太极,从而将这一序列描绘为天地之数自我演变的过程。① 较之于刘牧以五行之生数和成数的自身演变来解释宇宙的生成、变化,程大昌将宇宙的生成、演变解释为一种气化的过程,更符合宇宙演化的过程。

(四)筮法论

筮,从竹,从巫。"竹"表草木,"巫"表占卜之人。筮的本意即为用蓍草进行占卜的活动。《说文》有言:"筮,易卦用蓍也。"《周易·系辞传》论及筮法时说:"大衍之数五十,其用四十有九。分而为二以象两,挂一以象三,揲之以四以象四时,归奇于扐以象闰,五岁再闰,故再扐而后挂。""是故四营而成易,十有八变而成卦"。此段文字记载了大衍筮法的操作方法,即利用蓍草占筮,以数演卦,因卦爻而明天地气数、阴阳盈虚、五行制化,以推知人事演变、吉凶祸福。然而,由于后人对这段文字的不同理解,在对筮法的阐释上就呈现多样化的趋势。

考察程大昌之筮法论,笔者认为有两点值得关注:其一,程大昌认为《易》筮并无五十筮,只有四十九筮。对于"大衍之数五十,其用四十有九"这句话的一般理解是备用五十根蓍草,留一根始终不用,定著一位以喻太极之体。然程大昌却与众不同,主张只备用四十九蓍。他认为天地之数五十有五,是本数,即记实之数,因为天地之间五行实有此五十五象。而大衍之数五十是五十五损五而成,是设数,即圣人为表达尽意而所设之数,天地之间本无此实物。"其用四十有九",四十九蓍则为本数,如程大昌用刘牧的《河图》、《洛书》的一至九,自水生以达金成,都是本数而居于本位。此外,《易原》还有用数的概念。所

---

① 参见朱伯崑《易学哲学史》(二),北京:昆仑出版社,2009年。

谓用数,就是以本数为体而致功用。如《河图》中的一至九是为用数,因变西金而位于南,变南火而置于西,而成其右旋相克之序。故程大昌得出结论,《易》筮只有四十九筮,占筮之时备用四十九根蓍草即可,他的这一主张显得与众不同。其二,程大昌对"扐"字之义进行了考证。对于"扐"字之义,自古有两说,一谓指间,一谓揲四后之余数。东汉马融曰:"扐,指间也。"张载则曰:"'扐',左右手之余也。"程大昌考证如下:

> 扐者,数之余也。古扐亦为阞。《考工记》:"轮人以毂围之,阞捎其数。"郑氏曰:"阞,三分之一也。"扐又为仂。《王制》曰"祭用数之仂",郑氏释之曰:"算今年一岁经用之数,用其什一也。"扐之为泐。《考工记》曰:"石有时以泐。"郑司农释之曰:"读如《易》记蓍之扐。"《太元》则遂直书为芳。范望释之曰:"今之数十取出一,名以为芳,盖以识之也。"合古语考之,则泐、扐、仂、芳也者,皆以为余义也。至唐人始谓蓍之衔指者为扐,故毕中和又有第一指、第二指、第三指法也。张载、程颐不安其说,而皆本《太元》之语,以扐为余。今会古语以求经指,而皆与之合,则张、程之说信,而毕氏误也。①

程大昌在考证了扐为余数的基础上,对"归奇于扐以象闰,五岁再闰,故再扐而后挂"进行推演。他认为如果以扐为余数,"归奇于扐"之"奇"就不能释为余数,否则原传文就难成文理。故"挂一者,以蓍挂指为言也。归奇于扐者,取挂指之一,而入诸两小揲之余数也",即"奇"就是挂一。"四营而成易"就是说一易要经过分二、挂一、揲四、归奇四个步骤,一易就是一变。"归奇"是一变之最末一营,"再扐而后挂"就是第二、第三挂不变。

时人对程大昌的学术思想已有涉及,但具体到其易学思想却鲜有问津,偶有提及,也往往冠以"行文繁复,绝少创见"之类。诚然,程大昌在易学方面的研究成就远不及刘牧、邵雍、周

---

① (宋)程大昌:《易原》卷七《揲蓍说》,《四库全书》本。

敦颐、朱熹等人，但他在解《易》过程中所进行的学术努力是不可抹杀的。如前所述，他对《周易》之源的探索、在宇宙生成论上对老子命题的超越，以及对《周易·系辞》中筮法论的创造性解释等，都是颇有建树的见解。可见，程大昌不仅推动了南宋图书易学的发展，在整个易学的发展史上也应是不可或缺的一分子。

二、经世思想

"孔老同归"、"儒道合流"，是程氏哲学的主要特色，也是其经世思想的理论基础。程大昌的经世思想，援道"无为"入儒，赋予"无为"新的内涵。他认为道家的"无为"实是以"无为"御"有为"，"庄周之书大抵以无为至以有为"，道家的"无为"实际上就是"无不为"①。程大昌还明确指出道家的"无为"思想出于儒家之《易》，"故其能生者在《易》为通，在《易》为用，在老为无不为"②，只因"世之溺象数而不能通诸易理者，率常以虚无诋之，此特习闻老氏科条常与儒忤而不知其书本自《易》出也"。程大昌遂提出疑问："无思也，无为也，寂然不动，感而遂通天下之故，非天下之至神，其孰能与于此？"③既是如此，唯有老子对此理悟之最深，故而言之最赅，"其（老子）曰：无为而无不为，不为者不专为"④。本之于儒家的"有为"，又融会贯通道家的"无为"，此即为程大昌经世思想的哲学基础。

程大昌为官生涯长达三十六年。其间，他的官职十数迁。历任兵部、吏部、刑部、礼部及国子监等部院官，又曾担任过慕王府、庆王府赞读、直讲，并两次出任地方官。人生浮沉，职位升降，程大昌都一如既往地积极入世，参政议政，忧国忧民。其经世思想的主要内容可以概括为以下几个方面。

---

① （宋）程大昌：《考古篇》，《四库全书》本。
② （宋）程大昌：《易原》，《四库全书》本。
③ （宋）程大昌：《易原》，《四库全书》本。
④ （宋）程大昌：《易原》，《四库全书》本。

(一)军事思想

程大昌所生活的南宋时代,内外忧患日趋严重。一部分官僚士大夫主张议和,苟安于江南;程大昌则坚决反对议和苟安,力主恢复中原,主张统一。为了统一中国,程大昌主张在政治上"求贤纳谏,修政事";在军事上主张加强军队建设,采取各种措施提高军队的战斗力,提出了任用良将、勤于练兵、严明赏罚等措施。

南宋特殊的政治形式,使得社会矛盾日益凸显,内外忧患日趋严重。一部分士大夫在迷惘困惑之后,选择了逃遁、退避,主张苟安于江南,所谓"暖风熏得游人醉,直把杭州作汴州"。而另一部分人,如陈亮、叶适等人则坚决反对议和苟安,力主恢复中原。朱熹还针对南宋的时局,提出了"定计、修政、攘夷"之策。然而,他们所提出的策略或者与时事相左,或者流于空谈,或者直接照搬古人之论,都未能切中时弊。程大昌本着"为君分忧,为民解难"的愿望,明确主张统一。但南宋积贫积弱的政治形势,使他意识到难以速成,只能卧薪尝胆,伺机而动。具体到实施方略上,即"求贤纳谏,使政事日修","不必用迎合之言求奇策,以幸速成"①。就军事而言,南宋统治者常年苟安,醉生梦死,缺乏斗志,军队冗兵成患,战斗力低下,面对如此境况,程大昌主张采取各种措施提高军队的战斗力。其一,任用良将。他说:"筑城守边,耗材费力,城多兵少,无兵可收,不如训练士卒,整顿军备为好。"又说:"淮上筑城太多,缓急何人可守?臣谓设险莫若练卒,练卒则在择将。"②可见,较之筑城、练卒和择将而言,程大昌认为择将乃为第一要务。唯有任用英明的将帅统领军队,方能掌握斗争的时机,取得战争的胜利。就择将而言,程大昌又认为重中之重是要择良将,何为良将?在他看来,一位优秀的军事将领仅仅能够带兵打仗是远远不够的,其军事敏感性的高下是一个重要的因素,他以唐朝大将李摇为例,论证了军事敏感性对于良将的重要性。唐朝大将李摇见李辅国

---

① (明)程瞳:《新安学系录》,合肥:黄山书社,2006年,第100页。
② (明)程瞳:《新安学系录》,合肥:黄山书社,2006年,第100页。

"选羽林以为徼巡",就敏感地预见到祸乱将启,"朝廷置南北衙以相俟,今用羽林代金吾,警有非常,何以制之"①。事实证明李揺的预见是正确的,到了唐朝后期,"倒持之祸"开始了,外戚专政,宦官弄权,使得朝纲一片混乱,加快了唐朝腐朽的步伐,唐朝从此由盛而衰。其二,勤于练兵。程大昌主张防患于未然,只有在和平时期不忘加强练兵,在斗争开始之后才会有制胜的把握。《宋史·程大昌传》有言:"今日诸军,西北旧人日少,其子孙伉健者,当教之战阵,不宜轻听离军。"众所周知,勤于练兵,一方面可以强化军民的忧患意识,另一方面也可以使军队的战斗力得以提升。其三,严明赏罚。对于军队而言,赏罚公正与否,关涉军队的团结和士气,不可小觑。程大昌对于败军之将"策勋未已",而对于军队中出现的一些不公平现象,比如在某些权贵的操纵下,对于有战功者或者降职使用,或者不予重用,更甚者被罢免军权等愤愤不平。他说:"去岁完颜亮入寇,无一士死守,而兵将至今策勋未已。惟李宝捷胶西,虞允文战采石,实屠亮之阶。今宝罢兵,允文守夔,此公论所谓不平也。"②

(二)重农思想

程大昌重示农业,其思想主要表现在两个方面:其一,重视水利兴修。程大昌认为水患猖獗的真正原因是统治者的不重视。他意识到了水患带来的巨大危害,同时他也看到了兴修水利的巨大利益,因而极力呼吁统治者要重视水利的兴修,并且在自己任江西转运副使时身体力行。其二,重视税法的制定。程大昌认为税法关系到农民的收益和生产积极性,直接影响农业的稳定和发展,对一国的繁荣更是有重要的作用。那么怎样的税法才是合理的呢?具体到税率方面,程大昌认为十分税一最为恰当,但同时他又认为,税率不能普天为一,应根据各地的实际情况确定实际有效的税率。

中国自古重农,农业被视为"本"。这种"以农为本"的价值

---

① 《宋史·程大昌传》,北京:中华书局,1977年。
② 《宋史·程大昌传》,北京:中华书局,1977年。

观念在儒家表现尤甚,宋代的一些儒生宁愿饿死,也不愿从事农业之外的其他谋生之路。儒家的这种自给自足的小农经济使得重农思想在中国传统哲学和文化中根深蒂固,成为中国古代文化的一种主流意识。

程大昌继承了传统的重农思想,这在其著作中屡见不鲜。"伤农所谓两利,而交赡法之美者也……后也宜知本末"。"汉文景劝农之诏曰:黄金珠玉,饥不可食,寒不可衣。时平岁丰,未知此语深切事情也"。① 程大昌的意思是农业相对于其他产业来说是一国的立国之本,关系到国家的兴亡、人民的安稳。在程大昌对《诗经》的解释中也尽显其对农业生产的重视,举一例来看,从《演繁露续集》卷五中,其对《豳风·七月》中的"蚕月条桑,取彼斧斨,以伐远扬,猗彼女桑"的解释可以看出他对农业的了解和重视。其解释如下:

> "蚕月条桑"释者曰:"斫取其条而撷叶以用也。"今浙桑则然,岁生岁伐,率皆稠行低干,无有高及两丈者。吾徽之桑则高也,必得梯,叶乃可采,不剪其条也。春每气应,土脉欲动,木津未上,则相与腰刀,相其良监。凡柯枝繁茂而相翳者,倒垂乱行而不上达者,或又半枯半萎不善苗叶者,率皆删剟弃之,不使分其正力。俗语谓之"剃桑",言能剪恶存好也。张堪守渔阳,劝民耕种,百姓歌曰:"桑无附枝,麦穗两岐。"夫桑枝以无所附着为贵,则是尝加删剪而无有交戛相妨者矣。古亲蚕法有皇后采桑,钩若并条列剥之,则何所用钩也?《左传》晋重耳与从者谋于桑下,蚕妾在上而重耳不知也。《列女传》秋胡子见妇人采桑,下车愿托荫桑下。凡若此者,皆是桑叶不劚其枝也。若并枝劚去,则何缘有荫也?故剃桑之来古也。②

我们可以看到,程大昌对"取其条而,叶以用也"的片面解释进行分析,指出不同桑树在种植和采摘等方面的差异,如浙

---

① (宋)程大昌:《考古篇》卷十,《四库全书》本。
② (宋)程大昌:《演繁露续集》卷五,《四库全书》本。

桑和徽桑,浙桑是矮小稠密的,而徽桑是高大的,登梯才可采摘。同时讲到桑树的修剪问题,即所谓的"剃桑"。事实上桑树的特征是副芽多,而且舒展的速度极快,如果枝条断裂,副芽就会迅速长成叶片更肥大的新枝条,以再生的方式来替代,所以"剃桑"对桑树的生长极为重要。除此之外,还要认识到选择桑树的品种很重要,古徽州人大体用荆、鲁地桑树品种。荆桑树体高大,叶子需树上摘取,适宜饲养小蚕;鲁桑树体很小,但叶片肥大,无需树上摘取,适宜饲养大蚕。程氏的这段文字,通过对《诗经》的解释,渗透了有关蚕桑的诸多知识,可见他对农业生产十分重视。

第一,重视水利兴修。在程大昌的著作《禹贡后论·序》中反复讲到兴修水利对国家发展至关重要的作用,他认为自大禹治水之后,"后世河水患难无有杜绝,治世之患较其劳费,殆若一敌,然而民又未尝得宁也"①。程大昌还论述了水患猖獗的真正原因是统治者的不重视,不能体恤民情。此外,统治者也受中国传统天有定数思想的影响,而认为水患乃非人力所能及,也是一个重要的原因。考察历史上水利兴修成败的朝代,程大昌认为只有汉、唐、本朝能使天地万物悉就条理,变乱为治。而河患泛滥的秦、晋、隋朝民不聊生,政纲混乱,在短时间内就趋于毁灭。程大昌一方面看到了水患带来的巨大危害,另一方面看到了兴修水利的巨大利益,因而极力呼吁统治者要重视水利的兴修,并且在自己任江西转运副使时还身体力行。当时江西的吉州、赣州、临江分别有破坑、桐塘两个塘堰,用以防止江水泛滥,保护田地和居民。后来塘堰颓坏,四十多年来连续发生水灾,毁坏良田,威胁当地居民的生命安全。程大昌带领当地百姓将塘堰修复,使两千多顷遭洪水淹没的土地变成了旱涝保收的良田。程大昌重视水利兴修,重视农业生产使当地百姓摆脱了近四十年水患的困扰。

第二,重视税法的制定和执行。程大昌认为税法关系到农民的收益和生产积极性,直接影响农业的稳定和发展,对一国的繁荣更是有重要的作用。历史上吴国的繁荣就是税法重要

---

① (宋)程大昌:《禹贡后论·序》,《四库全书》本。

性的明证,他说:"吴有丁口钱,又计亩输钱,徐知诰秉吴政,宋齐丘说徐知诰,请减丁口钱,从之。由是江淮旷土尽辟,桑柘满野,国以富强。"①程大昌以史为鉴,希望采取正确合理的税法达到国富民强的目的。那么怎样的税法才是合理的呢?具体到在税率方面,程大昌认为十分税一最为恰当,他说:"十一为天下中正不刊之论也。"②但同时他又认为:"周税轻近重远,近者多役也,以轻赋而补多役,使之适平,则税轻役重以求及乎中也,此古人深意也。"③即税率不能普天为一,应根据各地的实际情况确定实际有效的税率。在税法的执行过程中,程大昌身体力行,为民减税,代民输税,保护农民的利益,使其有生产和劳作的积极性。在其任浙东提点刑狱期间,"会岁丰,酒税逾额,有挟朝命请增额者,大昌力拒之,曰:'大昌宁罪去,不可增也。'"④在任江西转运副使时,程大昌就慷慨陈词,立下誓言:"可以兴利去害,行吾志矣。"会岁歉,大昌出钱十余万缗,代输吉、赣、临江、南安等地的夏税折帛。

程大昌对社会生活的观察是敏锐的,他看到了农民生存的艰难。程氏在他的很多诗词作品中都描述了农民的生存状态,几乎可以看作当时农民生活的一个缩影。例如在《浣溪沙》词中云:"剪水飞花也大奇,熬波出素料同机。会心一笑撒盐诗。谁拥醋酗夸岁瑞,恨无坚自怨朝曦。闭门高卧有人饥。"诗中描绘了异常严重的社会贫富悬殊现象,这种现象让程大昌忧心忡忡。而更让程大昌焦虑的是这种社会各阶层经济地位严重失衡的现象,不仅未引起统治阶层的重视,还把这种非正常的社会现象归咎于农民的不作为。对于农民的处境和疾苦,程大昌深表同情,他在词中写道:"干处缁尘湿处泥,天嫌世路净无时。皓然岩谷总凝脂。清夜月明人访戴,玉山顶上玉舟移。一蓑渔画更能奇。"前面所述的重视农业生产的各个方面,也可见程大昌渴望改善农民生存状态的拳拳之心。

---

① (宋)程大昌:《演繁露续集》卷二,《四库全书》本。
② (宋)程大昌:《演繁露续集》卷五,《四库全书》本。
③ (宋)程大昌:《演繁露续集》卷四,《四库全书》本。
④ 《宋史·程大昌传》,北京:中华书局,1977年。

(三)吏治思想

程大昌的吏治思想简言之,就是高薪养廉与仁治法治互补。针对吏治中存在的问题和弊端,程大昌提出了一整套的解决方案,其中包含许多有价值的思想。程大昌的吏治思想主要体现在以下三个方面:

程大昌认为如果关系治乱的重要三职(常伯、常任、准人)能够择人以处,就可极大提高管理国家的效率,统治者可高枕无忧。其二,程大昌还认为,光有好的官吏还不够,要保持吏治清明,必须高薪养廉。

其三,仁治与法治互补。程大昌强调治理犯罪要用重典,对于严重违法者以及屡教不改者严惩不贷。刑杀的主要功能就是惩戒,这一功能如果使用得当,就可以"以刑去刑"。但在厉行法治的同时,又要实行仁治,强调仁治法治并用,刚柔相济,恩威并施,体现仁治与法治的互补性和内在的统一性。

程大昌曾任京官和地方官达三十六年之久,长期的从政经历使他对南宋的吏治有着深刻了解。针对吏治中存在的问题和弊端,程大昌从独特的视角进行思考,提出一整套的解决方案,其中包含了许多有价值的思想。笔者认为程大昌的吏治思想主要体现在以下三个方面:

其一,重视官吏的任免。他说:"天下职任多矣,常伯总率百官,常任谨戒百事,准人平处刑罚,三者关系治乱,最为切要,举天下之大而能择人以处三职,则无君道遂无余事。"[①]在程大昌的整个政治实践中他始终注重官吏的任免问题。最具说服力的事例是在宋孝宗时,程大昌看到矫诏行为有可能伺机产生,破坏朝纲,危及国事,就向孝宗提出建议,为防患于未然,皇帝传下的旨意必须由三省复核才能生效。为使自己的建议得到孝宗的采纳,他还引经据典,用汉朝石显矫制,国朝命令必由三省复核之事来说服孝宗,他说:

汉石显知元帝信己,先请夜开官之诏。他日,故

---

① (宋)程大昌:《考古篇》卷五,《四库全书》本。

夜还,称诏启关。或言矫制,帝笑以前诏示之。自是显真矫制,人不复言。国朝命令必由三省,防此弊也。请自今被御前直降文书,皆申省审奏乃得行,以合祖宗之规以防石显之奸。①

孝宗深以为然,欣然接受了程大昌的建议。此外,程大昌还认为,光有良好的官吏还不够,要保持吏治清明,必须高薪养廉。他注重考查古代的统治之术,鉴于古,有资于治道,希冀为当时的统治者提供思想上的借鉴。他认为统治之术绝非雕虫小技,历史上的周文王资质平平,却仍然能够像周文王、周武王一样成就伟大业绩,千古流芳,究其原因是"其操纵之法尤当得要",吏治尤为清明,廉吏众多。与之相反,汉宣帝时因"小吏皆勤事而俸禄薄"造成了国中绝少廉吏的局面。因此,程大昌认为要保持吏治清明,必须高薪养廉。

其二,厉行法治。程大昌认为:

持仗强盗不以财物斛斗,但同伙三人以上、伤人及计罪死者,捕获已尝为盗至徒,经断不以赦;前后今,犯至死者,依元条不用灾伤减等,则是觉恕贷之不足以稽盗而改出此令,足为至当也。②

程大昌强调治理犯罪要用重典,对于严重违法者以及屡教不改者严惩不贷。甚而,程大昌还认为为了顾全大局,必要时无罪之人也可杀,"杀一不辜而得天下,仁者不为然。牧野之战,血流漂杵,岂尽有罪者乎?"③刑杀的主要功能就是惩戒,这一功能如果使用得当,就可以"辟以止辟"、"以刑去刑"。

其三,强调仁治。程大昌认为在厉行法治的同时,又要实行仁治,一国的统治者如果实行仁治就会出现天下大治的局面,他以舜、周文王、周武王治理天下为例:

舜举皋陶,不仁者远矣,此其赏中有仁也;四罪而天下咸服,诛不仁也,是其罚中有仁也;大赉于四海而

---

① 《宋史·程大昌传》,北京:中华书局,1977年。
② (宋)程大昌:《考古篇》卷五,《四库全书》本。
③ (宋)程大昌:《考古篇》卷十,《四库全书》本。

> 万姓悦服,喜中有仁也;文武一怒而天下之民安,怒中有仁也;故仁者之勇藏于无事之日而见乎不可不发之地。①

统治者的仁爱之心若能让天下百姓领会,法治就可少用或不用,天下也会治而不乱,"此所以见圣人期无刑之意也,及其未用而设警以先,则不待人畏而后知畏也……以其不犯者名其刑而使见者不及于犯,则刀锯斧钺椎凿皆付之不用"。②程大昌的吏治思想强调仁治法治并用,但是仁治和法治并不存在谁为主导的问题,在具体使用时要根据统治阶级的实际需求而作适当的调整。正因为没有谁主谁辅的问题,程大昌主张统治者应该将仁爱与法治相结合,刚柔相济,恩威并施,体现仁治与法治的内在统一性。总起来看,程大昌的吏治思想追求吏治清明,国家统一富强,人民安居乐业。但从根本上说,仍然为封建专制统治服务。在他担任任刑部侍郎期间,曾明确提出"辟以止辟,未闻纵有罪为仁也。今四方谳狱例拟贷死,臣谓有司当守法,人主查其可贷则贷之,如此,则发伸乎下,仁归乎上矣"③。值得一提的是,在程大昌的许多诗词作品中也体现出经世致用思想。例如《感皇恩》:

> 措大做生朝,无他珍异。填个曲儿为鼓吹。古来龙马,曾南河图真数。羲黄缘得此,齐元气。我向如今,职名升赐。地在天官正东序。当初真本,到此或容披觑。这回错综处,堪详叙。

在这首词中,程大昌认为世间的一切事无不可为者,只要众人不松懈,努力拼搏等待时机,"羲黄缘得此,齐元气",一旦时机成熟,自然能够实现国家的统一和人民的富足。又例如《淑人生日词》:

> 锦告侈脂封,煌煌家宝。偕老之人已华皓。绿云拥髻,更没一根入老。但从和睟看,年堪考。叶是松

---

① (宋)程大昌:《演繁露续集》卷三,《四库全书》本。
② (宋)程大昌:《考古篇》卷四,《四库全书》本。
③ (明)程瞳:《新安学系录》,合肥:黄山书社,2006年,第102页。

苗,松为叶脑。禀得松神大都好。人人戴白,独我青常保。只将平易处,为蓬岛。

在程大昌的这首词中,我们可以看到他尽管倡导积极入世,但具体到个人,还是认为不能把名利看得过重。他认为人的一生应该为国为民多做奉献,而不是一味地索取,对于得失要理性的看待,唯有如此才能"人人戴白,独我青常保"。程大昌还认为一个人无论身份地位有多么显赫,都要做一个正直的人,要做到"真情直话,不用逢迎俯仰"。只有如此,方显出独特的人格魅力。在《娄通判生日词》中写道:

一岁一生朝,一番老相。无欲无营亦无望,看经写字,且做闲中气象。闭门人阒静,心清旷。骨肉团栾,一杯相向。野蔌家肴竟来饷,真情直话,不用逢迎俯仰。从他人笑道,不时样。

在《好事近》中写道:

白屋到横金,已是蟠桃结子。更向仕途贪恋,是痴人呆虑。水晶宫里饭莼鲈,中菰第一义。留得鬓须迟白,是本来真贵。

程大昌反复强调自己为官的目的,不是要为自身谋取利益,而是要为民解难,为君分忧,"在其位,谋其事"。尽管他提倡积极进取,鼓励人们去建立功业,但对于名利还是要淡然处之,能够从容对待得失。正如他诗中所说"更向仕途贪恋,是痴人呆虑","留得鬓须迟白,是本来真贵"。

(四)程大昌经世思想形成之原因

程大昌经世思想的形成主要受到以下两个方面的影响:

第一,中国传统儒家文化的熏陶是程大昌经世思想形成的重要因素。中国传统文化以解决社会人生问题作为出发点和归宿点,执著于对政治、伦理等与国计民生密切相关的问题的探求,而对于抽象的思辨不感兴趣。儒家积极入世的价值取向,在儒家学派的创始人孔子那里就得以确立。此后,儒家的经世精神在发展进程中开始强调内在的道德修养,如孟子所言

"穷则独善其身,达则兼善天下"。这种内省修养方式发展到南宋开始跳出追求个人情操的圈子而走向了现实生活,在儒道合流中构建了宋代理学。南宋时期的理学家们并无后来宋儒脱离实际,空谈心性的倾向,而是突出了现实性、实践性,真正做到生于忧患,死于禁遏。程大昌也不例外,他认为在儒家经典《大学》中所提到的诚、正心、修身、齐家、治国、平天下并无高下之分,修身的直接目的就是为了能够更好地治国、平天下。

第二,南宋特殊的政治形势和皇权观念的淡泊。赵宋王朝经过了靖康之乱后,整个社会的政治经济已趋于瘫痪,综合国力一日不如一日,国家一片萧条,宋王室不得已开始南迁。此时势力正炽的金王朝伺机加快了南侵的步伐,致使南方生灵涂炭,民不聊生,许多南方城市或被夷为平地,或是化为灰烬,整个南方遭受了前所未有的浩劫。孝宗乾道年间,王质写道:"余往来兵间,所历殆遍东南。平时丰州壮县,气象变故,日异而岁不同……方隅乏佳政之吏,田野少欢声之民。"这种由繁荣而走向衰落的社会现实,使得当时的一批有识之士强烈意识到自身命运与国家兴亡的密切联系,而积极投身到平治天下的伟业中去。如程大昌师友朱熹、吴儆等人就时时关心国之大事,力主抗金和收复中原失地。处于这样的社会现实之中,使程大昌在经世和逃遁之间选择了前者,"著《十论》言当世事",开始走上为官之路。

在大昌极具史学价值和地理学价值的著作《禹贡论》中,他就不遗余力地对禹贡山川河道进行考证,企图刺激日趋疲惫的统治者,使他们把恢复中原的大业时刻铭记于心。在《夷夏篇》和《五十二篇》中程大昌还提出统一的策略和方式,指出战争不能从根本上解决问题,要注重社会制度、文化习俗的统一。同时,南宋淡泊的皇权观念刺激了一批渴望有所作为的士大夫参政、议政,这也为程大昌经世思想的发挥提供了政治舞台和现实基础。自汉代大儒董仲舒提出"君权神授"的说法之后,中国皇权上升到无法企及的高度,实现了理论和实践上的统一,深刻影响到中国封建社会的各个朝代。然而,在宋代却有着细微的变化,即士大夫们对天道不再盲目迷信,对于君权与皇权的关系有了较新的认识,这在一定程度上淡化了皇权的神秘感。

在宋代士大夫的眼里,国有国制,所有诏令都得由中书门下议,而后命学士为之。国君不得违反之,不得按照自己的意志随意颁布诏令。宋初富弼曾指责宋神宗:"内外之事,多出陛下亲批,恐喜怒任情,善恶无准,此乃致乱之道。"宋神宗对于他的责难不仅未龙颜失色,还大赞是金玉之言,"朕不忘也"。我们知道程大昌的学术思想有儒道合流的倾向,却绝少受佛教的影响。淳熙二年(1175),程大昌就上书反对六和塔寺僧人以镇潮为功,求赐所置田产免去科徭。大昌奏曰:"僧寺既违法置田,又移科徭于民,奈何许之!况自修塔之后,潮果不啮岸乎?"①宋孝宗采纳了程大昌的建议。正是这种宽松自由的政治氛围,给一批像程大昌这样的有识之士实现政治理想提供了条件。

三、《诗经》学思想

关于《诗经》的诠释,自汉迄唐中叶,基本上都是由《毛诗序》、《毛传》、《郑笺》以及《孔疏》等汉学典范独领风骚。北宋仁宗庆历年间之后,学者对《诗经》的诠释开始突破汉学典范的束缚,同时敢于挑战经典,对其有所批判,渐出新意,逐渐形成了解《诗》的宋学传统。正是在这种批判、继承的学术传统中,形成了程大昌独具特色的《诗经》学思想,这一思想集中体现在他的著作《诗论》中。

(一)《诗论》的主要内容及创作目的

程大昌一生著述宏富,在各个学术领域都颇有建树,比如地理学、历史学、语言学等。在经学方面,他潜心研究文献资料,结合汉唐古文经学家的训诂义疏,疏解经文,殚精竭虑终于完成《诗论》一书。我们要探讨程大昌的《诗经》学思想,就有必要对这本书的主要内容以及作者的创作目的作简要的介绍。

第一,《诗论》的主要内容。《诗论》的主要内容有十七个方面:一论古有"二南"而无"南风"之名;二论"南雅颂"为乐诗,诸

---

① (明)程曈:《新安学系录》,合肥:黄山书社,2006年,第101页。

国为"徒诗";三论"南雅颂"之为乐无疑;四论四始品目;五论国风之名;六论左荀创标风名之误;七论逸诗有《豳雅》、《豳颂》而无《豳风》,以证风不得抗雅;八论《豳诗》非《七月》;九辩《诗序》不出于子夏;十辩《小序》缀诗出于卫宏;十一辩《诗序》不可废;十二据季札序诗篇次,知无风名;十三论《毛诗》有《古序》,所以胜于三家;十四论采诗序诗,因乎其他;十五论《南》为乐名;十六论《关雎》为文王诗;十七论《商》、《鲁》二颂,二篇并未合二为一。

第二,《诗论》的成书目的。就《诗经》的诠释史而言,有关《诗经》的诠释基本上都是由《毛诗序》、《毛传》、《郑笺》等权威著作所支配,学者读《诗》、学《诗》都不敢脱离传统的注疏。至宋代,由于受儒学复新以及理学思潮影响,汉唐这种只注重训诂义疏的注经方式得以扭转,而以怀疑和创新的思辨之风取而代之。程大昌的《诗论》就抛弃了汉唐经学家们的权威注疏,提出自己的理论和观点。我们从程大昌在《诗论·序》中的一段话中可以看出他作此书之目的。他说:

> 三代以下,儒者孰不谈经,而独尊信汉学者。意其近古或有所本也。若夫古语之可以证经者,远在六经未作之前,而经文之在古简者,亲预圣人授证之数,则其审的可据,岂不愈于或有师承者哉?而世人苟循习传之旧,无能以其所当据而格其所不当据,是于敢违古背圣人而不敢于是正汉儒也。呜呼![1]

程大昌在这段话中,把批评的矛头直指汉儒。他分析儒者独尊汉说,皆因信其"意其近古",而程氏认为可以证经的文献资料远在六经之前。由此可见,程大昌作《诗论》的目的就是援古说以证汉儒之误。综观全书,程大昌试图突破汉儒之说:"学者求圣人太深,曰六经以轨万世,其各命之名必也有美有刺,或逸或扬,不徒然也。"[2]落实到实践中,程大昌提出了一些全新的理论,来颠覆先儒之说。例如,古无"南风"之名、"南雅颂"为乐名等都是程大昌首次提出的。此外,还有其他一些理论,虽不是

---

[1] (宋)程大昌:《考古编》卷一《诗论序》,《四库全书》本。
[2] (宋)程大昌:《考古编》卷一《诗论四》,《四库全书》本。

他第一个提出,但也和传统的汉儒之说大相径庭,如孔子删诗正乐说、《诗序》观等。诚然,程大昌的《诗论》在某些提法上也有失偏颇,但这种疑古惑经的精神是相当可贵的。本着正汉儒之误的写作目的,程氏的《诗论》的确摆脱了汉学经典的束缚,显示出极高的学术价值。

(二)《诗论》成书原因

第一,理学思潮的兴起对《诗经》研究的影响。由于唐末、五代十国以来,社会风气大坏,士人的道德观念有了质的改变,朝秦暮楚的臣子屡见不鲜,如历四朝之丞相冯道,厚颜无耻,士子风败坏至此;而且由于政治风气亦为之腐化,篡弑行为,无日无之,正所谓"三纲五常之道绝"、"君君臣臣父父子子之道乖",①严重影响统治者的政治统治。故宋代统一后,为了改变这种社会及政治上之颓风,迫切需要重整伦常。"这就为时代提出了一种既能强化伦理纲常,又能为其作理论论证的哲学。理学便肩负了伦理哲学化的任务"②。理学的核心是将儒家的仁义礼智信作为根本的道德原理,维护儒家的伦理纲常,并把它上升到哲学高度,以不同的方式论证儒家之道,并对其进行深入发挥。理学的核心是将"理"视为宇宙万物的本源:"天地之间,有理有气。理也者,形而上之道也,生物之本也。"③从汉代大儒董仲舒起就认为儒家的伦理道德是天理的体现,凡是不符合儒家伦理道德的就是违背了"天理",这种违背"天理"的人欲是要加以扼杀的。因此朱熹提出的"存天理,灭人欲"就成为理学的基本纲领,其实质就是为巩固封建统治秩序服务的。

理学思想影响了宋代社会生活的各个方面,对《诗经》的研究也不例外。宋代理学对《诗经》学的影响主要有两个方面:一是宋代学者在解诗中直接宣扬理学思想,有此显著特点的当属杨简。在他的解诗著作《慈湖诗传》中,他漫无边际地大谈心学派义理。虽然,像杨简这样大肆宣扬义理的著作,在宋代的解

---

① (宋)欧阳修:《新五代史》,北京:中华书局,1974年。
② 张立文:《宋明理学研究》,北京:中国人民大学出版社,1985年。
③ (宋)朱熹:《朱子语类》卷五九,北京:中华书局,1994年。

诗文献中并不多见,但宋人在解诗中对理学思想有所发挥,确是一个不争的事实。二是宋人在解诗中深受理学思想的规范,对其诗意的阐释力求不脱离理学的轨道,因而蒙上了极为浓厚的伦理道德色彩。譬如朱熹在其解诗专著《诗集传》中,论及《诗经》中的情诗就将其斥为淫诗,显然是受到以"存天理,灭人欲"为核心内容的理学思想影响的结果。

第二,中唐思辨学风的影响。中唐以来经学领域的怀疑思辨学风,对宋代《诗经》学的兴盛也起到了很大的促进作用。在很长一段时间,唐代儒学以章句之学的形式出现,经文繁琐,严重脱离社会政治生活,失去了其本该具有的现实性,儒学的发展进入一个误区。自唐大历年间以后,唐之学者如施士丐、韩愈、成伯玛、沈朗、丘光庭等人,或以己意解经,或擅改经文,这就带来了《诗经》学史上不同于《诗经》汉学注重章句注疏的怀疑思辨之风。马宗霍云:"盖自大历而后,经学新说日昌,初则难疏,继则难注,继则难传,于是离传言经。"①所述即为当时风尚。如此一来,学者逐渐摆脱汉、唐注疏学规范的约束,以己意说《诗》,这表示汉、唐注疏传统下的规范,已有逐渐受到冲击而崩溃的趋势。而这种疑古惑经的学风表现在宋代的《诗经》学领域,那就是终于打破了《毛诗序》、《毛传》、《郑笺》、《孔疏》的沿袭,变死水为活水,使之面貌一新。如欧阳修《诗本义》始辨毛、郑之失,而断以己意。苏辙《诗集传》始以《诗序》不可尽信,只存其首句,而删去其余。郑樵《诗辨妄》始专攻毛、郑,而贬低《诗序》。王质《诗总闻》始尽去《诗序》,而别出心裁,自成一家。总之,唐中叶以来经学领域的疑古惑经的思辨学风,开启了具有创新精神的宋学。而这种创新精神直接影响了宋代的《诗经》研究。

(三)《诗论》的主要版本及创新观点

"浙西词派"的先驱曹溶在编《学海类编》时收录了程大昌的这部著作,名为《诗论》。曹溶的门人,清代著名学者朱彝尊在他的经学宏著《经义考》中也将程氏的这部著作纳入其中,取

---

① 马宗霍:《中国经学史》,上海:上海书店,1984年,第105页。

名为《诗议》,共计十八篇。《江南通志》著录为《毛诗辩证》。清代四库馆臣在编《四库全书》时对此进行了考证,最终《四库全书总目》将其著录为《诗论》。现今可见的《诗论》版本大致有如下几种:明崇祯年间茅瑞征洴花居版;清代嘉庆年间听彝堂藏版;清代道光年间上海涵芬楼版。

我们再来看程氏《诗论》的主要内容。程大昌的《诗论》总计十七论。论及的内容繁杂,其中有的观点在程氏之前已有学者论述,不属程大昌首创,在此不再论及。笔者拟就程大昌在《诗论》中首次提出的观点作一尝试性的探究。

其一,古无"国风"之名。宋代的学者都认为《诗经》分为风、雅、颂三类,"风"又称之为"国风",包括十五首《国风》,但程大昌在《诗论》中提出了不同的观点,在《诗论一》中,他说:

  诗有南雅颂而无国风,非古也,夫子尝曰"雅颂各得其所",又曰"人而不为周南召南",未尝有言国风者,予于是疑此时无国风一名,然犹恐夫子偶不及之,未敢遽自主持也。左氏记季札观乐,屡叙周南、召南、小雅、大雅、颂,凡其名称与之无异,至列叙诸国,自邶至豳,其类凡十有三,率皆单记国土,无今国风品目也。当季札观乐时,未有夫子,而诗名有无,与今《论语》所举悉同,吾是以知古固如此,非夫子偶于国风有遗也。①

在《诗论五》又言:"国风之名,汉人盛言之,而絮著篇首,则自毛氏始。"在《诗论六》中,程大昌直接指出将风比雅颂是一误也,他说:"汉人贅目国风,以参雅、颂,其源流正自况出也。……(左氏)创标风名,以比雅、颂,则二子同于一误也。"我们分析以上的三段话可以看出程大昌对"国风"之名所持的观点:他认为《诗经》的类名原先只有南雅颂,而无"国风"之名目;在《诗论六》中,他认为是左氏创立"风"之名,而"国风"之名的源流则可以追溯到荀况,然二人都犯了同一个错误。在《诗论五》中,程大昌又认定"国风"之名在汉时才言之颇多,追本溯源是自毛氏起始言国风。

---

① (宋)程大昌:《考古编》卷一《诗论一》,《四库全书》本。

其二，南雅颂为乐名。程大昌认为《南》、《雅》、《颂》皆为"乐名"，他说："盖南、雅、颂。乐名也，若今乐曲之在某宫者也。"程大昌在《诗论二》中论证了南为乐名，他说：

> 《鼓钟》之诗曰："以雅以南，以龠不僭。"季札观乐，有"舞象箾南龠者"。详而推之，南龠，二南之龠也。箾，雅也。象舞，颂之维清也。其在当时亲见古乐者，凡举雅、颂，率参以南。其后《文王世子》又有所谓"胥鼓南"者，则南之为乐古矣。①

程大昌承王质之说，亦以《诗经·小雅·鼓钟》的"以雅以南"、《左传》襄公二十九年（公元前544）有"舞象箾南龠者"和《礼记·文王世子》的"胥鼓南"为据来证明"南"是乐名。又在《诗论十五》中通篇论述《南》为乐名。在此篇中程大昌利用反正的方法来证明"南"本为乐。开篇就言《诗序》所言文王之化，自北而南不当："或曰：卫宏之言南也，曰化自北而南也。今二南之诗，有江沱汉汝而无齐卫郁晋，则其以分地南北为言，不为据也。"程大昌认为《南话说》不为据的理由是当时商纣王仍然在位，周文王当时仅为西伯侯，相应的召公的爵位也无从谈起，周既还未统一全国，其德行教化也就不可能播及天下，所以所谓的"周南之国"、"召南之国"也就是无稽之谈。故南、雅、颂皆为乐名。程大昌又认为从音乐的角度而言，南、雅、颂皆为乐歌之名，那么理所当然地将"南"独立出来，别为一体。程大昌继作详说，将"南"与"风"、"雅"、"颂"并论，认为《诗》有南、雅、颂，而无国风：

> 其曰国风者，非古也。……盖南、雅、颂，乐名也，若今乐曲之在某宫者也。颂有周、召，颂有周、鲁、商，本其所从得，而还以系其国土也。二雅独无所系，以其纯当周世，无用标别也。……若夫邶、鄘、卫、王、郑、齐、魏、唐、秦、陈、桧、曹、豳，此十三国者，诗皆可采其声不入乐，则直以徒诗著之本土。②

---

① （宋）程大昌：《考古编》卷一《诗论二》，《四库全书》本。
② （宋）程大昌：《考古编》卷一《诗论一》，《四库全书》本。

又云：

> 春秋战国以来，诸侯、卿大夫、士赋诗道志者，凡诗杂取无择，至考其入乐，则自邶至豳，无一诗在数也。享之用《鹿鸣》，乡饮酒之笙《由庚》、《鹊巢》，射之奏《驺虞》、《采苹》，诸如此类，未有或出南、雅之外者，然后知南、雅、颂之为乐诗，而诸国之为徒诗也。《鼓钟》之诗曰："以雅以南，以籥不僭。"季札观乐，有"舞象箾南籥者"，详而推之，南籥，二南之籥也。籥，雅也。象舞，颂之维清也。其在当时亲见古乐者，凡举雅、颂，率参以南。其后《文王世子》又有所谓"胥鼓南"者，则南之为乐古矣。……不胜传习之久，无敢正指以为二南也。①

从上所述，我们可以看到程大昌此说立论依据是，南、雅、颂为乐诗，十三国风为徒诗。程氏认为，古者赋诗用诗，凡其入乐者，皆南、雅、颂之诗，而无诸国之诗。文献记载中亦往往将南与雅、颂并举，而无国风之名。因此，他主张南、雅、颂为乐名，十三国风为徒诗，不入乐。在此基础上，提出南为《诗》之独立一体。程大昌以南、风、雅、颂四体取代《诗经》原本的风、雅、颂分类法，即将二南从国风中独立出来，以南标称。

其三，十三徒诗不入乐。程大昌在《诗论一》中继续论述了十三国风为徒诗，可采其声不入乐。他说：

> 盖南、雅、颂，乐名也，若入乐曲之在某宫者也。……若夫邶、鄘、卫、王、郑、齐、魏、唐、秦、陈、桧、曹、豳，此十三国者，诗皆可采，而声不入乐，则直以徒诗著入本土。故季札所见，与夫周公所歌，单举国名，更无附语。②

从上可以看出，程大昌不仅强调了南、雅、颂为乐诗，还指出十三国风为徒诗，并认为十三国之诗不入乐。程氏如此立论

---

① （宋）程大昌：《考古编》卷一《诗论二》，《四库全书》本。
② （宋）程大昌：《考古编》卷一《诗论二》，《四库全书》本。

的根据有二:第一,季札所见及乐工所歌十三国诗仅单举国名,更无附语,表明这些诗不入乐。第二,春秋战国以来凡入乐之事,十三国之诗无一在数。和程大昌同时代的学者朱熹对这一问题持相同的观点,后世学者顾炎武对其继承并加以发展。朱熹在他的《诗序辨说》中以汉代学者的"风雅正变"之说为理论依据,对三百篇中有"雅乐"的诗与"里巷狭邪之所歌"作了区分。二南、雅、颂属于雅乐,故用于祭祀朝聘;郑、卫之诗多淫词,属于"里巷狭邪之所歌,孔子绝其声于乐,故只能歌于里巷狭邪之所,而不能奏于宗庙之中、朝廷之上"。顾炎武在《日知录》中又将更多的诗列入不入乐的范围,他认为二雅之中的变诗也不能入乐。同时认为十三国之诗中的《豳风》中的《七月》一篇入乐,与程大昌的说法有所出入。除此一篇之外其他各首都不入乐,和程氏说法一致。

我们认为,程大昌的这些观点和理论不论精当与否,他的这种不肯墨守成规、敢于质疑、勇于创新的思想,对宋代后期的《诗经》研究者都产生了很大的影响,如王柏在《诗疑》中对《诗经》经文的改动就是受到程大昌的影响。总而言之,程大昌的《诗论》虽是宋代疑古风气影响下的产物,诸多提法有失偏颇,但仍具有一定的学术价值。

四、结　语

程大昌是新安理学南宋时期的代表人物,他的学术思想和学术活动对新安理学的发展起了相当重要的作用。清代学者赵吉士在其《寄园寄所寄》中的《新安理学》条目下,收录了他认为最重要的十四位新安理学家,程大昌赫然立于其中。

程大昌的思想以理学为精髓,将政治思想、经学思想等熔铸一炉。他虽然没有建立起系统的学说,但其各部分思想之间具有高度的一致性,因而独树一帜、自成一体。程大昌在诸多问题上都有独特的见解,因而使他的整个学术思想具有鲜明的特色。他将理学思想与经世思想相结合,用理论来指导实践,在吏治和农业方面,以及在《诗经》学方面的诸多观点都是发前人未发。这些成就表现出程大昌善于思考、敢于质疑的精神品质以及勇于突破的创造性思维,同时也表现出新安理学在最初的生发阶段那种生动活泼的气象。

程大昌思想以理学为基础,强调个人内在的修养,但同时也注重外在的事功。中国哲学讲究体用一致,程大昌就以前者为体,后者为用,可谓通达于体用之学。总体而言,程大昌的所学内容广泛,师承关系也极为复杂,他对四书五经、理学、事功学、地理学、历史学、兵法、文学等方面均有涉猎。尽管如此,他受到张栻、陈亮、朱熹、吴儆等人的影响,但始终奉"二程"为正统,以程朱为本旨。就用的方面而言,程大昌强烈地关注社会现实和民众的生活,对南宋黑暗的现实和困苦的民生等各个方面都极为关注,对吏治、狱治、军事、财政、农业、教育等各个方面都进行了深入的思考和不懈的探索,不仅在理论上取得了成功,而且在实践上以身作则,积极入世,以其非凡的才干,在各个方面都做出卓绝的贡献。此外,程大昌的整个学术特点是平实、朴素。除易学思想之外,涉及政治、历史、地理等领域的思想,都与程大昌的亲身经历有关,都立足于现实而发,不作形而上抽象的思辨,不作玄远空洞的虚论。但这并没有使程大昌的思想显得粗陋,相反,他的思想由于立足于对现实的深入观察,又与理学思想相结合,所以,他对问题的分析和立论既切中时弊,又具有理论深度,显示出一种特殊的深刻性。

程大昌的学术观点和思想不仅对新安理学起到推动作用,而且还走出了新安,融入南宋的学术和思想界,且产生了较为重要的影响。宋代著名学者俞鼎孙编辑丛书《儒学警悟》,乃中国丛书之滥觞,该丛书汇集当时著名学者学术著作,刊刻以供学人需求,程大昌的著作有两种被收入其中。查《儒学警悟》共计七集,其中:一集为《石林燕语辨》,卷一至十,叶梦得撰,汪应辰辨;二集为《演繁露》,卷十一至十六,程大昌撰;三集为《懒真子》,卷十七至二十一,马永贞撰;四集为《考古编》,卷二十二至三十一,程大昌撰;五集为《扪虱新话·上集》,卷三十二至三十五;六集为《扪虱新话·下集》,卷三十六至三十九,陈善撰;七集为《萤雪集说》,卷四十上至四十下。这部丛书收录的七集学术著作中,程大昌著作占有其中二集。我们可以看出程大昌的著作在南宋当代就受到一些学术精英的重视,在整个学术界也占有一定的地位,对徽学的发展起了引领的作用。而且,程大昌还在徽州大力发展教育事业,加强同徽州地方学者的学术交流,直接促进了新安文化的发展。据《休宁县志》卷二记载,程大昌曾在徽州地区创建"西山书院",召集当地学者共同研讨学术,开展讲学活动收授弟子。当地有许多学者就慕名而来,拜在程氏门下,听其传授理学思想,新安学派得以延续并发展壮大。其中有许多成就斐然者,后来成为新安理学第二代中的名家,如黄何、程卓等人。黄何,字景肃,休宁五城人,拜程大昌门下,步入理学之奥堂。他同时也是另一位新安理学先哲吴儆的门人,登乾道丙戌年(1166)进士,历任处州、岳州等知府。《徽州府志》记载,黄何秉承程大昌治学心法,"为学以格物穷理为宗,尤深于洪范、阴阳消长之说,为后进宗师"。程卓,字从元,休宁会里人,于淳熙十一年(1184)试礼部第一,并官至同知枢密院事。少时即从学于伯父程大昌。在程大昌的教导之下,"潜心经术",并尽得程氏所学精要,成为一位学术精湛的学者。当他初登第归来时,四方学者千里迢迢登门拜访,执经席下,"师友渊源,特盛于江左"。由于程卓指导得宜,因而他的许多门人都有不错的成就,诸如右史吴格则,就与他俱显于朝。因此,无论是从自身的学术影响,还是从孜孜不倦的培养后学以期促进新安理学的延续和发展来看,程大昌对新安学派的蓬勃发展都做出了卓越的贡献。可以说,以程大昌为首的一批新安先哲,引领了徽学的兴起。

第四章

吴儆思想研究

新安理学派的主干力量是朱子的及门弟子和再传弟子。除此之外,新安理学派的其他学者,或是"二程"的再传弟子,或是朱子的讲友,或是私淑程朱,或是家学传承,吴儆就是其中一位。

吴儆是南宋时期新安著名的理学家、政治家、教育家,休宁九贤之一。弱冠游太学,在太学凡十数年,绍兴二十七年(1157)中进士,后历任鄞县尉、安仁知县、邕州通判。与张栻、朱熹、吕祖谦、陈亮、陈傅良等人均有交往,其理学特色是学宗程朱,兼取事功。

吴儆,原名吴偁,字益恭,号竹洲。生于宋徽宗宣和七年(1125),卒于宋孝宗淳熙十年(1183)。吴儆家世业农。其父吴舜选有子二人,长子吴俯,乾道二年(1166)进士,官至国录;次子即吴儆。吴儆"生而颖悟,日诵千余言。十岁属文,已能道老生宿儒所不能道"。弱冠时,与兄吴俯同游太学,此时的吴儆风华正茂,在太学中个性飞扬,无所顾忌。兼其才志超群,在太学时便声名远播。当时有"眉山三苏(苏洵、苏轼、苏辙),江东二吴(吴儆与其兄吴俯)"的说法。[1]吴儆性情刚直,疾恶如仇,且敢作敢为,平生湖海之气、豪杰品质在太学中显露无遗。陈亮的一段记述颇能说明:"亮儿时闻行都有所谓太学者,四方之英才大抵萃焉。于是新安二吴以文墨妙天下。而季吴(即吴儆)

---

[1] (明)程曈:《新安学系录》卷六《吴文肃公行状》,合肥:黄山书社,2006年。

独好使酒任性,空所有当挎蒲一掷,不为后掷计,而胜负往来,辄达旦未已。遇其倦时,间引恶色自污,不揖客径寝,有儿扶一世之心。"①吴儆在太学时的才学人品所奠定的声望,使后来一大批当世名公慕名与之结交。吴儆弱冠左右入太学时既已饱读诗书,至绍兴二十七年(1157)及第,在太学十数年间(程珌有"盖公在太学十年"语,吴儆有"某不肖,廪食太学十有六年矣",按吴儆的说法,则其入太学应在公元1141年,当时吴儆16岁)更是勤学不已,故"学贯古今,诸子百家,博习靡遗"②,加之在太学中与一批才俊日夕切磋,因此在太学期间,是其理学思想形成与发展的重要时期。

及第后,吴儆被授以明州鄞县尉。在任上,其实际才干开始显现。鄞县靠海,常有海盗出没,"鬼神不可踪迹,间来掠民家辄去,朝廷虽宿兵不能禁。君于是微布耳目,盗所至辄知之,单马径造,捕者踵至,盗惊谓神,咸拱手叠足,死不恨"③。乾道二年(1166),以捕盗贼功授安仁知县。安仁穷僻,为冷邑。吴儆上任后,整顿吏治,薄征缓赋,库不留一钱,遇急需之事,片纸立办。由于商贩少有至者,立刻增市。且增市之日,官无征敛,市不二价,约束严明,安仁一时之间商贾云集,其富饶使江东富邑有愧。岁旱,则令富民出粮以济贫民,使境内无饥民,而境外则路有饿殍。但这种以民为本的执政方式经常损害富人利益,遭到当地权富的忌恨,以致吴儆诬谤缠身,长期得不到升迁,直到淳熙元年(1174)才转奉议郎,通判邕州。

邕州,今广西南宁,为南宋南疆,与各少数民族部落(当时称"溪洞")交界。南宋时,边疆一直不宁。南疆也不例外。吴儆到任后,迅速探清边情,与各溪洞交往时据理秉公,恩威并用,迅速安定南疆,并在这些"化外邦国"中建立起极高威信。正是由于才干卓越,品性醇正,在他五十岁之后得以有一段机遇与佳话,这就是与张栻的交往。吴儆在邕州任上时,恰逢张

---

① (宋)《陈亮集》卷二四《别吴恭父知县序》,北京:中华书局,1987年。
② (明)程瞳:《新安学系录》卷六《覆谥议》,合肥:黄山书社,2006年。
③ (明)程瞳:《新安学系录》卷六《吴文肃公行状》,合肥:黄山书社,2006年。

栻经略广右。张栻到任后，首先留意地方人才，惊奇地发现了吴儆，一见而推重之，"新安吴益恭来邕州通判，刚决而有虑，临事不避难，忠义自许，疾恶如仇。予一见奇之。两年间察之熟矣，而益加敬焉。"①他在给朱熹的信中说道："本路州县间，人才寻常不敢忽，有思虑有才力者，亦得数人。有邕州倅吴偊者，虽是粗疏，然忠义果断，疾恶如仇，缓急可用，亦谩及之。"②在理学上亲加教诲，又将吴儆举荐于朝，使吴儆第一次得到皇帝的召见问对。赴京之日，当地士民吏兵数千人沿道送行劝留。

面见孝宗，上呈一系列奏议，从恢复大计到吏制、兵制、财制、狱制等无不涉及，构成一个完整的施政体系，且件件切中时弊。孝宗授之广南西路安抚，官职虽然升迁，但仍辖邕州一带。吴儆年轻时胸怀壮志，三十二岁始及第授官，屡任地方微职，任邕州通判时已近五十。一腔才志无法施展，已蹉跎半生岁月，心情常自苦闷，五十多岁得见天颜，张栻、陈亮、吕祖谦等一干好友、吴儆自己都对此行充满期待，希望或能重用。不料又被打发往偏远蛮荒又无轻重事的南疆，于是彻底心灰意冷，无意仕途。以亲老请祠，获准。不久吴儆擢知泰州，复以亲老请祠。请祠后，吴儆回到家乡休宁，将居所修葺一番，名为"竹洲"。闲暇时，与一班友朋交流文章学术，诗词往来，更有一批远近弟子慕名前来求学问教，这些从游者依"竹洲"结庐而居，吴儆也因此被学者成为"竹洲先生"。吴儆"考德订业，分斋肄业"③，以胡瑗之苏湖教法教之，学子成才者甚众。吴儆晚年的教学活动对促进休宁教育、推动理学在新安的传播意义重大。卒时年五十九岁。谥文肃。著作留有《竹洲集》二十卷。

---

① （宋）张栻：《南轩集》卷一八《书示吴益恭》，《四库全书》本。
② （宋）张栻：《南轩集》卷一八《书示吴益恭》，《四库全书》本。
③ （明）程曈：《新安学系录》卷六《吴文肃公行状》，合肥：黄山书社，2006年。

一、师承与交游

要了解吴儆的理学思想,首先要了解吴儆的师承关系。在《新安学系录》卷前的"新安学系图"中,编者将吴儆列为朱熹、张栻、吕祖谦的门人。而《宋元学案》也认为吴儆是张栻弟子,而将其列入《岳麓诸儒学案》。

关于吴儆与张栻的关系。吴儆与张栻的相识是在吴儆任通判邕州之时。两人同在一路为官,相遇相知。吴儆由是得以在理学上受张栻的指点。这一点我们可以在"诚明"问题的认识上看出些端倪。吴儆《答吴益深书》中有"晚而后见薛士龙言王伯之略,见南轩先生论诚明之妙"。① 在吴儆的理学中,"诚明"关系是重要的组成部分,如《休宁县修学记》中有"自明而诚,古之教也"②,在《答汪楚才书》中吴儆讥讽汪氏近禅,"吾弟盖生而知之,自诚而明"③,吴儆对"诚明"关系的重视应是受了张栻的影响。张栻还曾授胡宏《知言》一书给吴儆,并嘱"此程氏正脉也"④(张栻曾受学于胡宏,为胡宏弟子)。在另一篇《谢南轩荐举状启》中,吴儆更以"知己"和"我师"称呼张栻。由此可见,吴儆曾受学于张栻,其尊张栻为师,因此称吴儆为张栻门人的说法可以成立。

吴儆与朱熹的关系较为模糊。两人之间无书信往来,亦无其他史料能证明他们之间存在直接交往。但他们的著作中都有几处提到对方,彼此知晓是无疑的。朱熹提到吴儆的地方主要有两处。一是在《与汪伯虞书》中:"邕州使君(即吴儆)往见张荆州、吕著作皆称其才。今读记文,又有以见其所存者,益恨

---

① (宋)吴儆:《竹洲集》卷九《答吴益深书》,《四库全书》本。引文同此版本者不标出处。
② (宋)吴儆:《竹洲集》卷一一《休宁县修学记》。
③ (宋)吴儆:《竹洲集》卷九《答吴益深书》。
④ (明)程瞳:《新安学系录》卷六《遗事》,合肥:黄山书社,2006年。

未得一听议论之余也。"①这封信的背景是汪伯虞及其兄汪伯举在新安家乡建一堂作为读书游息之所，尚书金公名其堂为"尊己堂"，吴儆作《尊己堂记》诠释金公之意。而后汪伯虞以书信将此事告知朱熹并附吴儆的记文，因此朱熹在回信中才会有这样的话（汪伯虞既是吴儆的同乡好友，又与朱熹有亲戚关系）。从这段话中可以看出，朱熹是从张栻、吕祖谦处听说过吴儆其人其才，既而读到吴儆的著作，颇为欣赏，恨没有进一步交流的机会。可以推断二人相互耳闻、相互推重，却一直没有直接交往。吴儆在《与尤延之书》中说到"益恭得祠，甚善。才业如此，何患不达。政须恬养以厚其根本耳"②。这封信写在吴儆请祠之后，应比《与汪伯虞书》稍迟，信中语气较为亲切。但我们不知道两人是否有了直接交往。吴儆的著作中只几处与别人论及学问处提到朱熹，这种提及只是客观的学术讨论，未显示出他与朱熹有更深的关联。如果吴儆果真曾问学于朱熹或与朱熹有过往来，不可能不留下史料。因此，就目前的史料而言，将吴儆列为朱熹门人缺乏证据。这可能是后来的新安理学家为确立新安学系的需要而作的处理。

　　至于吴儆与吕祖谦的关系，应放在吴儆同婺州学者之间关系的大背景中考察。这方面的资料同样匮乏，但我们确切地知道吕祖谦与吴儆乃是挚友，两人的关系远比吴儆与张栻、朱熹的关系亲近，相识也早得多。虽然在两人的文集中也没有发现书信往来，但陈亮的一封书信保留了这方面的宝贵资料，后世对吴儆交游方面的了解很大程度上得益于此信，这就是《与吴益恭安抚》。这封信是陈亮得知吴儆得到皇帝召对并授广南西路安抚之职后写给吴儆的。从信中我们得知吴儆与吕祖谦、陈傅良、叶适等人是挚友。信中，陈亮希望吴儆抓住面圣这个机会，"当机不发，乃更求哀他人，恐他时不无遗恨耳"。指出"伯恭（吕祖谦）君举（陈傅良）于君极相知，但其力不能有所及"。之后，为吴儆一一介绍昔日友朋如今的状况："三四年来，伯恭

---

① 《晦庵先生朱文公文集》卷四六《与汪伯虞书》，上海：上海古籍出版社，2002年。

② （明）程曈：《新安学系录》卷六《遗事》，合肥：黄山书社，2006年。

规模宏阔,非复往时之比,钦夫(张栻)、元晦(朱熹)已愿在下风矣,未可以寻常论也。君举亦甚别,皆应刮目相待。叶正则(叶适)俊明颖悟,其视天下事有迎刃而解之意,但力量有所不及耳。……徐居厚卓然自要立脚,亦与其他士人不同。闻安下处甚相近,想时时得款语也。"①

而吴儆与陈亮的关系更是非同一般。在陈亮写给吴儆的另一篇《别吴恭父知县序》中,生动地叙述了吴儆在太学时、为鄞县尉时、知安仁县时的治绩才德,字里行间溢满对吴儆的敬重之情,并对吴儆不受重用深为痛惜。这篇序文史料价值很高,后来程卓作吴儆《行状》,许多事迹乃至大段文字就是摘抄此序文。从题目上看,序文作于吴儆任安仁知县时。吴儆比陈亮年长二十岁,游太学时,陈亮尚年幼,我们可以肯定两人的交往应在吴儆于尉鄞或安仁期间,并且两人友谊极深。陈亮对吴儆的命运极为关注,与其同喜同悲。当吴儆不被重用时,他为其扼腕;当吴儆获孝宗召对时,他极为欣喜,"私以为必有非常遇合,日日以冀";得知吴儆又被发回邕州时,他为之抱不平,"岂忍使人八十之亲重入瘴疠之乡乎"?其相交之深,一语可见:"人生会聚之难乃如此,回思向来(两人)大醉井亭桥上,无一时放手,固是人间乐事也。"而"四海相知惟伯恭一人,其次莫如君举,自余惟天民、道甫、正则耳",②可见二人相知至深。

可惜的是,我们在吴儆的著作中,没有发现其致陈亮的书信,也没有发现吴儆与陈傅良、叶适等人有书信往来。但吕祖谦、陈傅良与陈亮在相互通信中经常提到吴儆,相互告知吴儆的近况。如吕祖谦在两封不同时期的《与陈同甫》中分别有两句话,"近得桂林报书,甚称益恭殊倚信之也","吴益恭以其尊人不忍相舍来乞祠,已得请矣";③陈亮有"一旦复得君举书,亦知兄之来参差日子极不多"语,④说明陈傅良曾致书陈亮,介绍吴儆来京的情况。陈亮给吕祖谦的信中有"益恭亦得对,计亦

---

① (宋)陈亮:《陈亮集》卷二九《与吴益恭安抚》,北京:中华书局,1987年。
② (宋)陈亮:《陈亮集》卷二九《与吴益恭安抚》,北京:中华书局,1987年。
③ (宋)吕祖谦:《东莱别集》卷十《与陈同甫》,《四库全书》本。
④ (宋)陈亮:《陈亮集》卷二九《与吴益恭安抚》,北京:中华书局,1987年。

有遇合之理,此君蹉跎日以老矣,六十以后虽健者不能有所为也"。① 这些都表明吴儆在这批婺州学者中拥有相当的地位。再参照程敏政"先生初在太学,即有志当世,而与俗学之陋蔑如也。龙川陈公、稼轩辛公咸奇其才而友之。先生盖不以自足,又与止斋陈公、水心叶公、石湖范公上下其议论,而参请于东莱为归宿"②。我们可以得出这样的结论:吴儆在通判邕州前,与这批婺州好友经常交流往来,其中,与陈亮的关系最为亲密,而在学术上,则最推崇吕祖谦。这也可能是程曈把吴儆列为吕祖谦门人的原因。

从师承上看,吴儆虽尊张栻为师,这一方面是由于在理学上受其教导,但更主要的是对张栻知遇和荐举之恩的感激。其时吴儆已五十岁,理学思想早已成熟,其得益于张栻处只是理学微旨上的深入,并未撼动其固有的理学观点;吴儆与朱熹的交往在若有若无间,但其在学术上不可能不受到朱熹的影响;吴儆与吕祖谦的关系较为亲近,友大于师,且交往发生在吴儆的中青年时期,对吴儆理学思想的形成发展更具实质性意义。但吴儆的理学思想仍是根于其自身的因素,因此这种影响仍然有限。加之吴儆在回忆自己求学经历时,念念不忘的是新安家乡和太学中一些对自己有过影响的老师(如孙彦及、陈阜卿等),结合《竹洲集》中的理学倾向,我们可以说吴儆的师承是学宗"二程",在交游上则是遍交一时名公,而与婺州学者交往更多。

二、事功思想倾向

与婺州学者的交往是吴儆生平的一个亮点,而这批婺州学者共同的思想特色是事功之学,陈亮、叶适是南宋事功学派的代表人物。吕祖谦思想的最大特色是兼容并包、经世致用。陈傅良是永嘉事功学派的主要人物之一,叶适的思想就是传承陈

---

① (宋)陈亮:《陈亮集》卷一九《与吕伯恭正字》,北京:中华书局,1987年。
② (明)程曈:《新安学系录》卷六《遗事》,合肥:黄山书社,2006年。

傅良。吴儆能够与这批学者如此相契，其学术思想的事功倾向是不言而喻的。事实上，吴儆的事功倾向早在太学已确立。

在《见季守书》一文中，吴儆说道："某备弟子员十有六年（主要在太学中），从诸先生与其徒论当世人物高下，咸以为纯全备具，明白粹达，可仰可师者。惟阁下其人今乃得而见之。……今屈临一城，勤民之事，恤民之隐，宽厚乐易，一待以君子长者之道，而能行之以公，用之以儒术。狱讼不失其情，敷教不失其计。时有所果断而必行，发摘而不容者，情见奸立，有补于风化，是其为纯全备具，明白粹达，可仰可师者。"①可知吴儆在太学时品议人物的一条重要标准就是能否事功。在《上张南轩书》中，吴儆也提及"某不才，无善状。少时尝不自揆度，妄有事功之志"②。

在《和孙先生彦及棣华堂诗韵》序中，吴儆说"伏蒙颁示棣华堂诗，引援古今，发明大义，使学者知不徒事汗墨而已"；在诗中又写道："后生不著眼，千古空信耳。诵习号纯儒，旷达称高士。有如富贵贾，多藏不能使。又如病酒狂，沉酣糟粕旨。源流日以远，循袭不为耻。"③他认为儒学本来就是经世致用之学，后世学者弃此本旨，而徒事文墨空谈，自以为纯儒高士，其实是沉溺于糟粕而不自知，离源流日远而不为耻，鲜明地表达了自己学以致用的思想。而吴儆对朱熹和吕祖谦学术的认同在很大程度上是由于他认为二人都继承了儒家济世泽民的精髓："近来学伊洛者无如朱南康、吕东莱……二公近来大段做实用事业，自三代圣人制田治兵以至制礼作乐，皆穷其本末，可以措而行之天下。"④

吴儆在早年确立的事功倾向，在其一生中一以贯之，无有动摇。在为请祠而作的《上五府乞宫观书》中有一句话"方今南边肃静，非有紧急难办之事，人才众多，非无可以为邕州守臣

---

① （宋）吴儆：《竹洲集·附录》。
② （宋）吴儆：《竹洲集》卷八《上张南轩书》。
③ （宋）吴儆：《竹洲集》卷一七《和孙先生彦及棣华堂诗韵序》。
④ （宋）吴儆：《竹洲集》卷九《答汪楚才书》。

者"①。此话透露出他辞职的真正缘由:他想去的是有"紧急难办之事"、关系南宋命运的北方。直到此时,他心中仍然希望能在对南宋最重要、最关键的事业上做出一番成就和贡献。我们可以想象,如果吴儆被委以北方重任,他是绝不会致仕回乡的。

关于吴儆学术上的事功特色,有两点需说明。

其一,吴儆事功思想与婺州事功派之间的关系。吴儆的事功思想有一种自发性,与他的性格密切相关。吴儆青少年时代就忧虑时局,关心时事,有强烈的独当一面、挽救危难的冲动。陆伯寿曾说:"绍兴间,太学号多文章士,一时诸生最所推重者,曰'新安二吴'。大吴(吴俯)造理深刻,下笔如老师说禅,字字有法,不为才气所豪夺。其季(即吴儆)乃以《春秋》是是非非之学,行其不可夺之志于场屋间,伯氏所无有也。"②《春秋》本身就存夷夏之辨,在宋代边境危机的背景下,其中的夷夏之辨更被宋儒着意发挥,抗夷、排夷始终是宋代《春秋》学的主旋律。陆氏所言的"《春秋》是是非非之学"乃是夏非夷之学;"不可夺之志"即恢复之志。程珌有"竹洲抱负不群,志气激烈,思欲提精兵十万直入穹庐,击降王而献阙下,盖一饭不忘也"③。正因为如此,吴儆在太学期间就立有事功之志,品议人物,以治绩实功为准绳,学术上鄙视虚华空谈。吴儆固有的这种现实主义和豪迈主义的性格持续其终身,并一直影响着其学术取向。而吴儆与婺州事功派的交往,则在吴儆入仕以后。因此,吴儆的事功特色不是在与事功派的交往中受其影响而形成,恰恰相反,自发形成的事功倾向为他赢得了婺州事功派学者的敬重。

其二,吴儆的事功倾向与永康、永嘉事功学派有本质区别。吴儆虽重事功,但在学术本旨上坚持理学方向,奉程朱为正统,在天道观、人性论、格物致知等理学根本问题上与程朱相一致。这使他与不言心性专言事功的事功学派区别开来。关于吴儆学宗"二程",《隐微斋记》中说道:"《记》曰'莫见乎隐,莫显乎微,故君子慎其独也',子思没数千年,读其书者莫之或察。至

---

① (宋)吴儆:《竹洲集》卷八《上五府乞宫观书》。
② (明)程曈:《新安学录》卷六《遗事》,合肥:黄山书社,2006年。
③ (宋)程珌:《洺水集》卷八,《四库全书》本。

河洛两程夫子始指是为入德之门。"①在《答汪楚才书》中又写道:"前书论学伊川者之弊,非好为异,以伊洛之所以异于释老者,正以其本末具举,先后有序,故自格物致知、正心诚意、修身齐家而后治国平天下。""近来学伊洛者无如朱南康、吕东莱,然二公之学正不如此……二公近来大段做实用事业,自三代圣人制田治兵以至制礼作乐,皆穷其本末,可以措而行之天下。不然,伊洛之学遂流而为禅家矣"。②

从这些论述中我们可以看出,吴儆与当时绝大多数学者一样,将"二程"学说视为儒家正统,上接孔孟。吴儆对朱熹、吕祖谦、张栻的学术极为推崇,实际上是把他们看成"二程"学说事业的继承者。因此,吴儆的理学以"二程"为准绳。吴儆对"二程"提出或强调的"慎独"、"居敬"、格物致知之教、修齐治平的为学次第深为赞同,并站在"二程"的立场上辟佛老。而最能说明王道与霸道、心性与事功在吴儆思想中究竟孰主孰次,莫过于他自己的一句话,即"凡开物成务之殊功,皆养气存诚之余事"。③

三、奉程朱为正统

吴儆的主导思想是奉程朱为正统,这使他与不言心性专言事功的事功学派区别开来。

《读友于堂诗书其后》云:"予尝闻之,兄弟天伦也,夫妇人合也;孝友天性也,利害之所在,人伪之所丛起也。孟子有言:人之所以异于禽兽者几希,庶民去之,君子存之。今夫天伦之至亲,尝离于人合之间。言天性之至爱,尝夺于人伪之滋长。君子之所存,存其天也。天之所存,人之所以异于禽兽也。"④在这里,吴儆肯定人性秉自于天,更重要的是他把天伦同人合、天

---

① (宋)吴儆:《竹洲集》卷一一《隐微斋记》。
② (宋)吴儆:《竹洲集》卷九《答汪楚才书》。
③ (宋)吴儆:《竹洲集》卷四《与桂帅张南轩启》。
④ (宋)吴儆:《竹洲集》十四。

性与人伪对立起来,崇天伦、天性而贬人合、人伪,与理学家"存天理,灭人欲"之说若合符节。尤其是对人伪的定义"利害之所在,人伪之所丛起也",则人伪分明即是人欲。如果说天道流行,化育万物,人、物之生,得之以为性是儒家学者的共同认识,那么吴儆存天性、去人伪的观点则明确属于理学家思想。

无独有偶,《尊己堂记》一文的大义也是扼人欲而尊天理:"士大夫多失其身者,皆不知所以自重之故。夫天爵义荣,己所有也,可常尊也;人爵势荣,得失在命,予夺在人,不可常也。士大夫丧其可常之尊,而无以自重,且无以取重于人也,乃切切然籍夫不可常尊者以华其身。得之则荣不自胜,失之则忧莫能堪,甚至于汨丧廉耻。惟其得之,扬扬然,峨其冠,高其盖,良自适也。世俗之人亦从而尊荣之,莫知反而思其所从得之为可耻也。"①"天爵"、"人爵"之辨源自孟子:"有天爵者,有人爵者。仁义忠信,乐善不倦,此天爵也;公卿大夫,此人爵也。"②"爵"的古义是三足的酒器,后来以"爵"的大小形状来代表使用者的身份地位,于是"爵"的含义渐渐演变为等级。"天爵"指的是上天赋予人的本性,或者说善端。这个善端秉自于天,是己所固有的,因而是不可夺的;人性皆有善端,在这一点上,众生又是平等的。但有善端或善质并不意味着就有善性和善行,要完成自己的善性,必须依靠心性的修养。在这条漫长的修身道路上,不同之人,用力有大小之别,悟道有深浅之分,天爵的准确含义即是一个人在修身上所取得的成就,即在完成自己的天性方面所达到的程度或者说得道的深浅。因此,天爵必然和天道有关。而在儒家看来,天道最根本的就是仁义,崇尚天爵者必以道为取舍,即以仁义为荣。故天爵仁义乃是一体,不可分割,成之在己,尊之在己。人爵指的则是人在世俗社会中的身份、地位、官位、等级等,崇拜人爵必然以权势为荣,因此,人爵与势荣乃是同胞。但人爵、势荣是外在之物,非本性所固有,予夺在人,以此为荣,必然会失去本性,乃至汨丧廉耻。孟子曾说:"古之人修其天爵,而人爵从也;今之人修其天爵,以要人爵,既得人爵,

---

① (宋)吴儆:《竹洲集》卷十。
② 《孟子·告子上》。

而弃其天爵,则惑之甚者也,终亦必亡而已矣。"①吴儆的天爵、人爵之谈正是继承和发挥了孟子的这一观点,而其常尊天爵义荣,唾弃人爵、势荣的态度与"存天理,灭人欲"之说更是一脉相承。正因为如此,朱熹看过此文后评价颇高,这篇记文也因为朱熹的赞扬而为后世学者所称述,成为吴儆著述的名篇。

在认识论方面,吴儆谨承格物致知之教。为了透彻地阐明这一观点,在这里有必要介绍两封书信。而在介绍两封书信之前,又必须先介绍汪楚才其人。据道《光休宁县志》记载,"汪楚才,字太初……喜问学,尝以书通晦庵、吴竹洲,二公俱器重之,告以圣门为学工夫次第、佛老之弊,遂以硕儒知名"。《竹洲集》中有吴儆给他的回信《答汪楚才书》,朱熹也有《答汪太初》。比读两封回信,发现两信的内容竟如此相似,思路如此一致:

吴儆《答汪楚才书》

前书论学伊川者之弊,非好为异。以伊洛之所以异于释老者,正以其本末具举,先后有序,故自格物致知、正心诚意、修身齐家而后治国平天下。孔子亦自志学积而至耳顺从心,若说才有所见便易吻合,想非今之学者所能。非惟今之学者不能,虽孔夫子亦五十而学《易》,盖《易》穷天地阴阳人情物理之变。且如孟子论治,始于田桑鸡豚之畜煞要理会。在若一有所见,便与之吻合,虽孔夫子亦不能如此所说。吾弟盖生而知之,自诚而明。升高自下,若无可疑者,某自不足以知之也。未说别事,且如孟子说三圣人得百里而君之,皆能以朝诸侯有天下,使儒者当之,便能做得这个事否?彼其设施,固自有序,步步便有实效,非如禅家之说,推堕混漾中也。详说之,不可如学佛之人窥见一斑,便谓天上地下惟我独尊。盖吾儒之学者,知周万物与天地相似。且愿吾弟自格物致知以次正心诚意,须要修身齐家而后行之天下。《记》曰:"礼仪三

---

① 《孟子·告子上》。

百,威仪三千。苟不至德,至道不凝。"《中庸》一书不止专说性理,惟以性命中和为本尔。吾弟之学既知其本矣,盖本末之理固是一贯,而其事自有次第也。近来学伊洛者无如朱南康、吕东莱,然二公之学正不如此。不知南康曾有回书否?以某所见,必不合也。二公近来大段做实用事业,自三代圣人制田治兵以至制礼作乐,皆穷其本末,可以措而行之天下。不然,伊洛之学遂流而为禅家矣。禅家不一(缺)天地须要一超真入如来地。学禅者为大言以欺世,若如其法,当堕拔舌地狱也。幸以为戒可也。平生相与之深,忘情僭言及此,死罪!①

朱熹《答汪太初》

四月八日,同郡朱熹顿首复书汪君太初茂材足下:熹于足下虽得幸同土壤,而自先世流落闽中,以故少得从故里之贤人君子游,顾其心未尝一日而忘父母之邦也。属随宣牒来官庐阜,同郡诸生间有肯相过者,而足下乃以手书先之,三复诲谕,喜幸无穷。又承示以文编,益钦德学之盛而恨其未得少奉从容也。

然间尝窃病近世学者不知圣门实学之根本次第,而溺于老、佛之说,无致知之功,无力行之实,而尝妄意天地万物、人伦日用之外别有一物空虚玄妙、不可测度,其心悬悬惟徼幸于一见此物,以为极致;而视天地万物本然之理、人伦日用当然之事皆以为是非要妙,特可以姑存而无害云尔。盖天下之士不至于学,则泛然无所执持而狥于物欲,幸而知志于学,则未有不堕于此者也。熹之病此久矣,而未知所以反之。盖尝深为康、胡二君言之,而复敢以为左右之献,不识高明以为然否?

抑尝闻之,学之杂者似博,其约者似陋。惟先博而后约,然后能不流于杂而不掩于陋也。故《中庸》明

---

① (宋)吴儆:《竹洲集·答汪楚才书》。

善居诚身之前,而《大学》诚意在格物之后,此圣贤之
言可考者然也,足下试思之。未即会晤,惟进学自爱
为祷。匆匆,不宣。熹再拜。①

两人均从《大学》、《中庸》立论,强调格物致知的认识路径和"升高自下"的为学次第;都指出儒学不离人伦日用的"实学"性质;同辟佛老,对佛老学说的空洞渺茫和顿悟性质提出严厉批评。并且,两人都提到诚明关系。吴儆有"吾弟盖生而知之,自诚而明",朱熹有"《中庸》明善居诚身之前"。这种巧合绝非偶然,而是出于诚明学说与格物致知学说之间内在的必然关联。《中庸》云:"诚者天之道也,诚之者人之道也。诚者,不勉而中,不思而得,从容中道,圣人也。诚之者,择善而固执之也。"天地本来就是至诚之物,能够像天地一样自然而诚者,只有圣人才可做到。普通人则需要一个"使之"的过程才能达到"诚"。《中庸》又云:"自诚明,谓之性;自明诚,谓之教。""自诚明"即由至诚的本性发之于人事,故能言行无不合天理,这也只有圣人才可做到。"自明诚",则是"先明乎善,而后能实其善者"②,即由对"诚"的追求和向往("明")而达到"诚"的本性和自觉,这是一个育化的过程,故"谓之教"。《中庸》的诚明学说实际上是强调除圣人外要达到"诚"必须有一个不断修养、逐步深入的教化过程。而朱熹释诚为"诚者,真实无妄之谓,天理之本然也"③。通过修养达到"诚"也就是达到天理。这与格物致知学说是完全一致的。朱熹释"格物致知"为"致,推极也;知,犹识也。推极吾之知识,欲其所知无不尽也。格,至也;物,犹事也。穷至事物之理,欲其极处无不到也"④,"格物致知"就是在对自然人事的广泛观察和思考中,体贴处处流行之天理,通过长期的坚持

---

① (宋)朱熹:《朱文公文集》卷四六,北京:北京图书馆,2006年。
② (宋)朱熹:《四书章句集注·〈中庸〉章句二十章》,上海:上海古籍出版社,2001年。
③ (宋)朱熹:《四书章句集注·〈中庸〉章句二十一章》,上海:上海古籍出版社,2001年。
④ (宋)朱熹:《四书章句集注·〈大学〉章句》,上海:上海古籍出版社,2001年。

和积累(即修身),最终达到融会贯通,掌握天理。同时,格物致知的理论根基是性善论,强调人有善质、善端但没有现成的善性,只有通过长期的格物修养才能将善质转变为现实的善性。而在诚明学说中,"明"恰好对应善质,"诚"代表善性,通过修身由明入诚,即由善质达于善性,与宋儒理论配合得天衣无缝。吴儆与朱熹一样,深刻认识到诚明学说与格物致知学说的内在一致性,并自觉地将诚明学说纳入格物致知的思想体系中。

从这两封信的对照当中,我们看到吴儆与朱熹在思想上的根本取向上是完全一致的。尤其"不知南康曾有回书否?以某所见,必不合也"一语与朱熹回信对这句话的印证,表明吴儆对朱熹的学术不仅极为了解,而且引为同道。

另外,吴儆对"二程"到底持何种态度直接关系到吴儆能否领会到理学家的学派归属。

吴儆师承虽杂,学宗"二程"却绝无可疑。《隐微斋记》有"《记》云:'莫见乎隐,莫显乎微,故君子慎其独也。'子思没数千年,读其书者莫之或察。至河洛两程夫子始指是为入德之门"。说明吴儆与当时绝大多数学者一样,将二程学说视为儒家正统,上接孔孟。

《答汪楚才书》中又写道:"前书论学伊川者之弊,非好为异,以伊洛之所以异于释老者,正以其本末具举,先后有序,故自格物致知、正心诚意、修身齐家而后治国平天下。"言下之意即只有"二程"学说才真正得孔孟之道的精华(这里的格致正诚、修齐治平不仅指《大学》,而且代指整个孔孟之学,其意甚明)。又有"近来学伊洛者无如朱南康、吕东莱,然二公之学正不如此……不然,伊洛之学遂流而为禅家矣",可见吴儆对朱熹、吕祖谦、张栻的学术极为推崇,实际上是把他们看成"二程"学说的继承者,认为他们深得"二程"的真传。这一点极为重要,因为这表明吴儆的学术不是以朱、吕、张三人之学而是以"二程"学术为依归,这是吴儆学宗"二程"的强有力证明。同时,在《答汪楚才书》中,吴儆两次都将学脉上溯到伊洛,将伊洛作为立论之根本、真理之保证,其以"二程"为正统和依归之心,昭如日月。另一个佐证是吴儆在营造竹洲时,建了一个小斋,"斋名静观,取明道先生诗'万物静观皆自得,四时佳兴与人同'

之意",说明吴儆熟读"二程"诗文,对"二程"之学必下过一番工夫。不仅如此,在上面的分析中,我们看到在理学的根本问题上("存天理,灭人欲"、历史观、格物致知的认识论等),吴儆确实与程朱相一致。同时吴儆对"二程"的"居敬"、①"主静"、②"慎独"等修养方法均有研究,并持赞同的态度。

  上述可见,对于吴儆的理学特色,我们可以概括为:学宗程朱一脉,而兼取事功之学。正因为学宗程朱,所以能得到张栻和朱熹的肯定和赞扬。但吴儆现实主义的性格使他不可能在内忧外患的时局下安心于心性之学的精微探讨。收复故土、强国富民、建功立业,始终是他挥之不去的情结,虽然他认同程朱理学的价值世界,却无法使自己埋首于其中。《竹洲集》一书中几乎没有研究理学具体命题的文章,书中到处充斥的对现实政治的忧虑和思考,与不言"性与天道"形成强烈的对比。这很自然地引起以理学为职志的"醇儒"们的遗憾。所以,张栻对其有"虽是粗疏"的评价;朱熹对其也有这样的遗憾之语:"吴儆者,闻对语亦能不苟,不易不易!此等人材与温良博雅之士,世间不患无之,所恨未见前所谓大心众生者,莫能总其所长而用之耳。"③

四、"恢复大计"的政治思想

  吴儆的政治学思想集中体现在其政议和奏议中(主要是奏议)。而这些奏议是吴儆在淳熙五年(1178)的轮对中所上,凝聚了吴儆一生中关注的焦点和思考的精华,其中许多思想都具有卓识和创见,体现了吴儆作为一名卓越的政治家的眼界和胸

---

  ① 《竹洲集》卷十一《隐微斋记》有"为其子孙者,示其名,思其所以名,当悚然而作,如见大宾,如承大祭,如衣冠而侍于祖父之侧,则居敬之心自无间于隐见显微之际,入德之门孰甚于此!"

  ② 《竹洲集》卷十《竹洲记》有"斋名静观,取明道先生诗'万物静观皆自得,四时佳兴与人同'之意,是中大有佳处,惟天下之静者能见之。"

  ③ (宋)朱熹:《朱文公集》卷三二《答张敬夫》,北京:北京图书馆,2006年。

怀,同时也可以从中看出吴儆作为一位儒者的道德心和责任感。

1. 恢复大计

《论恢复大计》是吴儆的名篇。《四库全书提要》中称其"论战、和、守、之俱非"的观点"有卓识"。① 当时面对金国的侵略压力,南宋朝野形成三派观点,即战、守、和。正如吴儆指出的"今之士大夫相与建议于朝廷之上而游谈于道路之间,非和则守,非守则战"②。而吴儆则跳出这一窠臼,另辟蹊径,指出建立一个超越于战、守、和之上的根本大计的重要性。

吴儆认为:"天下之势有二,有纷纭未定之势,有立国相持之势。纷纭未定之势利疾战,立国相持之势宜缓图。利疾战而缓图则有养虎遗患之祸,宜缓图而疾战则有丧师自蹙之灾。"③据此,吴儆分析了宋金两国各自在战略上的失误。就金国而言,南宋立国之初(建炎年间)是纷纭未定之势,绍兴以后则进入相持之势。金兀术、粘罕在南宋初未能消灭之,就已丧失机会,此时不应再继续南图,但完颜亮即位后逆势而行,在绍兴治定后亲自带兵南下,以致兵败身死。就南宋而言,完颜亮身死后,金国局势动荡,此时宜发兵渡淮北上,但当时按兵不动,至完颜葛即位,金国局势稳定后,张浚却贸然攻金,造成失地丧兵。

因此,无论是战、守还是和都要视具体情况而定,吴儆极为反对不计形势,单凭主观意愿的轻狂举动,批评当事者"其进也或失之太锐,其退也或失之太速,进退迟速屡失事机"④,视军国大事如儿戏。

吴儆认为,导致这一状况的原因是缺乏一个根本大计。吴儆认为对于局势要有清醒的认识,对金国必须有一个统一长久的战略对策,即是说要确立一个根本大计,这也是吴儆《论恢复

---

① 《四库全书提要》中这一称赞是对《竹洲集》卷七《上蒋枢密书》而发的,《论恢复大计》与《上蒋枢密书》的内容完全一致。
② (宋)吴儆:《竹洲集》卷七《上蒋枢密书》。
③ (宋)吴儆:《竹洲集》卷一《论恢复大计》。
④ (宋)吴儆:《竹洲集》卷一《论恢复大计》。

大计》这一题目的用意。吴儆对孝宗即位后屡换宰相,在战、和之间动摇不定,没有一个指导方针的状况深为忧虑,深刻指出确立一个统一稳定的根本大计的重要性:"夫战与守与和,三者一时之计,而非天下大计之所在也。天下大计之所在必先审天下之大势而预定焉。"①否则"和必失于苟安,战必失于轻举,守必至于自弊。苟安则有异时之患,轻举则有目前之变,自弊则无安静之期"。② 这些分析可谓入木三分、一针见血,显示了吴儆见解的独到和思维的深度。

对于如何确立这一根本大计,吴儆提出自己的思考。吴儆认为当前宋金两国仍是相持阶段,在这一阶段南宋应"治兵积粟,涵勇韬力,以俟彼之势"③,若对方渐趋衰败,则蚕食之;若对方遽以崩坏,则数路并进,一举而灭之;若对方政治稳定,则一兵一矢不可轻发。并对每一种情况都进行了详细地规划。简言之,就是在自身励精图治的基础上,积蓄力量,根据对方的情况,灵活地调整自己的对策。这是一个充满实事求是精神的务实方针。

可以看出,这一根本大计的支柱和核心是自身政治的积极有为。因此,吴儆极为反对苟安政策,认为守或和是为积蓄力量,在将来适当时机再战。他对苟安政策的后果有着清醒的认识,提醒孝宗"若厌迎合之论,置中原于度外,徇苟安之说,姑为保守之际,臣闻有志于上而止于中,有志于中,下焉而已"④。激励孝宗只要锐意进取,必然会成功收复中原。为加强孝宗的这一信念,他指出"自逆胡乱华,甲子行一周矣。彼之陵夷之形已见,坏乱之期可必,惟陛下日夜图之"⑤,唯恐南宋堕入因循苟安之中,不待外侵而内崩。

吴儆在年少时就立有恢复之志,在太学中就扬言领精兵数万收复中原,时人直到看到这篇奏议后,"始知公规略宏远,区

---

① (宋)吴儆:《竹洲集》卷七《上蒋枢密书》。
② (宋)吴儆:《竹洲集》卷七《上蒋枢密书》。
③ (宋)吴儆:《竹洲集》卷一《论恢复大计》。
④ (宋)吴儆:《竹洲集》卷一《论恢复大计》。
⑤ (宋)吴儆:《竹洲集》卷一《论恢复大计》。

画精密,平时慷慨自许,非孟浪叫呼者也"①。在为吴儆赐谥的官文《覆谥议》中单提到吴儆此文:"陛对,论恢复大计……议论切当,前贤所未及。使公得任铁钺之寄,擒颉利以献天子,不为虚语矣。"从这些肯定,尤其是后者的官方肯定中,足可以看出这篇奏议的分量。

2. 吏治思想

吴儆的吏治思想是其整个政治思想的核心。吴儆曾任太学录,又三仕州县,宦游达二十余年,长期的从政经历使吴儆对南宋的吏治尤其是地方吏治有深切了解。针对吏治中存在的问题,吴儆以自己的眼光进行了独特的思考,提出一整套的解决方案,其中包含了许多有价值的思想。吴儆的吏治思想可以分成三个层次。

首先是"大臣近臣"。"大臣"即朝廷重臣,"近臣"即"左右贵近之臣",也就是皇帝的宦官和近幸。这两批人与皇帝最为接近,掌握巨大权力,对王朝往往具有决定性的影响,古代乱政亡国多由此两类人引发。吴儆认为君主正确对待二者,让二者各守本分,关乎国家根本。他提出对待二者的方针应是:"朝廷大臣当待之以诚,而使之任天下之责;左右贵近之臣,当待之以恩,而勿令预朝廷之事。待之以诚既尽矣,而不能任天下之责,则国家有公法,不可得而废;待之以恩既至矣,而复预朝廷之事,则天下有公论,不可得而掩。"②吴儆表面上是谈大臣的任用之道,实际上是影射当时朝廷大臣多尸位素餐,因循苟安。吴儆的言外之意是要行积极有为的政治,必须有积极有为的大臣,对于那些无德无能,不能或不愿任责的大臣应以公法废除之。在当时苟安气氛日益浓重的情况下,这里隐含着吴儆对政治转向和人事变革的期待。对于近幸的议论,吴儆一方面是鉴于历史教训,一方面是孝宗一朝虽号称南宋中兴之治,但也无法摆脱佞幸的困扰。孝宗朝最著名的佞幸首推曾觌,吴儆轮对时,正值曾觌恃宠挟势,大肆结党营私,贬斥忠良之际。由于曾

---

① (明)程曈:《新安学系录》卷六《吴儆行状》,合肥:黄山书社,2006年。

② (宋)吴儆:《竹洲集》卷一《论大臣近臣》,《四库全书》本。

觌等人的谄媚,使得孝宗一朝"疑大臣而信近习,至是益甚"①,吴儆在这种背景下论"近臣",是为了提醒孝宗防微杜渐。

其次是文臣武臣。众所周知,宋代实行的是重文轻武的政策,文官的职权官阶、身份地位和待遇利益都远远超过武官,不仅如此,武官在其职权内仍受到种种限制,如调兵权和领兵权相分离,军权和财权相分离等,使武官权力被抽空,造成武官无作战积极性,军队孱弱,军纪涣散。更为严重的是,为防止武官坐大,在战事中经常委任文官指挥战局,挟制武官,但文官不习战事,往往造成重大损失。张浚就是一个显例。张浚在南宋时一直叫嚣主战,是主战派领袖之一,但根本没有军事才能,名不符才。其经营川陕和隆兴北伐均以失败告终,给南宋带来巨大损失。现代有学者评价:"考察张浚指挥一系列抗金战争都遭到惨败的原因,不仅与他出身书生,不懂军事,措置乖方有关,而且也是他刚愎自用,压抑武人,忌刻专横,追逐个人权势和声名所致。"②

这些当然都被吴儆看在眼中。吴儆认为:"天下之势未有不习而能者,习之之久虽中才足以备用,苟非其所素习,虽有过人之才亦未可以遽用也。"而南宋"平时管军付之武将,遇有缓急则以大帅节制之,所谓大帅者,往往多庙堂执政之臣,其于将佐之能否,非其所素知,战阵之奇正,非其所素讲,士卒之甘苦,非其所素与",以这样的文臣"一旦责其身履行阵,援枹决战,指挥进退,动中机会,臣有以知其必不能也"。吴儆提出的解决之道是"文臣当习武事"。具体做法是从文臣中挑选适当人选("有武勇策略,喜功名者")充任军中各种文职,平时"使之预闻军中符籍财用之事","从将臣案阅治事",遇战事时"令居将臣帐前准备商略"③,在这种氛围的熏陶下,使这些文官迅速熟悉军中事物,增长军事才干,从而培养出大批备用人才。这样,一旦出现紧急情况,就不会出现文武隔阂、无才可用的状况。

---

① (元)脱脱等:《宋史》卷四七〇《曾觌传》,北京:中华书局,1977年。
② 何忠礼、徐吉军:《南宋史稿》,杭州:杭州大学出版社,1999年,第206页。
③ (宋)吴儆:《竹洲集》卷一《论文臣当习武事》。

吴儆的这一思想同样表露于《休宁县尉厅壁记》一文:"尉之为职甚卑,而其责甚重,然常以文臣初入仕者为之。凡文臣初入仕,非进士擢第则士大夫之子弟,以文臣治武事,居甚卑之位,任甚重之责,而属之不习吏事之书生与不知稼穑艰难之任子,故今之为尉而以能称者,往往而少。"①尉官在宋代居县令之下,官职甚卑,却负责一县的治安捕贼及各项杂务,也算是一个武职。这样的职位,以书生为之,就如同文臣摄军事一样,捉襟见肘。

吴儆的建议极有针对性。但值得注意的是,他仍是在文官制度的框架内改革军队吏制,即是说他仍坚持以文官为主导,文官统摄武官的基本原则。只不过在此基础上要求文官掌握一定的军事技能。吴儆并未谋求建立一种文武分立的官僚体制,是因为他清醒地知道,宋代的政治制度是鉴于唐末以来武人乱世的深刻教训。正如他所说的"本朝惩唐末五代藩镇之祸,始分财赋之权属之漕臣"②,他当然也知道因为同样的原因而以文官凌驾于武官之上。正因为这一制度具有深厚的历史渊源和现实合理性,因此彻底搬动它既无必要,也不可能,吴儆作为现实主义政治家,根本不会提出这类乌托邦式的建议。并且吴儆本人即出身文官,对文官制和文官身份都有自然的认同感,从这样的视角出发,他所关注的是文官制内出现的问题,而其解决之道也是对文官制进行内部的调整。最后要指出的是,吴儆提出这一思想与他本人的特点有关,吴儆少时和陈亮一样,胸怀恢复之志,考诸历史,研习兵法,关心军事,故在治盗贼这一文官畏惧的繁难事中游刃有余,而他对自己的军事才能也颇为自负,每以不能施用为憾,在吴儆的心目中,未尝不认为自己是文臣兼习武事的典范。

3. 地方吏治

吴儆履任地方官职,对地方官的状况行为有深切了解,其政议和奏议中,对地方官员的腐败无能、祸害地方有深刻揭露。吴儆在《论两广官吏》的奏议中描述道:"广南西路二十五州,期

---

① (宋)吴儆:《竹洲集》卷十一。
② (宋)吴儆:《竹洲集》卷二。

间官吏……往往多贪墨苟且而无功名自喜之心,是以所至州县,财赋不给,狱讼不平,盗贼公行,奸赃多有。"①他在《论治民理财》中指出,"州县之事不过两端:一曰治民,一曰理财",就治民言,民不难治;就理财言,财本自足,但民不获安,财不敷用。吴儆认为原因有三:"为守令者,昏懦不立则不能行,赃私不法则不敢行,谨畏自全则不肯行。"②问题仍在吏治。吴儆开出的药方是选拔有魄力、识大体、敢作为、公正廉洁的官吏出任地方官,同时严惩腐败,奖擢能吏。

而在《刍言三篇》一文中,吴儆更是对底层社会作了细致入微的剖析,认为民生困苦的重要原因是县令、黠吏和豪民相互勾结、为非作歹、欺压百姓。更可贵的是,吴儆同时看到三者之间存在矛盾和相互争斗,由此他提出一个有意义的思想:利用三者之间的矛盾,建立一种制衡机制使其相互制约,"豪民之所以能为豪者,必先有以制州县之吏,州县之吏惟其所制,而后迫胁平民,惟其所欲。故黠吏者,豪民之所必攻,而豪民者,黠吏之所深忌也",因此"欲去黠吏之奸,莫若假豪民之权"。同样道理,制豪民莫若通过黠吏"阴求其主名而默识之,以待其犯而重置之法"③。这是由于豪民、黠吏均生长于乡里,彼此极为熟悉,洞知对方隐私以相互钳制。豪民、黠吏一旦摧伏,长令便开始纵横放肆,因为长令之权以前被豪民、黠吏瓜分而受到约束,此时无有掣肘,可以肆无忌惮了。而制长令之术又要回到上面治理地方官的轨道。吴儆的这一思想具有现代政治理念的萌芽,与"三权分立"微有相通之处,这在当时是难能可贵的。但按照现代政治学角度来看,监督分为内监督(权力体系内的相互监督)和外监督(来自于权力体系外部的监督),权力系统良性运作的基础是外监督,缺失有效的外监督,无论在权力体系内怎样设计制衡机制或建立监督机构,最终都会是共同腐败的结果。因为权力是利益的来源,在权力系统中,相互勾结以分享利益的冲动永远超过相互制约。因此,现代政治制度的真正核

---

① (宋)吴儆:《竹洲集》卷一。
② (宋)吴儆:《竹洲集》卷一。
③ (宋)吴儆:《竹洲集》卷三。

心不是权力体系内的三权分立原则,而是健全的民主制,即普通民众能够通过各种途径对权力系统进行有效监督。但这并不意味着否定内监督的作用,中国古代的台谏制度一直发挥着重要的功能,在宋代尤为发达和有效,在不可能产生民主意识的情况下,吴儆的设想虽不能达到预想目的,但发展和完善内监督、内制衡仍不失为一个有意义的思想。

吴儆认为,无论是朝中大臣,军中文职还是地方官员,都必须用人得当,才德符位,这样一切弊病自然都会烟消云散,即"天下事无大小,成之在得人"①。这是吴儆吏治思想的核心。所有这些官员基本上都要从选人升迁而来,因此,要从根本上解决吏治腐败、因循苟且诸问题就要从官吏的选拔机制入手,吴儆的《论选人改官》的奏议正是要建立一种更为合理和有效的官吏选拔机制。改革的核心是取消举主制,由吏部对选人进行统一考核,年纪三十以上四十以下历三考者(南宋官员一年一考绩),由吏部根据其考核情况在选人官阶内进行升降,年纪四十以上七十以下历九考者,则由吏部记录在案,呈送台谏和都堂审核,由台谏和都堂从中择优挑出改官人选,最后由皇帝亲自引见,加以确定。他将这套制度可以概括为:"国家进用贤才之大权付之举官之私意,不若付之台谏宰相之公议,而取决于陛下之睿鉴。"实行这套制度,在吴儆看来有三大优点:一是杜绝"请托干进"之弊以端正官风,二是"孤寒恬退实有才能之人亦有进用之望",②三是撤退大批冗吏,使才德低劣者不得身居高位。

与吏相对的便是民,吴儆吏治思想的背后是他的爱民思想。吴儆本人即出身农家,《劝农文》中自述"官长家世业农"③,《竹洲记》中述之更详"自祖父而上凡七世皆安耕稼、守丘墓……至儆与兄益章始弃祖父之业,失其身于场屋之间"④,吴儆家族至其父吴舜选才开始入仕,正因为如此,吴儆在情感上对农民

---

① (宋)吴儆:《竹洲集》卷十一。
② (宋)吴儆:《竹洲集》卷一。
③ (宋)吴儆:《竹洲集》卷十四。
④ (宋)吴儆:《竹洲集》卷十。

有亲切的认同感,又三仕州县,亲眼目睹地方官吏压迫残害百姓,以致民不聊生,他疾恶如仇的本性使他对这些腐朽官吏充满愤怒和憎恨,而对农民寄予深切的同情。吴儆的爱民思想正是通过他对民和吏的对比强烈地表现出来。

他在《论两广官吏》中说:"只因州县官吏身为不法而使远方困苦,无辜之人被害,至此岂不大可哀悯!"在《论治民理财》中,他将民不治、财不理的原因归结为地方官的腐败苟且,认为一个合格的地方官应做到:"为州县者但奉法循理,无事骚动,词讼到官,早与了决,官物抄书早与印给,税苗出入,早与过割,保正户长,亲与定差,赋税之外,不得横敛,强梁害民,盗贼窃发,力与惩治,如此则民自安矣。"处处体现出对民的体贴和爱护。他在《刍言三篇》中,对官员不作为提出了质问:"水旱不作,赋敛有常,而闾里之间犹有愁叹之声;宽恤之书,吏不绝书,而遐陬之民或不被上之泽;天下有治安之势而斯民不获治安之福,此何故也?"文中将矛头指向县令、黠吏、豪民三者"交病天子之民",并对如何去除三者之害,使民"得以安其安而利其利",进行了一系列真诚地探讨。吴儆对民间疾苦的考察和认识竟如此细致入微、鞭辟入里,令人惊讶,不是爱民之切、体民之深者,绝不至于如此。在《富国强兵策》的政议中,吴儆更进一步指出官吏一切施为举措的根本在于利民:"圣贤之将欲有为也,必因夫民之所甚病与其所乐为,而后为之。立法更制,民情之所未病,法虽善而不为;民情之所欲为,事虽难而必举。"①

吴儆的爱民思想不只流露于政议和奏议中,在《寄题淳安陈令君读书林》中,吴儆写道:"问君有社稷,亦复有人民。奈何独自苦,学道则爱人。"②显示出其爱民思想来源于儒家济世泽民的根本关怀。而最能体现吴儆爱民抑吏思想的莫过于在《送洪史君赴阙移节会府》中的一句话:"为郡似家身似客,视民如子吏如奴。"③这句诗充分体现了吴儆的境界和情操。吴儆爱民抑吏的思想来源于儒家的悠久传统,我们从中可以看到是对孔

---

① (宋)吴儆:《竹洲集》卷三。
② (宋)吴儆:《竹洲集》卷十七。
③ (宋)吴儆:《竹洲集》卷十八。

子"仁者爱人"、孟子"民贵君轻"和宋儒"仁民爱物"的继承,这是吴儆思想中不可磨灭的闪光点。

4.军事思想

吴儆因职务经常需要捕盗、备边,以及一直有恢复志向,对南宋的军事方面极为关注,多有论及。我们可以将其军事思想概括为以下几点:

第一,未雨绸缪,防患于未然。他在《论广西治盗贼》中指出:"天下有盗,犹家之有鼠而人之有病。家必不能无鼠而所以去鼠者有猫,人必不能无病而所以治病者有药。蓄猫而不捕,则鼠或得以画舞;用药而不早,则病必至于日深。"①凡盗贼猖獗横行的地方,都是由于早期治之不力,治盗贵于治其早。在《论邕州化外诸国》中,吴儆介绍了邕州附近少数民族邦国的情况,特别提到其中自杞国日益强盛,认为"今邕州西至横山,边备日弛,戍卒日耗,异时为边患者,必此蛮也",建议朝廷应早做准备,以"慑服自杞,折其萌芽"②。这表现出吴儆高度的敬业精神和卓越的军事眼光。

第二,帅臣兼知漕计。这是吴儆在奏议中反复申述的重点。《论广西帅臣兼知漕计》、《论邕州化外诸国》、《论乞委漕臣同帅臣措置沿边》等奏议都是强调这一内容。宋代为限制武将权力,将军权与财权分离,帅臣(一路军事统帅,宋代的"路"相当于今天的省)掌握军权,漕臣控制财权,两相隔阂,造成许多不便。帅臣用兵、备边都需要大量费用,而漕臣以敛财为能事,拨给款项极为苛刻,使军费严重不足,造成各路"亭障日坏,戍卒日耗"③,边备松弛。并且,帅臣一切措置都需依靠漕臣拨款,使漕臣之权过重,帅臣则被完全架空,这种权力格局根本无法应对紧急事态。吴儆在邕州备边过程中,深受这一问题的困扰,因此才如此强烈地提议由帅臣兼知漕计。但这并不是说由帅臣尽夺漕臣之权,而是"漕臣与帅臣协力措置"④,"庶几两相

---

① (宋)吴儆:《竹洲集》卷二。
② (宋)吴儆:《竹洲集》卷一。
③ (宋)吴儆:《竹洲集》卷二。
④ (宋)吴儆:《竹洲集》卷二《论乞委漕臣同帅臣措置沿边》。

通融,彼此任责"①,至于怎么个"通融"法,吴儆并未涉及。这是一个复杂的制度设计问题,非一人智力所能及。

第三,发展民兵。吴儆认为针对当时外有强敌,内有盗贼的状况,发展民兵是解决这一困境的有效途径。如果从现在起发展民兵,"数年之后,习练已成,器甲亦备,举天下之民,皆可用之兵。天下无事不惟可以备盗贼安吾民而已,中原有变,则以官兵出征而以民兵居守,则内陵外侮之变可以潜消于冥冥之中"②。

吴儆的这一思想是受到江淮地区人民自发组成武装、保卫家园的启发。江淮地区位于宋金交界处,每逢战事首当其冲,曾经几次易手。局势的动荡不安又引发当地盗贼横行,到处劫掠。当地人民纷纷组成民兵以自卫,效果显著。吴儆希望把这一经验推广到全国。在当时的情况下,吴儆的这一建议有很大的可行性,如果操作得当,会有巨大作用,可以称得上是真知灼见。

五、教育思想

吴儆对教育极为重视。认为教育是"政教之本"③,指出"学之不讲,则德之不修;而言之不文,亦行之不远"④。因此,吴儆晚年请祠回乡后,在家乡休宁积极兴办教育,据《行状》记载,每年从游者达数百人,这些人依竹洲结庐而居,吴儆也因此被学者称为"竹洲先生"。对这些从游者,吴儆"分斋肄业,如安定湖学之法以教之"⑤。胡瑗是宋初三先生之一,其所创"苏湖教学法"的最大特色就是分"经义"和"治事"两斋,"经义"研究六经,"治事"研习致用之学。这就是所谓"分斋肄业"。胡瑗的这套

---

① (宋)吴儆:《竹洲集》卷一《论邕州化外诸国》。
② (宋)吴儆:《竹洲集》卷三《富国强兵策·强兵》。
③ (宋)吴儆:《竹洲集》卷十一《休宁县修学记》。
④ (宋)吴儆:《竹洲集》卷六《谢洪徽州撰休宁县学记并书启》。
⑤ (明)程瞳:《新安学系录》卷六《吴儆行状》,合肥:黄山书社,2006年。

教学法是鉴于隋唐以来,学子崇尚浮华诗赋,不顾民生日用,而力图使儒学复归于朴实和致用。同时这种教学法也与胡瑗的体用之说密切相关,胡瑗认为六经和人性善是本,据六经以治事,依人性善而齐家治国则是用。因此,"经义"是"治事"的基础。① 胡瑗既坚持儒学经世致用的性质又强调内圣的基础性地位,因而这种教学法最切合吴儆的需要。由此也可看出,吴儆的教育思想其实是受理学思想的指导,与理学思想具有内在的一致性。

吴儆在休宁的教育事业成果丰硕,培养出了吴垕和黄何两位著名的新安理学家。吴垕是吴儆从子,自小受到吴儆的熏陶和教导,黄何少时曾从学于吴儆,《新安学系录》记载:"黄何,字景萧,休宁五城人。少从吴文肃公儆、程文简公大昌游。"② 另外,他培养了不少有用人才:"方公恬首春官,汪公义端首胪传,其他簪佩满州县。"③ 可见吴儆对促进休宁教育,推动理学在新安的传播有着重大意义。可惜关于这一方面并没有留下更为详细的史料,今天也就无法知晓吴儆施教的详情了。

《竹洲集》中并没有留下吴儆与弟子论学的内容。幸有一篇送别从游者詹景阳的序文,虽是送别之文,吴儆仍不失时机予以教诲,使我们对其教育之道得以窥见一斑。序文如下:

> 桐川詹景阳从予山中,岁终,以父命辞归,予不能留也。与之班荆于野而别,因指山木而问之曰:"子亦知夫后岁寒而独凋者欤? 隆冬之月,天地肃杀,震风之所摧,繁霜之所败,向之葱蔚勃兴而交阴者,固已萧条零乱,尘积而枿立矣。顾独苍然而不变,凌厉而愈茂者,何邪? 世谓草木有才良而性燠者,不凋且能寒,以予考之,不然。草木未有不易叶,而性之燠者不皆

---

① 胡瑗部分据侯外庐、邱汉生、张岂之主编《宋明理学史》,北京:人民出版社,1997年。

② (明)程曈:《新安学系录》卷八《黄寺丞传》,合肥:黄山书社,2006年。

③ (明)程曈:《新安学系录》卷六,程卓《吴儆行状》,合肥:黄山书社,2006年。

能寒。大抵发生于春若春之初者,至秋冬必瘁;阅四时而后易者,皆发生于春之末若夏之初者也。予尝以是考之,唐人有云:速登者疾颠,徐进者少患,天之道也。然则景阳无以齿壮而名未遂,亲老而禄未及,自戹且自弃也。"①

序文以草木在隆冬时节,春生者凋零而夏生者依旧苍翠为喻,来说明事物皆需一番涵养,然后有成,虽历风霜而不凋,求成愈早反易受到摧折。这一方面是安慰詹景阳虽然齿壮而名禄双无只是暂时的,一方面是鼓励他不要自弃,目前正是涵养蓄势的阶段,只要不断修身进学,必能大器晚成,松柏后凋。这样的教导因人因景而发,极为亲切自然,比喻委婉贴切,不露雕琢,确实能打动人心。这样的教育用我们今天的术语,可以说是情景教学法的典范。

吴儆另有一篇《劝学文》可与《送詹景阳序》相参照,其文如下:

古人有临渴掘井之喻,痛其平昔不读书也。然临渴掘井,犹有得泉之理。至渴不肯掘井者,是终渴死无悔也。上庠有一同舍,尝以二句题座右云:思场屋苦,发读书心。当其三条烛尽之时,逻卒执筭而叱之,催卷之声灌如雷震。内顾旁遑,无所复有。辞竭不能思,笔停不能摇,曳白而出为可耻,塞白而终为可惜。三年之思,二亲之念,其苦犹甚于地狱也。诸公亦曾于熟睡聚话群饮之际而思之乎?

吴儆劝学并没有板起面孔讲道理,而是用精取于日常经验中的实例来说明。吴儆所举的这一事例真实亲切,入情入理,在吴儆极为生动的文笔之下,极易引起读者的感悟。即使今日读之,仍能使人产生共鸣。这样的教育效果比起苍白的道理来自然要好得多。从这两篇短文中,我们看到了一位和蔼宽厚、精于教育之道的智者形象,一改吴儆先前给我们留下的严肃刚毅的印象。

---

① (宋)吴儆:《竹洲集》卷十二《送詹景阳序》。

吴儆有一个独具特色的教育学思想,这就是其"见教"思想,他在《见季守书》中阐述了这一思想。他认为:"人之为学,贵于见而师之者,有指而示之踪也。不见其人,闻而师之,此视物而得其影也。""见而师之"即从游于师,与师朝夕相处。吴儆认为这对从学者有一个好处:"有指而示之踪也。"意思是师者会提供一些指示,这些指示就如同你在捕猎过程中为你指点猎物留下的踪迹,让你可以寻踪获猎。这样既可以节省学习时间,为从学者提供一条捷径;更重要的是能够保证从学者的学术方向,不至误入歧途。"闻而师之"就没有这样的优势,他们"不见其人",从学如捕风捉影,难以真切,费时费力,又往往不得其正。正如吴儆所说:"盖见而师之者,尝得详且近。不如后人惟闻其言,无所开议,以究其旨归。"他举例说,"樊迟问智,子曰:知人。问仁,子曰:爱人。迟未达也。而夫子又与之言:举直错诸枉,能使枉者直",使樊迟终于领悟。如果没有这样当面的开议,后学者可能就陷于懵懂,不得其理了。就当代而言,吴儆认为"曾子固、梅圣俞、苏子美尝得见欧阳公;黄鲁直、秦少游、晁无咎、陈无已、张文潜亦及从苏氏兄弟;而谢显道、杨中立、游定夫亦及事程伊川,皆因其所见,咸各有所得"。

吴儆的"见教"思想有一定合理性。它看到了教师的重要性,充分肯定教师的主导作用。同时,吴儆也认识到环境对受教者的影响。在"见教"中,师本身就是一个直观的典范,师与弟子之间又有随时求教、早晚开议的良好氛围,这样的环境对受教者无疑有直接积极的影响,这些都是闻教中所没有的。但对受教者而言,无论"见教"还是闻教都是外因,而成才的关键是内因。吴儆的"见教"思想显然夸大了外因和教师的主导作用,而忽视了内因和受教者的主体地位。另外,吴儆的"见教"思想有将师的权威绝对化的倾向,师与弟子之间的地位如君臣、父子一样并不平等,这实际上是中国宗法制传统在教育领域贯彻的必然结果,不能责备吴儆。从积极的方面来说,"见教"中同时包含言教和身教,无疑对师者提出了更高的要求。在"见教"中,师者的一举一动、一言一行都会对从学者产生潜在影响,因此它真正要求师者做到"学高为师,身正为范",这为我们今天的学校教育提供了很好的借鉴。

六、结　语

对于吴儆的思想,程卓有这样的评价:"公天资雄浑,学该体用,高远而不为迂,切近而不为陋,上下数千年间,世变升降,制度因革,粲然若指诸掌,而能剂量之以道;出入诸子百家,天官稗说,靡不洞究,而能折中之以圣人之经。"①这一评价确实是对吴儆思想的准确概括。

吴儆的思想以理学为根干,以政治思想和教育思想为枝叶,虽然他并没有建立系统的学说,但其各部分思想之间具有高度的一致性,因而自成一体。吴儆的思想多有创见,独具特色。从理学与事功的结合到恢复大计、对吏治的诸多思考、对"惟明克允"的解释以及"见教"思想等都有发前人未发处。这表现出吴儆独立思考、勇于探索的精神品质和其理论思维的创造性。

吴儆的思想以理学兼事功,基于内圣而强调外王,以前者为体,后者为用,可谓通达于体用之学。就体而言,吴儆的所学和师承都极为驳杂,吴儆对四书五经、春秋学、佛道之学、理学、事功之学、历史、兵法、文学等都有涉猎,受到张栻、胡宏、吕祖谦、朱熹、陈亮、薛季宣、韩愈、柳宗元(后二人在文学上)等人的影响,却始终奉二程为正统,以程朱理学为依归。就用而言,吴儆强烈地关注现实与民生,对造成现实黑暗和民生困苦的方方面面,上至天下国家下至州县乡里,从恢复大计到吏治、狱治、军事、财政、教育等都进行了真诚的思考和艰辛的探索,不仅取得理论上的成果,更以其非凡才干,不畏艰难以身作则,在这些方面做出卓越的实际贡献。吴儆的思想与行为间的一致性使吴儆的学术具有一种"知行合一"的色彩。此外,吴儆的整个学术具有平实、朴素的特点,无论是理学还是政治、教育领域的思想,都是吴儆根据其亲身经历和体验的现实问题和具体情况而发,不从形上抽象的原则出发,不作玄远空洞的虚论。但这并

---

① (明)程曈:《新安学系录》卷六《吴儆行状》,合肥:黄山书社,2006年。

没有使吴儆的思想因此而显得浅陋,相反,他将对现实的深入观察与理学相结合,既切中时弊,又具理论深度,显示出一种特殊的深邃性和震撼力。其许多思想至今仍有现实意义。

其一,吴儆经世致用的思想特色对新安后学的影响。这一点在吴儆逝世后不久就体现出来。程珌《竹洲集序》中就说:"今观公之集,大而国家之务,细而州县之政,又微而民生日用之则,亹亹拳拳不绝于口,举而措之天下谓之事业,又岂止词章而已。"程珌比吴儆迟生四十年,此时南宋的内忧外患更为深重,因此吴儆的致用倾向得到程珌的深切认同。不仅南宋如此,吴儆经世致用思想在明代的新安理学家中也引起了强烈的共鸣。程敏政在《竹洲文集序》中发出了这样的感叹:"呜呼!是岂可以才人韵士之作例视之哉!本之严正之资济之明硕之学,故其见于言者皆民彝物则之余,而无枉己徇人之意,盖其所得先正者粹而深矣……四方之士取而读之,因其言语文字之所有,考其师友渊源之所自,使河洛之坠绪可寻,而斯道不为空言于天下,则如先生之文亦何可少哉!"认为吴儆致用之学是得"先正者"之粹,即属于儒家正统,充分肯定吴儆的致用之学对于纠正空言虚浮之风的功用。程敏政的这段话深契吴儆的学旨,所识可谓深辟。

比程敏政稍迟的新安理学家汪循在《故处士吴君墓志铭》中回忆吴儆时有这样一段文字:"吾乡先有竹洲先生者,当南宋之后,为命世巨儒。朱文公、张南轩暨吕、陆、陈、范诸贤所识契而期待之。观其为学录时,即敢答内廷逻卒,及召对,陈天下大势、大计,凿凿可行。且尝曰:'使吾得当一面,提精兵数万,必擒颉利以报天子。'历仕州邑,擒海盗暴凶孽,陈兵声义,屈伏杞蛮酉于庭,枭洞贼掠民者之首于世,凡此皆人所不及知而难行者。先生倡言之,毅然行之,无所顾忌,使得大用于世,所就岂可量哉? 及终,改守邕州,知时命不济,人事难合,即丐祠养亲,明经授徒,谋为不朽。某尝高其资而惜其充之未完,壮其志而悲其发之未遂,伟其才而慨其施之未竟,羡其学而怜其进之未已也。以先生之明,又得名世如诸公者与之依归,使天假之年,所论亦不止此而已。"①这段文字极为动情,可以看出是发自内心。文中,汪循对吴儆的敬重之情可谓字字可见,可以说吴儆的学术人品对汪循有着巨大的感召力,而从这段文字中,我们不难概括出这种感召力的源泉正是来自于吴儆经世致用的思想和行为,更进一步说,是吴儆在经世致用上、思想与行为上的内在一致性。

虽然不是每一位新安理学家都有追述吴儆的文字,但吴儆作为新安理学的先哲和巨擘,作为当世名公结交的对象,乃至作为一名知名的吏官,都必然地为后世的新安理学家群体所熟知。因而我们绝不能低估吴儆对新安理学的实际影响。直到清代,赵吉士在其《寄园寄所寄》中的《新安理学》条目下收入了他认为最为重要的十四位新安理学家,吴儆就赫然立于其中。这也是他对新安后世影响力的佐证。

其二,对吴儆交游和思想的研究对考察新安理学的早期发展有一定的意义。新安群山环绕,偏僻闭塞。一直以来经济文化较为落后。唐代科举本不甚发达,又为豪门望族垄断,未使如新安等地受益。加上唐末五代乱世对学术文化的摧残,使新安文化在宋初一片萧条。真正使新安的文化焕发生机的是宋代大兴科举和积极办学。仁宗时期曾诏天下州县办学,"自明道、景祐间,累诏州、郡立学,赐田给书,学校相继而兴"②。吴儆也说道:"本朝庆历、熙丰、崇观间,益尝三致意于此矣。时方承平,既广而富,举天下郡县皆得立学。"③徽州在这股潮流下,所属郡县也纷纷建立府学、县学,使一批学子走上科举文化事业。但整个北宋时期,新安由于偏远闭塞,致使学子上京困难,信息

---

① (明)汪循:《汪仁峰先生文集》卷十九《故处士吴君墓志铭》,《四库全书存目丛书》本。
② 陈振:《宋史》(中国断代史系列),上海:上海人民出版社,2004年,第637页。
③ (宋)吴儆:《竹洲集》卷十一《休宁县修学记》。

不通,①同时又缺乏优秀师资,加上经济落后对办学的制约等原因,办学规模和效果都不尽如人意。

这种局面到宋室南渡后,有了根本改观。主要原因有二:首先,南渡后都城迁到临安,使徽州与都城的距离由北宋时的数千里缩短为二三百里,徽州由此被纳入都城文化圈的辐射范围内,徽州与作为政治和文化中心的都城之间的交流往来日益频繁和方便(尤其是士子赶考的便利和地方府学、县学与中央太学之间交流的增多,这些从吴儆经常往来于太学和家乡之间,以及回乡后受到地方学子的追捧便可见一斑),这对于徽州文化的发展起到最为直接和有效的促进作用。这种促进作用突出表现在由于科举大大刺激了徽州地方办学的热情和当地学子对举业的热衷,使得地方学校的规模和质量有大幅提升,而休宁县更是其中的佼佼者,培养出了程大昌和吴儆两位新安巨哲。这批先哲又通过长期在外游学仕宦,将接触到的时代和文化信息以各种途径带回徽州(如吴儆在乡刊印《知言》,吴儆、程大昌在徽州的教育事业以及他们同徽州地方学者的学术交流等),不仅直接促进了新安文化的发展,更重要的是,以这些人为桥梁,将徽州与南宋的文化脉络沟通起来,改变了徽州长期以来的闭塞状况,通过这批大师的共同努力,徽州逐渐由一片落后之地转变为紧跟时代潮流的文化热土。这批先行者的辛勤耕耘也为朱熹回乡造就了坚实的文化氛围,完成了必要的准备工作。其次,一批具有相当文化修养的豪门望族、文人官僚或因钟爱徽州山水,或因躲避战乱而迁居徽州,使徽州拥有良好的文化学术氛围,为徽州后来的儒风浩荡奠定坚实基础。正因为如此,新安文化到南宋才真正开始繁荣,这一时期涌现出的人才无论数量还是质量都是以前包括北宋所无可比拟的。实际上,在朱熹回新安之前,新安已经是一片深受各家学术尤

---

① 吴儆在《隐微斋记》中说"至河洛两程夫子始指是为入德之门。然当是时,虚荒诞谩之言盈天下,远方(指徽州)学者未尝知有河洛之学也。"可见北宋时徽州的闭塞状况。这种局面直到南宋初年仍未彻底改变,吴儆《题五峰知言卷末》有"右五峰知言一书,传于世实甚久,凡后学之自伊洛者皆知……而吾乡学者或未见焉"。

其是理学熏陶、萌动欲发的大地。朱熹的回乡恰如一场及时的雨露甘霖,催其生根发芽。否则就难以解释朱熹何以能在两次短暂的回乡经历中,建成一个规模如此宏大、历史如此悠久的学派。因此,可以说新安理学是在宋代科举兴学的文教政策下,发轫于北宋时期鼓励地方办学,得益于宋室南渡,而终成于朱子返乡传道授学的学派。

第五章

倪士毅与《四书辑释》

宋元之交及元代,朱子学及其面临的环境已迥然异乎于南宋时期。因此这个时期的以固守朱子学为宗旨的新安理学,也与早期的新安理学有着明显的不同。这一时期的新安理学特点主要是舍弃了南宋新安理学的包容性,将宗朱发展到了极端,排斥一切异说,以维护朱子学的纯洁性。根据这种时代特点,学术界将宋元之交及元代,视为新安理学发展的第二时期,也是新安理学由宋到明的重要过渡时期。

倪士毅编著的《四书辑释》是新安理学发展到元代的重要成果,它全面反映了元代新安理学的基本风貌。《四书辑释》一书主要是对朱熹思想的传承,通过倪士毅对《大学章句》、《中庸章句》的重点分析,以及《论语》、《孟子》的简要分析,来了解他的哲学思想。倪士毅宗奉朱学,纠正诸儒异说,"惧儒家之说,乱朱子本真",目的就是为了捍卫朱子学的纯洁性。他编纂的《四书辑释》,既是对朱子学的传承,也是当时哲学环境影响下的哲学思想的一种体现,同时对后世研究此时期的新安理学,起到了重要的作用。

由于新安理学被作为一个学派进行研究起步较晚,因而近年来,在理学研究的大量著述中,新安理学的研究成果较少,具体到论述元代新安理学的更是凤毛麟角。其实元代在新安理学的发展史上是一个重要时期,在新安理学由宋向明、清过渡的过程中起到了传承的作用。与此境遇相像的是新安理学家倪士毅,从如今对有限的元代新安理学家研究中可以发现,研究"新安三有道"中另外两位赵东山、汪环谷的专著和文章较多,而对于倪士毅的研究相对较少。

一、生平与著述

(一)倪士毅的生平

倪士毅(1302～1348),字仲宏(弘),休宁人。他曾师从乡老儒朱敬舆和新安理学名儒陈栎(字寿翁)。学术传承朱子之学。"凡仁义道德之说,非经朱熹论定者,士毅不以教人"。[①] 代表作有《四书辑释》二十卷。著名新安理学家汪克宽为《四书辑释》作序。由于倪士毅受业于陈栎之门,便将陈栎的《四书发明》和胡炳文的《四书通》二书合而为一,至正元年(1341)刻于建阳。越二年,又加刊削,定为今书。《四书辑释》包含了两个部分的内容:一是专门纠正诸儒异论;二是阐明朱子之学本旨的训释。这是一部反映元代新安学派学术风格、理学思想的重要著作,对明代以后的理学界产生了重大的影响。明代永乐年间,胡广等奉命纂修《四书大全》,引用倪士毅《四书辑释》之处颇多。倪士毅还有《作义要诀》一卷,收录于《四库全书·集部》[②]。《宋元学案》将倪士毅归入《沧州诸儒学案·定宇门人》,并谓士毅与赵东山、汪环谷朝夕讲学,时称"新安三有道"。[③]

倪士毅一生不仕,致力于教授朱子思想,传播普及理学知识,在黟县教书二十三年,门徒众多,为新安理学回归朱子本旨做出了重要贡献。尤其是他的《四书辑释》,阐明朱子学本旨,纠正异说,在捍卫朱子学、维护朱子学的纯洁性上起到了一定作用。

---

① (明)程瞳:《新安学系录》卷一四《倪道川墓志》,民国二十一年《安徽丛书》第一期影印本。
② 《四库全书总目》卷一九六《集部·诗文评类二》。
③ (清)黄宗羲、全祖望:《宋元学案》卷七〇《沧州诸儒学案下》。

(二)元代社会的哲学背景

新安理学作为朱子学的重要分支,开创于南宋时期。到了元代,可以说是新安理学迅速发展和传播的时期。

元代蒙古族入主中原以后,深受传统儒学"华夷之别"熏陶的中原学者,视之为"夷狄入侵",大多数新安理学家远离政治,对元政府采取不合作的态度,将所有的热情全部注入学术研究、自身修养和教育活动上,大量的理学著作在这一时期纷纷问世,倪士毅撰述的《四书辑释》,就是这一时期的代表作之一。

新安理学形成后,学者对朱熹顶礼膜拜,视朱学为圣学,代代相传。然而到了元代,朱子学面临种种挑战,学派迭起,门户纷争,陆学、事功学派乃至佛老之学的思想不停地向朱学阵营渗透。在朱学阵营的内部,由于秉承者资质不一,所学侧重也不相同,诸儒阐释朱子学时各持一端。这一时期的理学境况正如程敏政所言:"自徽国公(朱熹)得河南两夫子之传,斯道复明于天下。及门之士厌饫其说,盖充其各有得焉,故未一再传能不失真者,则已寡矣!"①致使"异论"纷出,乱朱学之本旨。因此元代新安理学诸儒就更为看重门户界定、学术渊源。《易附录纂注提要》中说:元代"讲学者门户最严,而新安诸儒于授受源流,辨别尤甚"②。另外,朱熹的著作在元代被定为科举考试的钦定教材,元仁宗在位时期曾说过:"朕所愿者,安百姓以图至治,然匪用儒士,何以至此。设科取士,庶几得真儒之用,而治道可兴也。"③诏行科举法,规定"设科取士,非朱子之说者不用","五经"、"三传"、朱子著作成为法定教科书。至此,理学的官学地位已经被完全确立,于是一些科举之陋儒将它视为获取功名的敲门砖,志在名位,不在学术,使得朱学"晦而不彰"。④

因此,在这样的学术环境和新安理学的一贯传统相互作用下,排斥"异论"、发明朱子学本旨成为当时新安学者们的当务

---

① (宋)陈栎:《定宇集》卷一七《遗事八条》。
② 《四库全书总目提要·易附录纂注提要》。
③ 《仁宗本纪一》,《元史》卷二四,第379页。
④ 参见钱穆《朱子新学案》,成都:巴蜀书社,1986年。

之急。新安理学家们纷纷将维护朱子学的纯洁性、弘扬朱学本旨,作为自己学术活动的重心。围绕着这个目的,元代新安理学家纷纷著书立说,本旨是为了阐明朱子学。"凡衅朱氏者,辄刊而去之;其微词隐义则引而伸之;其所未备者,复为说以补其阙。于是朱子之学大明于世"①。休宁县的风气则是偏重"四书"学的研究。如黄智孙(字常甫)早年继承家学,后师从滕和叔、滕文叔,得朱熹嫡传,著有《四书讲义》二百篇。智孙的学术议论纯正,时人誉其有学有守,"其学之博而不为当世浮靡之习,守之确而不为随时污下之举"②。新安学派中坚人物陈栎(字寿翁,学者称定宇先生),早年受学于家,后师从黄智孙。陈栎于书无所不读,对朱熹《四书》,"则贯穿出入,尤所用意"③,著有《四书发明》。此类著作还有程逢午(字信叔)的《中庸讲义》、程存(号澹成,陈栎弟子)的《论语说》、吴浩(字义夫,号直轩)的《大学口义》等。这些对《易》学、《四书》学情有独钟的理学家们,将自己的研究心得著书立说,薪火相传,使得新安理学派在一定程度上代表了当时学术研究的主流。

二、《四书辑释》的哲学思想

(一)《四书辑释》形成的缘由

元代规定,科举考试程序,确定以程朱学派所编的"四书"、"五经"为内容,正如虞集所评:"我国家表彰圣经,以兴文化,至于《论语》、《大学》、《中庸》、《孟子》,定以周子、二程子、张子、朱子及其师友说,以为国是。非斯言也,罢而黜之,其正乎道统之传,可谓严矣。"④考生答题必须以朱熹理学为指导思想。《元史·选举制》载:"考试程序:蒙古、色目人,第一场经问五条,

---

① [康熙]《徽州府志》卷一二《人物》。
② (明)程曈:《新安学系录》卷十《黄智孙遗事》。
③ (明)程曈:《新安学系录》卷一二《陈定宇行状略》。
④ 虞集:《道园学古录》卷八《蓝山书院记》。

《大学》、《论语》、《孟子》、《中庸》内设问,用朱氏章句集注。其义理精明、文辞典雅者为中选。第二场策一道,以时务出题,限五百字以上。汉人、南人,第一场明经经疑二问,《大学》、《论语》、《孟子》、《中庸》内出题,并用朱氏章注集注,复以己意结之,限三百字以上;经义一道,各治一经,《诗》以朱氏为主,《尚书》以蔡氏为主,《周易》以程氏、朱氏为主,以上三经,兼用古注疏。《春秋》许用《三传》及胡氏《传》,《礼记》用古注疏,限五百字以上,不拘格律……"① 从这里可以看出,朱熹所著的《四书章句集注》被纳入了科举考试的科目范围当中,并占据了主导地位,从而实现了理学官学地位的制度化。可是,在理学官学化的同时,朱学却逐渐失去了其初创时期的生机活力。而且朱学内部也出现了分歧,一部分人侧重于传播朱子义理之学,但是所传又多不同于朱子;一部分侧重于推广朱熹博览群书的治学方法,结果又流为训诂治学;还有一部分则致力于朱子经学,但其"解说经义,或引诸家以翼朱子,或舍朱子而取诸家,亦不坚持门户"(《慈溪县志》);还有的摇摆于朱陆之间,终不知其所。

元代的新安理学家多为朱熹的二传、三传或四传弟子,在当时朱子学本旨渐趋隐晦之际,他们不为时风所动,坚持探求朱子学本旨。他们的治学重心虽然各有差异,但是却都有一个共同的目的,即维护朱子学的纯洁性,返朱子本真。元代的一些理学家致力于排斥异说,纠正朱熹后学及世人对朱学的曲解,这方面的突出代表就有倪士毅。他面对元代朱学所面临的种种境况,本着守卫朱子学正统的本旨,编成《四书辑释》一书,专门纠正诸儒异说,以此来阐明朱学本旨。此外,倪士毅在其二十三年的讲学生涯中也贯彻守卫朱学、排斥异端的治学宗旨,"非仁义道德之说尝论定于郡先师朱子者,不以教人"。②

(二)《四书辑释》阐明朱子之学的本质

1. 合《四书发明》和《四书通》为一

元人邓文原在为胡炳文《四书通》作序时称:"《四书》之学,

---

① 宋濂等:《元史》卷八一,北京:中华书局,1976年,第1341页。
② (明)程瞳:《新安学系录》卷一四《倪道川墓志》。

初表章于河南二程先生,而大阐明于考亭朱夫子。善读者先本诸经而次及先儒论著,又次考求朱夫子取舍之说,可以言学矣。然习其读而终莫会其意,犹为未善也。《纂疏》、《集成》博采诸儒之言,亡虑数十百家,使学者贸乱而无所折中,余窃病焉。近世为图为书者益众,大抵于先儒论著及朱夫子取舍之说,有所未通而速为臆说,以衒于世。余尝以谓昔之学者常患其不如古人,今之学者常患其不胜古人。求胜古人而卒以不如,予不知其可也。今新安云峰胡先生之为《四书通》也,悉取《纂疏》、《集成》之决于朱夫子者删而去之,有所发挥者则附己说于后……"从这段话里,我们可以看出邓文原一方面是想表达《四书通》"决于朱夫子者删而去之"、维护朱学正统的基本思想倾向,从另外一个方面也表述了《四书通》在著述体式上的一个特点,即"悉取《纂疏》、《集成》……删而去之",表明《四书通》在体式上与《纂疏》、《集成》相类,都属于"集编体"或"集释体"的著作。

在这里提到的《纂疏》、《集成》,分别指的是宋末赵顺孙的《四书纂疏》二十八卷和吴真子的《四书集成》。吴真子所著《四书集成》已佚,但二书体例相似。关于《四书纂疏》的体例,赵顺孙自有说明:"子朱子《四书》注释,其意精密,其语简严,浑然犹经也。顺孙旧读数百过,茫若望洋,因遍取子朱子诸书及诸高第讲解有可发明注意者,悉汇于下,以便观省。闲亦以鄙见一二附焉,因名曰'纂疏'。"①

由此可见,《四书纂疏》乃是以朱子《四书章句集注》为蓝本,博采朱子诸书之说及众弟子之说汇集于此书中。这里所谓的"朱子诸书",包括《四书集注》、《或问》、《语录》、《文集》、《易本义》、《诗集传》、《太极解》、《通书解》、《西铭解》等。所谓的"诸高第讲解有可发明注意者",包括了黄榦、辅广、陈淳、陈孔硕、蔡渊、蔡沈、叶味道、胡泳、陈植、潘柄、黄士毅、真德秀、蔡模等十三家之说。元代新安理学名儒陈栎的《四书发明》、胡炳文的《四书通》及倪士毅的《四书辑释》,就都属于这类著作,集合了诸家之说。朱彝尊《经义考》曾引万授一论《四书辑释》曰:"朱子《四书集注》既行,当时儒者惧后学诵习之难,因各为诠

---

① (宋)赵顺孙:《四书纂疏·序》,《四库全书》本。

解。于是勉斋有《通释》;而采《语录》附录于《大学》章句之下,始自西山真氏,名曰《集义》;祝氏宗道《四书附录》,仿而成之;格庵赵氏有《纂疏》;克斋吴氏有《集成》;定宇陈氏有《发明》;云峰胡氏有《四书通》;仁山金氏有《指义》。由宋迄元,不下数十家。而义理明备,采择精当,莫如道川倪氏之《辑释》。"从朱彝尊的这段话我们可以看出他对倪士毅《四书辑释》的肯定,同时也体现了倪士毅《四书辑释》的价值,即义理明备,采择精当,以朱说为宗,采集众家之言,折中糅合,而且于朱学多有发挥,后世对于朱子学的本旨更加清晰。

陈栎的《四书发明》今已亡佚,无法了解该书的内容。《四书通》及《四书辑释》今存。内容方面,在《纂疏》、《集成》的基础上,《四书通》主要有以下两个特点:

其一,在保留朱熹的《四书集注》所引用的贾谊、董仲舒、周敦颐、二程等五十六家之说及赵顺孙《四书纂疏》所引用的黄榦、辅广等十三家的基础之上,又增胡瑗、曾巩、张载、邵雍、程颢、程颐、张庭坚、陆佃、孔文仲、邓名世、游酢、侯仲良、张栻、洪兴祖、项安世、林之奇、胡寅、胡宏、叶梦得、吕祖谦、张九成、袁甫、郭忠厚、邵甲、钱时、顾元常、陈文蔚、李道传、李东窗、李氏、叶适、卫湜、陈知柔、陈亮、陈用之、林夔孙、方悫、谭惟寅、周谓、何梦贵、潘时举、郑汝谐、王炎、薛氏、李阆祖、欧阳谦之、诸葛泰、胡次众、黄继道、虚氏、张玉渊、王回、黄渊之说,以及祝洙的《四书附录》、王柏的《批点标注四书》、程若庸的《字训》、饶鲁的《石洞纪闻》及《讲义》、卢孝孙的《大学通义》、沈贵珤的《正蒙解》、谢仿得的《文集》、齐梦龙的《语解》、许衡的《文集》及《遗书》、冯椅的《论语解》、方逢辰的《中庸大学释传》、金履祥的《大学疏义》、杜瑛的《语孟旁通》、薛延年的《四书引证》、黄仲元的《四书讲义》、熊禾的《标题四书》、吴浩的《大学讲义》、陈栎的《四书发明》、吴仲迁的《语类次》,共计七十三家之说,在取材范围上有所拓展。

其二,《四书通》对于《纂疏》、《集成》有所删正,而删正的标准,正是因为这些地方"决于朱夫子"。主要包括三个方面:

一是训释之误。《四书通·凡例》云:"《纂疏》引胡氏曰:某之为言也,前无训释,特发此以明其义。愚按:德之为言得也,政之为言正也,本《记》曰:德者,得也;《语》曰:政者,正也。谓前无训释,可乎?盖如说喜意也,尤是以喜字训说字。学之为言效也,学之为字即是效字……今如《纂疏》此类,皆删之。"

二是笔误。《四书通·凡例》云:"《纂疏》、《集成》有笔误者,如《颜回》'好学'章,《集注》载所好何学论,辅氏曰:古所谓七情者,喜怒哀乐爱恶欲也。今程子以惧字易乐字,盖嫌喜、乐二字相似而不及于惧也,其义持失。愚按:《礼记·中庸篇》以喜怒哀乐四者言,《礼运篇》以喜怒哀惧爱恶欲七情言。程子之论,正本《礼运》,初未尝以惧字易乐字也。似此笔误者删之。"

三是解说多谬。《四书通·凡例》云:"《纂疏》、《集成》有片谬者,如'子游洒扫应对'章,《集注》记程子之说凡五条,末曰:'后四条皆以明精粗本末,其分虽殊,其理则一,学者当循序而渐进,不可厌末而求本。盖与第一条之意实相表里,非谓末即是本,但学其末而本便在此也。'赵顺孙曰:'学其末而本便在此者,理贯于万事,不以事之近小而理有不该也。'其说正与《集注》相反。这是因为不看上文有'非谓'两字,即以下文'学其末而本便在此'为是。他似此不可胜举,皆删之。炳文指抽前人,深愧非是,然不明言之,恐误后学,盖亦不得已而为尔。"

至于《四书辑释》,则是倪士毅合《四书发明》与《四书通》为一书的产物,而这也正是其师陈栎的一个心愿。倪士毅以陈栎《四书发明》为主,参照胡炳文的《四书通》,增加朱子文集、语录等著作中的资料,旁及诸家所引之说,多有融贯删节,不尽依照原文。赵子常在《倪仲弘先生改葬志》中说:"所注书曰《四书辑释》,闽坊购其初稿刻之。尝别为纂释之例,甚精,书未脱稿,又将以次及他经,皆未就而卒。"元汪克宽至正六年(1346)《重订四书辑释序》云:"近世儒者惧诵习之难,于是取子朱子生平之所以语学者,并其弟子训释之辞,疏于朱子注文之左。真氏有《集义》,祝氏有《附录》,赵氏、蔡氏有《集疏》、《纂疏》相继成编,而吴氏《集成》最晚出,盖欲博采而统一之。但辨论之际未明备,去取之间颇欠精审,览者病焉。比年以来,家自为学,人自为书,架屋下之屋,迭床上之床,争奇炫异,窃自附于作者之列,锓于木而传诸人,不知其几,可叹矣。同郡定宇陈先生、云峰胡先生,睹《集成》之书行于东南,辗转承误,莫知所择,乃各撼其精纯,刊剔繁复,缺略者足以己意。陈先生著《四书发明》,胡先生著《四书通考》,皆足以摩刮向者之敝。而陈先生晚年且欲合二书而一之,而未遂也。友人倪君仲弘实从游于陈先生,有得于讲劘授者,盖稔且详。乃会萃二家之说,字求其训,句探其旨,鸠僝精要,考订讹舛,名曰《四书辑释》。学者由是而求之朱子之意,则思过半矣。"

从上可见,在体例上,《四书辑释》与《四书发明》、《四书通》并无不同,只是取材有异,去取有别,增损考订,荟萃归精而已。《续修四库提要》述其大要云:"首《凡例》,次《引用姓氏数目》。先是,士毅之师陈栎撰《四书发明》,同时胡炳文亦撰《四书通》。栎又摘《四书通》之说,附入其书,仅及《大学章句》。栎殁,士毅绍其师业,以陈说为主,胡说不全录。别增入朱子《文集》、《语录》、《辑略》、《集义》,旁及诸家所引之说。惟融贯删节,不尽依原文,注文之下,又增音释。此其大略。"也就是说,倪氏此书荟萃陈栎、胡炳文两家之说,实则是集众家之长,是对南宋以来"四书"学的总结。

2.惟朱是从,排斥异说

程瞳在《新安学系录·自序》中写道:"盖朱子之殁,海内学士群起,著书争奇炫异,各立门户,浸失其真。诸先哲秉相传正印,起而间之,故笔躬行之实,心得之妙,乃于圣人之经、濂洛诸书具为传注,究极精微,阐明幽奥。朱子之所未发者扩充之,有畔于朱子者刊去之。"在这里,"乃于圣人之经、濂洛诸书具为传注",说的正是《四书发明》、《四书通》、《四书辑释》这一类著作;而"有畔于朱子者刊去之",也正与邓文原所谓"悉取《纂疏》、《集成》之戾于朱夫子者删而去之"之意相合。这些都表明元代新安理学学派,最鲜明的特点便是"惟朱是从,排斥异说"。

其一,新安学派将对朱子学的尊崇发展到顶峰。元朝将朱熹理学定为国家统治思想,不允许对它有任何的怀疑。元朝的科举考试也将朱熹《四书章句集注》作为考试的教科书,规定"设科取士,非朱子之说者不用",考生答题必须用朱熹的理学作为其文章的依托,如果不以其作为指导思想就不予录取。在这种情况下,朱熹理学成为进入仕途谋取功名的工具,学者们墨守成规,不敢逾越雷池一步,朱子理学也由官学化而教条化。

这就决定了新安学者对朱子理学必然是无条件的尊崇,有些人甚至将毕生的经历都放到了驳斥异于朱子学说的言论上,斤斤计较于一字一义的得失。元代新安理学名儒倪士毅就是致力于纠正诸儒异于朱子的言论,他在黟县教书的二十余年间,"非仁义道德之说尝论定于郡先师子朱子者,不以教人"。①

其二,朱学内部的"争奇炫异,各立门户,浸失其真"。也就是说,在朱学内部,朱子去世后,其门人弟子纷纷自立门户,有的虽然传播朱子的义理之学,但是其所传又不同于朱子;有的偏重于推广朱熹博览群书的治学方法,结果又沦为训诂之学;还有一批弟子摇摆不定,游离于朱陆之间,不知其所归。程瞳在《新安学系录》中云:"圣人之学至新安朱子广大悉备。朱子既殁,天下学士群起著书,一得一失,各立门户,争奇取异,附会缴绕,使朱子之学翳然以浑然。"正因为此,新安学派"四书"学者,在各自著述中无一例外地申明了他们"惧诸家之说,乱朱子本真"的深刻用意。因此元儒对于门户界限、学术渊源尤为看重。《易附录纂注提要》中说:元代"讲学者门户最严,而新安诸儒于授受源流,辨别尤甚"。比如,关于《四书发明》之作,揭徯斯《定宇先生墓志铭》曰:"以有功于圣人莫盛于朱子,惧诸家之说,乱朱子本真,乃著《四书发明》、《书传纂疏》、《礼记集义》等书,余烽万言。其畔朱子者刊而去之,其微辞隐义引而伸之,其所未备补而益之,于是朱子之学焕然以明。"又如,胡炳文作《四书通》,其自序云:"《四书通》何为而作也?惧夫读者得其辞未通其意也。《六经》,天地也;《四书》,行天之日月也。子朱子平生精力之所萃,而尧、舜、禹、汤、文、武、周、孔、颜、曾、思、孟之心之所寄也。其书推之极天地万物之奥,而本之皆彝伦日用之懿也。合之尽于至大,而析之极于至细也。言若至近而涵至永之味,事皆至实而该至妙之理。学者非曲畅而旁通之,未易谓之所知也;非用力之久而一旦豁然贯通焉,未易谓之穷理也。余老矣,潜心于此者余五十年,谓之通矣乎?未也。独惜乎疏其下者或泛或舛,将使学者何以决择于取舍之际也?呜呼,此余所以不得不会其同而辨其异也。会之庶不失其宗,辨之庶不

---

① (明)程瞳:《新安学系录》卷一四《倪道川墓志》。

惑于似也。"邓文原的《四书通·序》亦云:"今新安云峰胡先生之为《四书通》也,悉取《纂疏》、《集成》之戾于朱夫子者删而去之,有所发挥者则附己说于后。如谱昭穆,以正百世不迁之宗,不使小宗得后大宗者,惧其乱也。"倪士毅本着守卫朱子学正统的宗旨,编成《四书辑释》一书,主要包括了两个方面的内容:一是专门纠正诸儒的"异说",二是阐明朱学本旨。这是一部反映元代新安学派的学术风格、理学思想的重要著作。

3.《四书辑释》对朱熹哲学思想的传承

朱熹在《大学章句集注》中对"大学之道,在明明德,在亲民,在止于至善"的解释是:

> 程子曰:亲,当做新。大学者,大人之学也。明,名之也。明德者,大人之所得乎天,而虚灵不昧,以具众理而应万事者也。但为气禀所拘,人欲所蔽,则有时而昏;然其本体之明,则有未尝息者。故学者当因其所发而遂明之,以复其初也。新者,革其旧之谓也,言既自明其明德,又当推以及人,使之亦有以去其旧染之污也。止者,必至于是而不迁之意。至善,则事理当然之极也。言明明德、新民,皆当至于至善之地而不迁。盖必其有以尽夫天理之极,而无一毫人欲之私也。此三者,大学之纲领也。①

在《四书辑释》中,倪士毅对此段的理解给出了更为详细的注解。在这里仅摘取其中的一段,倪士毅对"此三者,大学之纲领也"的注释为:"纲,以大纲言……卢氏曰,明明德是下文格物致知、诚意正心、修身之纲领。新民是下文齐家、治国、平天下之纲领。"②从这一段话,我们可以看出倪士毅对朱子思想的秉承和绝对的尊崇。在《大学》开篇的一句话中提出了大学之道的三个重要观念:"明明德"、"亲民"、"止于至善",朱子把这三者称之为"大学之纲领",简称"三纲领"。"明明德"所指的心,是指本心,"明明德"就是明其本心。本心也称为"心之本体"。

---

① (宋)朱熹:《四书章句集注》,北京:中华书局,1983年,第3页。
② (元)倪士毅:《四书辑释·大学章句》,《续修四库全书》本。

所谓"明明德",具体说,即用明的功夫,去除气质的影响,恢复心之本体的光明。不仅要自己"明明德",还要"新民","新民"意味着还要使人民都能够去其本心的染污而明明德。"止于至善"是指明明德和"新民"应该要达到的目的和境界,"至善,则事理当然之极也",指出"至善"是根本的价值原则。由于用"事理当然"解释善,使得朱子能够把"理"和"天理"的观念引入其中,把"天理"和"人欲"的对比,引入对"止于至善"的界定和解释中来,从而更加有力地说明"止于至善"就是要充分地实现天理,完全地去除人欲。

倪士毅也是把"格物、致知、诚意、正心、修身、齐家、治国、平天下"这八项,理解为大学之"八目","三纲"、"八目"是相对应的。其中"格物、致知、诚意、正心"是修身的内在功夫,而"齐家、治国、平天下"则是把修身的结果外化表现出来的一种外在过程。内在的东西是体,外在的表现是用,两者之间的逻辑关系就是本末的关系。在"八目"中,"修身"是贯穿前后的中心,这恰恰和"止于至善"是三纲要领的要归是一样的。总体来看《四书辑释》对《大学章句》的理解,就是要去除此前与朱子学本旨相悖的思想,纠正诸儒异说辩词,以保持和朱子学的相一致性。

通过对《四书辑释》的研读和推敲,可以总结出倪士毅就是秉承了朱熹对《大学》的理解,把"明德—气禀—复其明德"作为基本的框架结构,以"明德"为心的本然之体,赋予《大学》一种心性论的诠释,而突出心性的功夫,这种高度心性化的诠释为道学的发展提供了经典的理解依据。一方面,"格物"和"诚意"居于核心的地位;另一方面,为学次序是朱子关注的重点。概括起来说就是人之为学,必须照《大学》以"格物"为起点的顺序,一切功夫以"存天理、去私欲"的道德修养为中心,循序渐进,才能最终"明明德","止于至善","治国而平天下"。

朱熹在《大学章句》之外,还写有《大学或问》,已详细说明《大学章句》立言命意的理由。其中有一段以"明德"的讨论为中心,围绕着三个纲领,表达了他对《大学》诠释总体上的哲学思想。对于此段,倪士毅也是将其分割成小段之后进行详细的解剖分析。倪氏认为,第一,天道是理,阴阳五行是气,理在气先,所以说,先有理而后才有阴阳五行。第二,"天地之间有理有气,理也者,形而上之道也,生物之本也;气也者,形而下之器也,生物之具也。故人物之生必禀此气,然后又形,其性其形虽不外乎一身,然到器之间,分际甚明,不可乱也"。说明人和物的生成都离不开理、气这两个要素,人和物在生成的过程中禀受得到理而成为其本性,禀受得到气而成为身。实际就是说的理、气二元结构。第三,人禀受的气是正而通的气,而物则禀受了偏而塞的气,因此物不能充分体现其本体之全,而人是正而通的气,所以人的心虚灵洞彻、具备众理,这就是"明德"。第四,人虽然禀受了正而通的气,但是人与人之间所禀的气也是有所不同的。由于有了这种有清有浊之气,才会有人生来气质上智愚贤恶之不同。第五,"明德"的可能。人的"明德"不会全被蒙蔽,总是会有发显的空隙,若能够由此而知觉,从"格物致知"入手,加以"诚意、正心、修身",其"明德"就能够超越气质的限制,恢复其全体。从这点说明了"格物、致知、诚意、正心"都是"明明德"的具体工夫。第六,点明了"新民"的意义,最后则是阐明了"至善"的价值意义,"新民、明德"都隐含了道德的价值意义,"至善"所指示的价值主要就是儒家推崇的基本人伦的道德价值,不是人可主观随意的选择,也不是超越人伦日用的。所以"明德"不是空洞的本体,"天理"也不是价值中立的原则,"至善"是根本性的价值标准。

《中庸章句》的体裁和《大学章句》相同。与《大学章句序》一样,《中庸章句序》也是朱子学的重要内容。朱熹在《中庸章句》中,对"中庸"的解释为:

> 中者,不偏不倚、无过不及之名。庸,平常也。子程子曰:"不偏之为中,不易之为庸。中者,天下之正道,庸者,天下之定理。"此篇乃孔门传授心法,子思恐其久而差也,故笔之于书,以授孟子。其书始言一理,中散为万事,末复合为一理,放之则弥六合,卷之则退藏于密,其味无穷,皆实学也。善读者玩索而有得焉,

则终身用之,有不能尽者矣。①

倪士毅对朱熹的这段注释又添加了更为详细的注释:

> 不偏不倚未发之中,以心论者也,中之体也,无过不及,时中之中。以事论者也,中之用也,语录名篇本取时中之中,然所以能时中者,盖有未发之中在,所以线索未发之中,然后说君子之时中。通曰,朱子于语孟释中字,但曰无过不及,盖以用言。中庸有所谓未发之中与时中,故添不偏不倚四字,兼体用言以释名篇之意。语录用时依本分不为怪异之事,尧舜孔子只是庸,夷齐所为都不是庸了。陈氏曰非中外别有所谓庸,只此中底,即日用常行而不可易者。②

在这里我们可以看出倪士毅赞朱子对"中"的解释。至于"庸"字,"二程"本来解释为"不易之谓庸"、"庸者天下之定理",但朱子却解释为"庸,平常也"。然倪士毅则是坚持了朱熹的解说,强调"庸"的平常义即认为平常的东西才是实践中能够长久的。诡异高难的东西是无法长久的,强调道理不能离开人伦日用,也隐含了对佛教离开人伦日用去追求高明境界的批评,认为《中庸》是"实学",强调中庸的道理不脱万事万物。

关于"天命之谓性,本性之谓道,修道之谓教",朱子对其理解是:

> 天命之谓性,率性之谓道,修道之谓教。命,犹令也。性,即理也。天以阴阳五行化生万物,气以成形,而理亦赋焉,犹命令也。于是人物之生,因各得其所赋之理,以为健顺五常之德,所谓性也。率,循也。道,犹路也。人物各循其性之自然,则其日用事物之间,莫不各有当行之路,是则所谓道也。修,品节之也。性道虽同,而气禀或异,故不能无过不及之差,圣人因人物之所当行者而品节之,以为法于天下,则谓

---

① (宋)朱熹:《四书章句集注》,北京:中华书局,1983年,第17页。
② (元)倪士毅:《四书辑释·中庸章句》,《续修四库全书》本。

之教,若礼、乐、刑、政之属是也。盖人之所以为人,道之所以为道,圣人之所以为教,原其所自,无一不本于天而备于我。学者知之,则其于学知所用力而自不能已矣。故子思于此首发明之,读者所宜深体而默识也。①

倪士毅在注释中写道:

所谓"犹命令也",陈氏曰如分付命令他一般,"性即理",陈氏曰性即理也,何以不谓之理而谓之性,盖理是天地间人物公共之理,性是在我之理。②

这是把古代思想中的"天命"说诠释为自然主义的造化过程。造化赋予万物气和理,这种赋予好像是天的命令,其实是造化的自然过程,并没有一个主宰者在下命令。倪士毅在注释中还写道:"有天命便有气质,不能相离,若少一便万物不得……如太极不离乎阴阳,而亦不离乎阴阳也。"③

倪士毅在注释中还引用了伊川、真氏、李氏、胡氏等理学家的注释来理解此段。他认为,天命须是有此气方能承当得此理,若无此气,则此理如何顿放?天之造化以阴阳五行为材料,生成万物,在这个生成过程中,一方面阴阳五行之气聚合而成万物的形体,另一方面在形体生成的同时,理也赋予了事物,成为事物的本性。天把"理"赋予了事物而成为其本性(这就是所谓天命之谓性),所以"性"即是"理"。倪士毅在这里结合了"性即理"的思想,阐明了"性"非空虚之性,而以"理"为"性";从"性"的天道来源说明了性与理的同一。倪士毅把"天命"与"性"的关系纳入一个宏大的宇宙论哲学,即从天理到阴阳五行、再到万物化生,使得世界万物均是"气"以成形、"理"以成"性",这样,"天命之谓性"的命题就获得了系统的、哲学化的论证。于是,无论是礼乐刑政的外在人文和仁心德性的内在人文,均因其既源于宇宙的终极实体,又体现于自我的个体存在,

---

① (宋)朱熹:《四书章句集注》,北京:中华书局,1983年,第17页。
② (元)倪士毅:《四书辑释·中庸章句》,《续修四库全书》本。
③ (元)倪士毅:《四书辑释·中庸章句》,《续修四库全书》本。

即所谓"无一不本于天而备于我",从而不仅在学理上论证了人文法则与终极实体的内在联系,也为个体的人文信仰奠定了理性的基础。人与物都禀受了天赋的"理","理"在天是阴阳五行之理,所以禀受到人物之身,成为健顺五常之性。人与物循其本性去做事情,就是道,道就是行为的当然之则。人的"性"虽然有相同,但是"气"禀却不同,从而对阴阳五行之气的禀受有过、有不及,有清浊厚薄,这就使得人之本性的表现受到气的影响、遮蔽。如果"性"的表现受到蒙蔽,那么率性的道也就会有所改变,于是需要修身养性。圣人根据人本来所具有的性制定各种制度规范,以使人的行为过者不过,不及者能及,都可以达到中,这就是教。要人知道性、道、教都是"本于天而备于人"的。"本于天"是指根源于天,来源于天;"备于人"是指完全地具备于人身之内。《中庸》注重"修身、反身、诚身","反身"是反求于己,自我批评,"反身"必须以诚为标准和原则,以诚为标准和原则去"反身"所达到的境界就是"诚身"。

朱子在《中庸》的诠释中始终贯穿其人性论,认为人与物的性是相同的,只是禀受的气不同而形成人和物的差别;人的性是相同的,都是理,都是善的,而人的气则各有差异。气的作用很重要,气能遮蔽本性。圣人的气禀纯粹而清,本性不受遮蔽,性的作用可以全体显现。贤人以下的人,气质有所不纯,性的作用只能部分显现。因此一般人要学习圣人,必须从本性发现的一些善的萌芽入手,加以推拓。如果能把它推广到极致,使性的全体充分显现,那就成为圣人了。一个人内心达到诚,在形体上也有所表现,能够感动和改变其他人。在这一点上,倪士毅也认为,心具有虚灵的知觉与能力,但是人会有不同的意识和知觉,这不同的知觉与发生的根源不同相关,人心根源于形气之私,道心根源于性命之正。也就是说,人心根源于人所禀受的气所形成的形体;道心发自于人所禀受的理所形成的本性。"人心惟危"是说人心如不正,则人欲萌动,危而不安,"道心惟微"是说人也有道心,但体现天理的道心微妙而难见。人人都有形体、有本性,所以人人都有道心、有人心。朱子道心就是道德意识,人心是指人的生命欲望。这一思想可从身体的"性—气"二元分析引申出"道心—人心"的二元分析。如果人的心中道心和人心相混杂,得不到治理,那么人欲之私就会压倒天理之公,人心就变得危而又危,道心就更加隐没难见。所以正确的功夫是精细地辨察心中的道心和人心,"必使道心常为一身之主,而人心每听命焉"。也就是说要使道心成为主宰,使人心服从道心的统领,这样,人心就不再危险,道心就会发显,人的行为就无过无不及而达到"中"。朱子认为,子思所作的《中庸》,和上面他所阐发的古代道心人心说是一致的,《中庸》里面讲的"天命率性"就是道心,"择善固执"就是精一,"君子时中"就是执中,《中庸》所说与尧舜禹相传,若合符节,高度一致。而孟子的思想则继承和发扬了《中庸》的思想,继承了先圣以来相传的道统。在孟子之后,道统中断了,道学没有再传承下去。朱子甚至认为,"二程"得孟子之后的不传之学,主要是依据对《中庸》的考究。综观全篇对于《中庸章句》的理解就是以性、气二元论为出发点,以道心、人心来对应性命、形气,但同时突出性即理,强调人之性受之于天之理,天之理备具于人之性,所以人性即是天命之性。由于人的气禀使得人之本性的表现受到气的影响和遮蔽,所以人不能自然为善,必须修道立教,以戒慎恐和慎独的功夫,在未发和已发的时候都用力修养,通过在明善致知和诚身存心两方面同时努力,以全其性之本体。在这里,天命之性是起点,但最后落实在修道之教的功夫,而修道功夫需诚明两进,不能偏废。在《中庸章句》中,理气论、天理论、心性论、功夫论都得到了全面的贯彻,成功地借助对于经典的系统解释,展示了新儒学的理论建构,对理学思想的传播起了关键性的作用。

倪士毅在《四书辑释》中是如何将《四书》所倡导的仁义礼智道德准则与那主宰天地的"天"建立内在联系呢?他在《四书辑释》中对于朱熹"礼者,天理之节文,人事之仪则"是这样理解的:

> 天下有当然之理,当此理无形影,故做此礼文画出一个天理。与人使有规矩可以凭据,故谓之天理之节文,黄氏曰如天子之服十二章上公九章,个有等数,此是节。若山龙华虫之类为节,此是问,如冠如婚此是人事……陈氏曰天理只是人事中之理,而具于心者

也,天理在中而产生事,人事在外耳根于中,天理其体而人事其用也,节文仪则四字相对说,节这无太过,文则无不及……胡氏曰天理其体,故先节而后文,人事其用,故先仪而后则,程曰天理、节文、人事、仪则上言经礼下言曲礼节文,谓品节文章。①

他将孔孟倡导的仁义道德、社会礼仪以一个"理"来概括。

倪士毅在《四书辑释》中也多次论证了这种"一本"与"万殊"之间的关系,譬如,朱熹在解《论语·里仁》中"吾道一以贯之"时说:

夫子之一理浑然而泛应曲当,譬则天地之至诚无息,而万物各得其所也。自此之外,固无余法,而亦无待于推矣。曾子有见于此而难言之,故借学者尽己、推己之目以著明之,欲人之易晓也。盖至诚无息者,道之体也,万殊之所以一本也;万物各得其所者,道之用也,一本之所以万殊也。②

倪士毅对此段注释称:"千万个理只是一个,如事君忠是此理,事亲孝、交友信也是此理,以至精粗大小之事皆此一理贯通之。"③从倪士毅的文章中可以看出,他是要借理一分殊的道理说明孔子"吾道一以贯之"的原因。这种解释正是朱熹宇宙论哲学的重要思想,所以,倪士毅本着朱子之学的本旨,在其他多种注释中均详细地阐发了这一思想,以在理论体系上阐明"一本"与"万殊"之间的辩证关系。

朱熹将《四书》中的"天"、"天命"也同样诠释为"理"、"天理",把神秘的"天"、"天命",转变为更具理论色彩的哲学范畴。倪士毅对此也是作了进一步的说明,以此来维护朱学的纯洁性和朱子学的正统地位。在《孟子·梁惠王下》中有一段话:"以大事小者,乐天者也;以小事大者,畏天者也。乐天者保天下,

---

① (元)倪士毅:《四书辑释·论语卷一》,《续修四库全书》本。
② (宋)朱熹:《四书章句集注》,北京:中华书局,1983年,第72页。
③ (元)倪士毅:《四书辑释·论语卷四》,《续修四库全书》本。

畏天者保其国。"①孟子在这里所言的"天",是对宇宙中最高主宰者的称谓,象征着那个神圣而又超越的终极实在。而朱熹则将"天"诠释为"理",他说:"天者,理而已矣。大之事小,小之事大,皆理之当然也。自然合理,故曰乐天。不敢违理,故曰畏天。包含遍覆,无不周遍,保天下之气象也。制节谨度,不敢纵逸,保一国之规模也。"②倪士毅所理解的朱熹诠释的"理",是人文世界之中的"所当然之则",是自然世界中的必然法则。尽管"理"仍有一种主宰力量,但它主要是一个表达宇宙中普遍法则的哲学概念,是构筑哲学思想体系的核心范畴。

在儒家传统观念中,"天命"是代表宇宙终极实体的概念,表达的是宇宙万物本源。而天地之间的万物各有其性,就是作为同样的人类而言,每个人的品性也是千差万别的,故而性有万殊的差别。倪士毅以"形而上"与"形而下"、本性的同一与气禀的差异来说明这种"一本"与"万殊"之间的关系。朱熹《孟子章句》说:"性者,人之所得于天之理也;生者,人之所得于天之气也。性,形而上者也;气,形而下者也。人物之生,莫不有是性,亦莫不有是气。"③倪士毅对此作了这样的诠释:"《易》大传曰,形而上者谓之道,形而下者谓之器,有形之上便是无形之理,性即理也,有形之下便是有形之器,气是有形者也。"他以形而上之性与形而下之气来说明"一本"的同一与"万殊"的差异及其来源,他认为形而上之性即是天理,它是同一的,而天地之间、人物之间、人与人之间的差异在于"气禀"。

从生命体验的角度而言,朱熹主张"心具众理",也就是说,心不是虚的,而是"心者人之神明,具众理而应万事者也"④。倪士毅对此的理解是:"心者,神明之具众理,心之体也,应万事心之用也。"⑤主张"心为主宰",即"心"不但是个体身心实践的主体,而且也是天下万事万物的主宰,心具众理、心宰万物,其实

---

① (宋)朱熹:《四书集注章句》,北京:中华书局,1983年,第215页。
② (宋)朱熹:《四书集注章句》,北京:中华书局,1983年,第215页。
③ (宋)朱熹:《四书章句集注》,北京:中华书局,1983年,第325页。
④ (宋)朱熹:《四书章句集注》,北京:中华书局,1983年,第349页。
⑤ (元)倪士毅:《四书辑释·孟子卷一三》,《续修四库全书》本。

也就肯定了天理先天地存在于人的心中。

通过对倪士毅《四书辑释》的研读,我们可以大体了解倪士毅的基本思想,即唯"朱"是归。

总的来看,倪士毅《四书辑释》是按照新安理学家一贯的学术传统,秉承着朱子的哲学思想,汇集了各家之言来全面地补充朱子的注释,纠正诸儒异说,以阐明朱子本旨。

三、《四书辑释》的价值及其历史意义

(一)《四书辑释》与《四书大全》

倪士毅的《四书辑释》可以说是对南宋以来"四书"学的总结。明人对这本书评价颇高。杨士奇曰:"朱子集注'四书'后,儒先君子著述推广发明之者,无虑数十家。而今读《集注》者,独资《集成》及此书为多,他盖不能悉得也。《集成》博而杂,不若此书多醇少疵也。"薛瑄曰:"《四书集注章句》之外,倪氏《集释》最为精简。"清人黄虞稷引汪克宽之说曰:"荟萃胡云峰《通考》、陈寿翁《发明》之说,字求其训,句探其旨,鸠僝精要,考订讹舛。"这正说明倪士毅《四书辑释》在宋元"四书"学学术史上有重要地位,所以其书对明清"四书"产生了重大的影响。

明初胡广等编修的《四书大全》是在《四书辑释》的基础上增删而成,也就是说,《四书辑释》是《四书大全》编撰的蓝本。文渊阁《四库全书·四书大全》卷首提要论曰:"《四书》自朱子《章句集注》以后,真德秀始采《朱子语录》附于《大学章句》之下为《集编》。祝洙复仿而足之,为《四书附录》。其后,蔡模之《集疏》、赵顺孙之《纂疏》、吴真子之《集成》,皆荟萃众说,以相阐发,而不免稍涉泛滥。惟陈栎《四书发明》、胡炳文《四书通》较为简单。栎门人倪士毅又合二书为一,颇加删正,名曰《四书辑释》。至明成祖永乐中,诏儒臣胡广、杨荣等编集诸家传注之说,汇成一编,赐名《四书大全》,御制序文,颁行天下学校。于是明代士子为制义以应科目者,无不诵习《大全》,而诸家之说尽废。然广等撰集此书实全以倪氏《辑释》为蓝本……惟是倪

氏原书最为审要,其义理明备,采择精醇,实迥出他家之上。"可见,提要对倪士毅的《四书辑释》评价甚高,认为其书采择精醇、义理明备,有较高的学术价值。

清初顾炎武在评论《四书大全》时称:"自朱子作《大学中庸章句》、《或问》、《论语孟子集注》之后,黄氏有《论语通释》,其采《语录》附于《章句》之下,则始于真氏。祝氏仿之,为《附录》,后有蔡氏《四书集疏》、赵氏《四书纂疏》、吴氏《四书集成》。论者病其泛滥,于是陈氏作《四书发明》、胡氏作《四书通》,而定宇之门人倪氏合二书为一,颇有删正,名曰《四书辑释》。永乐所纂《四书大全》特小有增删,其详其简或多不如倪氏。《大学中庸或问》则全不异,而间有舛误。"在这里,顾氏也梳理了朱子殁后"集编类""四书"学著作的简明沿革,同时点明了明代《四书大全》与倪氏《四书辑释》间的关系。

朱彝尊《经义考》卷二五五引万授一之说曰:"明永乐间,诏诸臣纂《大全》。实本其书。"《四库总目》卷三十六《四书大全》提要亦云:"其书因元倪士毅《四书辑释》稍加点窜。"

《四书大全》之"凡例"更可以作为有力证明:"《四书》大书,朱子《集注》诸家之说,分行小书。凡《集成》、《辑释》所取诸儒之说有相发明者,采附其下,其背戾者不取。凡诸家《语录》、《文集》内有发明经注而《集成》、《辑释》遗漏者,今悉增入。"《四书辑释》问世以来,有多种版本,顾永新先生对此曾作出过精密考证:"倪士毅《四书辑释》于元至正二年(1342)由日新堂初刻完成。之后倪氏又加重订,并由汪克宽作序,但重订本当时并未刊行。明初永乐四年(1406)坊间出现了与程复心《四书章图纂释》合编本(并有王元善所作之《通考》)。这样,两部在元代已负盛名的《四书》类著述合二为一,不过,此本的《辑释》仍是未经倪氏重订的初纂初刻本。宣德、正统间,王逢、刘剡在明初已有的《辑释》、《章图》合编本的基础上,访得倪氏重订本,又参照金履祥《大学疏义》、许谦《读四书丛书》、朱公迁《四书通旨》、《四书约说》、史伯璿《四书管窥》等元代著名的'四书'类著作,使其内容更加丰富,成为一个集锦式的《四书通义》,由詹氏进德书堂刊行以广其传。"那么,明初编纂《四书大全》时所据到底是何种版本呢?《四库总目》将倪氏《重订四书辑释》一书归入

"四书类存目",提要云:"士毅受业于陈氏,因成此书。至正辛巳,刻于建阳。越二年,又加刊削,而克宽为之序。卷首有士毅《与书贾刘叔简书》,述改刻之意甚详。此《重订》所由名也。此本改题曰《重订辑释章图通义大成》,首行列士毅之名,次列新安东山赵汸同订,次列鄱阳克升朱公迁《约旨》,次列新安林隐程复心《章图》、莆田王元善《通考》,次列鄱阳王逢订定《通义》。书中亦糅杂蒙混,纷如乱丝,不可复究其端绪。是已为书贾所改窜,非士毅之旧矣。然陈栎、胡炳文本因吴真子之书,士毅又因陈、胡之书。究其由来,实转相稗贩,则王逢因人成事,亦有所效法,不足为讥。至明永乐中诏修《四书大全》,胡广等又并士毅与逢之书,一概窃据,而《辑释》、《通义》并隐矣。"①著名目录学家王重民先生曾考证出这则提要中的两处错误:"考王逢字原夫,号松坞,乐平人,师事洪初,初之学得于朱公迁,迁得于吴中行,中行得于饶鲁,鲁得朱子正绪。新安、鄱阳两系,均为能传朱子之学者。逢后于士毅约百年,故能重订其书,《提要》未达于此,一则以逢书而谓为士毅书,以为为书贾所改窜;再则谓永乐中诏修《四书大全》,胡广等又并士毅与逢之书,一概窃据,而《辑释》、《通义》并隐矣。"

由此推论,《四书大全》所依据的倪氏《辑释》的内容,并不包含王逢和刘剡重订的内容;所据底本绝非进德书堂刊本,当系元至正初既得本或明永乐四年(1406)所刻合编本。

(二)著卫道之书,传朱子之学

元代的新安理学具有尊奉朱学、重视教育的特点,由这一特点所决定的具体的学术活动即表现为著卫道之书、传朱子之学,这无疑成为徽州学术文化发展的直接推动力。元代的新安士人大都对朱熹非常崇拜,极力传播和发扬学术文化。重视教育,是元代新安学派的重要特征,也是理学思想得以传承的必要条件。元代的新安理学家们在进行学术研究的同时,更热衷于将理学思想在徽州推广普及,他们的思想丰富和充实了新安理学,在理论上为新安理学学派的发展做出了积极贡献。

---

① (清)纪昀等:《四库全书总目提要》卷三七《重订四书辑释二十卷》。

新安理学是朱熹理学的一个重要的分支,倪士毅的一系列学术活动的指导思想和根本宗旨,是维护朱子学的纯洁性,唯"朱"是归。元初,"朱子学"成为显学,天下学者因此群起著书,附会缴绕,倪士毅惧诸家之说乱朱子本真,于是奋发著述。倪士毅编著的《四书辑释》,目的就是为了羽翼朱子学,维护朱子学的纯洁性,阐明朱子学的本旨,发扬传播朱子学。元代,社会状况发生逆转,"异族"入主中原,封建伦理纲常的秩序受到冲击,面对这种社会现实,一方面大部分新安理学家放弃了政治上的抱负,而另一方面,面对"纲常沦丧、风俗大坏"的情景,新安理学家们唯一能做的就是加强自身的道德修养,以身作则,以期挽救正在沦丧中的封建伦理纲常秩序。因此,虽然元代的新安理学家失去了施展政治抱负的机会,但并不代表他们无法学以致用,理学的致用性在元代新安理学家身上的体现,即是对封建伦理道德的实践。而为了实践正确的封建伦理纲常秩序,最基本的是先要加强自身的道德修养。在隐藏了政治热情的前提下,元代的新安理学家更加重视为己之学,即通过自我修养的方法,从而使自己的行为符合封建伦理纲常。程朱理学主张"性即理",认为天理和人心是可以通过持敬、存养、省察、诚意、正心等主观意志活动联系起来的。而这一系列"心"的功夫,正是《大学》的"正心诚意"、"格物致知"之学,故《大学》被明确地看作"修身"的手段。

重视教育事业,尤其是重视理学普及教育是元代新安学派又一重要特征。元代的新安理学家步入仕途的极少,绝大部分隐居于山林,潜心著述,讲学授徒,从事教育事业,致力于理学普及工作。在当时朱子学不景气的状况下,新安理学能够独树一帜,发扬光大,延续至明清,历时数百年,正是得益于此。元代的新安理学家在淡出政治舞台之后,纷纷致力于教育事业,大兴讲学之风,根据教学需要,著书立说,为新安理学的传承与发展做出了重要的贡献。以唯"朱"是归为治学指导思想,极力维护朱子学之纯洁性;崇尚气节,无意仕途;注重践履封建伦理纲常以及重视普及理学教育。这一系列内容,构成了元代的新安理学鲜明的学派特征,这既是元代新安理学区别于宋明新安理学的标志,也是元代新安理学发展过程中不容忽视的闪光点。

倪士毅是具有代表性的新安理学家,他不仅是元代新安理学家中的佼佼者,同时在整个新安理学发展史上也同样具有重要的地位。他的学术思想对后世影响深远,倪士毅数十年如一日,著书讲学,兢兢业业,将毕生的精力都贡献给了理学事业,留下了《四书辑释》这部朱子学的经典著作。

朱升思想研究

作为朱熹五传弟子的新安理学家朱升,不仅是明朝的开国功臣,同时在学术上也有独特的建树。政治上,朱升从战略高度提出"高筑墙、广积粮、缓称王"的创基立国之策;学术上,其作诸经旁注,凸现儒学真谛,返归元典儒学,求真是之归。尤其是他提出了"理"是"脉理、纹理",摒弃程朱理学和陆九渊心学关于理的神秘性和主观性,赋予"理"以客观规律性,是对先哲思想的超越。

一、生平与著述

朱升,字允升,号枫林,徽州休宁回溪人,后迁居歙县石门。生于元大德三年(1299),卒于明洪武三年(1370),享年七十二。

朱升幼年从学乡里江敏求、金斋谕。十七岁从师乡贡进士陈栎,"剖击问难,多所发明,栎深器之"。① 陈栎,字寿翁,一字定宇,号东阜。"学以朱子为宗",被称宿儒。《四书大全》的《凡例》说"注文下凡训释一二字或二三句者,多取新安陈氏(即陈栎)之说",足见其儒学功底。著有《百一易略》、《四书发明》、《书传纂疏》、《礼记集义》等书。陈栎师事朱子三传弟子黄智孙,朱升则为朱子五传弟子。

---

① (明)程瞳:《新安学系录》卷十四《朱学士》,民国二十一年《安徽丛书》第一期影印本。

至正三年(1343)，时资中黄泽(字楚望)讲道于溆浦，朱升与同里赵汸(字子常，号东山)"自随往从游焉"，次年春归，讲学于郡城紫阳祠。是年秋，登乡贡进士第，丁内艰。至正八年(1348)，授池州路学正，十年(1350)到任。池州儒学的"学之田岁入富于他学，而官吏蠹食之，弟子员日仅一饭，教养无方，师生解体。升始至，则举吴文正公澄鼠牛之喻，会出入，整斋厨，去宿弊，晨兴讲授，以身示法，江南北学者云集"。① 秩满，归故里。时蕲、黄之兵已至徽州，朱升为避兵乱，于是迁居歙县石门山中，授徒讲学，闭户著述。

　　至正十七年(1357)七月，朱元璋兵至徽州，邓愈向朱元璋推荐朱升，朱元璋遂召朱升问时务。朱升对以"高筑墙、广积粮、缓称王"，从战略上提出立国之策，深得朱元璋赞许。此后，"备顾问于内廷，参密命于翰苑"，②跟随朱元璋赞画军机、制定典章、罗致人才，深得他的器重，朱元璋并为朱升所居之楼亲题"梅花初月"匾额。至正二十七年(1367)，朱元璋称吴王，授朱升以翰林侍讲学士、中顺大夫、知制诰、同修国史；洪武元年(1368)朱元璋称帝，朱升被授以翰林学士兼东阁学士、嘉议大夫；洪武二年(1369)，朱元璋召诸儒臣修礼书，第二年告成，赐名《大明集礼》，朱升参与编辑成书。三月，朱升请老归山。朱元璋赐以爵士，辞不受。朱元璋驰驿送归，朱升陛辞请曰："伏愿陛下明照万里，治国三重焉：东宫择贤师，保将相、久试贤能，保百姓如保赤子。故曰'为天下得人，有人有土，万年无疆'。"③洪武三年(1370)冬十二月以疾终于家。

　　朱升一生著述甚丰，为《易》、《诗》、《书》、《周官》、《礼仪》、《礼记》、《四书》、《孝经》、《孙子》等书作旁注，著有《书传补正》、《朱枫林集》等。

　　观朱升一生，"文注子经，武贯韬略"，但大部分时间还是在从事儒学学问。朱元璋于1368年正式建立明朝，朱升在元代

---

① (明)程曈：《新安学系录》卷十四《朱学士》，民国二十一年《安徽丛书》第一期影印本。
② (明)朱升：《朱枫林集》卷一《诰》，合肥：黄山书社，1992年。
③ (明)朱升：《朱枫林集》附录《朱升事迹编年》，合肥：黄山书社，1992年。

生活六十九年,在明代生活仅三年。如从至正十七年(1357)"朱元璋兵下徽州,以邓愈荐,(朱元璋)召问时务"算起,朱升参加朱元璋队伍直至终老计十四年。十四年里,他跟随朱元璋南征北战并参加明开国之初的国务管理,其影响大大超过他作为新安理学家的影响。这不仅包括他向朱元璋"首陈三策"(即"高筑墙、广积粮、缓称王"),并"皆卿齿德"使"新安款降,不俟兵刃",而且也包括他跟随朱元璋东征西伐、北援南服,为明开国立下汗马功劳。朱元璋曾称赞朱升曰:

> 尔朱升新安儒师,怀抱著述……察历数、观天文,择主就聘,首陈三策,朕实嘉行。新安款降,不俟兵刃;四方之士,杖策来从,皆卿齿德俱尊倡之也。每奉征聘,即弃家从朕亲率六军,东征婺州、诸暨、处州、巫子门、洋子江诸砦,俘获龙江;西伐铜陵、江州、洪都、武昌、安庆;北援寿春、金斗;南服瑶蛮。著言趋吉避凶,往无不克。卫余难于禁江口,尔宁不顾已躯;足兵饷与鄱阳湖,众跃声震天地。及收抚伪汉黎庶,擒逆张,取中原,谋猷多中……吁戏!太公韬略兴周室,方叔功名照汗青。①

二、作诸经旁注,求真是之归

朱升虽在晚年参政,但"自幼至于捐馆,六十年间虽出处不常,未尝一日离卷,考索编录,动成卷帙"。② 作为朱熹五传弟子的新安理学家,他一生的主要事业还是授徒课子,解经著述,研究与弘扬儒学。《学士朱升传》说:

> (朱升)自幼为学,即以列圣传心为主,践履致用为工,上穷道体,幽赞化原。谓圣人精义入神之功,或寄于百家众技之末,是以一事一物,莫不旁搜曲揆,沿

---

① (明)朱升:《朱枫林集》卷一《免朝谒手诏》,合肥:黄山书社,1992年。
② (明)朱升:《朱枫林集》卷九《学士朱升传》,合肥:黄山书社,1992年。

流溯源。谓濂、洛既兴,考亭继作,而道学大明于世。然学者往往循途守辙,不复致思。已明者,既不求其真知;未明者,遂谓卒不可知,岂前贤所深望于后人者哉?加以词华浮靡之习荡其中,科举利禄之心诱其外,是以圣学明而实晦,漂流忘返,慨然思所以救之。于是考六经之源,究制作之始,以得名言之义,味词助之旨,以畅旨趣之归,而圣贤之心见于方册者,始可得而见,然后旁参之以传注之文,究极乎濂洛考亭之说,熟玩乎其所已明,而深究乎其所未明。尝曰:"先儒传注之意,所以求经之明也。而近世举业,往往混诵经注。既不能体味乎传注,而反断裂其经文,使之血脉不通,首尾不应,知味乐学,何所自乎?"于是始作诸经旁注。①

从这段记载中可看出朱升一生为学之大概。

第一,朱升为学"以列圣传心为主,践履致用为工",表明朱升一生以继承、弘扬儒学为己任,即着重研究从孔、孟到周敦颐、"二程"、朱子的思想,并将儒家思想应用到治国、平天下的实践中去。朱升晚年加入朱元璋的队伍,并辅助朱元璋夺取天下,正是朱升经世致用思想的写照。

第二,朱升认为先儒思想"或寄于百家众技之末,是以一事一物,莫不旁搜曲揆,沿流溯源",故从认识论角度,坚持程朱"格物致知"的"道问学"功夫。

第三,作诸经旁注,求真是之归。这既是朱升的重要思想,也是朱升对弘扬儒家经典所做的重要贡献。

关于儒家经典中经与注脱节混乱的问题,并不是宋明时期肇起,而是在汉代开的先河。汉武帝接受董仲舒《天人三策》中的建议,实行"罢黜百家,独尊儒术",儒学登上统治阶级意识形态的宝座,使众学子注释儒家经典蔚然成风。久而久之,烦琐的注经使儒学走入歧途,窒息了儒学的发展,给儒学带来了严重的危机。班固在《汉书·艺文志》言:

---

① (明)朱升:《朱枫林集》卷九《学士朱升传》,合肥:黄山书社,1992年。

> 古之学者耕且养,三年而通一艺,存其大体,玩经文而已,是故用日少而畜德多,三十而五经立也。后世经传既已乖离,博学者又不思多闻阙疑之义,而务碎义逃难,便辞巧说,破坏形体;说五字之文,至于二三万言,后进弥以驰逐。故幼童而守一艺,白首而后能言。安其所习,毁所不见,终以自蔽。

颜师古注又证以实例曰:

> 桓谭《新论》云:秦近君能说《尧典》,篇目两字之说至十余万言,但说"曰若稽古"三万言。①

注文超出经文千万倍,经注混乱,足使学者目不暇接,不得要领。为什么会出现这种状况?原来是利禄作怪。班固曾说:"一经说至百余万言,大师众至千余人,盖禄利之路然也。"颜师古注曰:"言为经学者则受爵而获其利,所以益劝。"②

汉代烦琐注经的学风一直延续至宋元。朱熹本人就是传注大家。朱熹对儒家经典都有深入研究。对于《易》,著有《周易本义》,又作《易学启蒙》;对于《诗》,用力最勤,著有《诗集传》;对于《礼》,有《仪礼经传通解》;对于《尚书》,虽没有专门著作,但其弟子蔡沈所著《书集传》被认为是承袭他的思想;又据《春秋》义法,著《通鉴纲目》;对于《大学》、《论语》、《孟子》、《中庸》研究最为专精,详为注解并将其辑合成书。朱熹对经书的注解,多以宋代的义理为立论根据,甚至颠倒旧经次序,私补阙文,其贡献是不可磨灭的。故朱升说"考亭之作,而道学大明于世"。

至元代延祐年间复科举,诏定以朱熹的《四书集注》试士子,并规定《诗经》以朱熹的《诗集传》为主,《尚书》以蔡沈《书集传》为主,《周易》以朱熹的《周易本义》为主。

明太祖朱元璋于洪武二年(1369)诏天下立学,命刊定条约十二款,首条曰:"国家明经取士,说经者以宋儒传注为宗,行文者以典实纯正为主。今后务须颁降《四书五经》、《性理》、《通鉴

---

① (汉)班固:《汉书·艺文志》,北京:中华书局,1962年。
② (汉)班固:《汉书·儒林传》,北京:中华书局,1962年。

纲目》、《大学衍义》、《历年名臣奏议》、《文章正宗》及历代诰律典制等书。"①明科举沿元代之旧,命"专取《四书》及《易》、《书》、《诗》、《春秋》、《礼记》"五经"命题"。②

上述可见程朱理学以及朱学关于儒家经典的注解在南宋以后的地位。由于朱学注解事关士子的科举利禄,"学者往往循途守辙,不复致思。已明者,既不求其真知;未明者,遂谓卒不可知","加以词华浮靡之习荡其中,科举利禄之心诱其外,是以圣学明而实晦"。

士子们研习儒家经典以科举考试为目的,只知死记硬背传注,并不明了儒家思想的真谛。故朱升指出:"而近世举业,往往混诵经注。既不能体味乎传注,而反断裂其经文,使之血脉不通,首尾不应。"③

"先儒经解至矣,而犹未免云云者。先儒用圣贤功夫,故能因经文以得圣贤之意。学者用先儒功夫,而能因经解以得先儒之意几人哉!性质庸常,学力卤莽,父兄师友取经解而督之,读经与解离,不能以意相附。其弊也,断裂经文,使之血脉不通,首尾不应,欲求其知味乐学不可得也"。④

"经与解离,不能以意相附",而不能明了先儒之意,"圣学明而实晦"。为了克服这种弊端,掌握元典儒学的真精神,朱升于"六经四书,皆欲旁而注之"。他的解经方法是"每于本文之旁,着字以明其意,有其不相连属者则益之于两间;苟有不明不尽者,又益之于本行之外",这样能使"学者读本文而览旁注,不见其意不足也"。⑤

"盖以逐字顺附经文,实而不泛,离之则字各有训,贯之则

---

① 佚名:《松下杂抄》卷下,民国六年上海商务馆影印本。
② (清)张廷玉:《明史·选举志》,北京:中华书局,1974年。
③ (明)朱升:《朱枫林集》卷九《学士朱升传》,合肥:黄山书社,1992年。
④ (明)朱升:《朱枫林集》卷三《〈大学〉〈中庸〉旁注序》,合肥:黄山书社,1992年。
⑤ (明)朱升:《朱枫林集》卷三《〈易〉经旁注前图序》,合肥:黄山书社,1992年。

篇章浑全,制作之体既殊,辞语各有宜也"。①

"是书之体,融合先儒经解,以顺附于经文,可离可合,有纲有纪,使读者止就经文,考训诂以求旨趣而已。其先儒之说顺附经文,而或有不类、不妥者,择必再三玩索体认,以求真是之归,此学者穷经最得力处,必身亲为之,然后历其难而知其味也"。②

朱升关于儒家经典的旁注,采用经典原文为大字、旁注为小字的方式,解释简明易懂,既不割裂经文,又不冲淡原文。如《周易旁注》在解释"乾"卦爻题和爻辞"上九亢龙有悔"时,首先在大书"乾"卦下作小字注解:"上划为天际之极,龙之登杳冥而不能为雨者,悔其过高也。凡曰悔者宜从变,变卦为悔。"然后在大字"上九亢龙有悔"的"上"字旁注:"最上之第六划。"在"九"字旁注:"蓍得九数刚变为柔,其象为(九)。"在"亢龙"旁注"居高亢之龙,其占为(龙)。"在"有悔"旁注:"事过之追悔。"③

为"求真是之归",朱升花了大量的精力为《易》、《书》、《诗》、《周官》、《仪礼》、《礼记》、《论语》、《孟子》、《大学》、《中庸》、《孝经》、《小学》作旁注,并作《书传辑》、《书传补正》刻行之。

三、理者,纹理之谓也

宋明理学的一个重要、基础性的范畴就是"理"。无论是程朱理学还是陆九渊心学,都要表明对"理"的理解。"二程"认为,"理者,实也,本也";④"所谓万物一体者,皆有此理,只为从那里来";⑤"天下只有一个理"。⑥ 即"理"为客观存在,并且"理"产生万物是世界的本原。可见"二程"将"理"规定为实有

---

① (明)朱升:《朱枫林集》卷三《〈大学〉〈中庸〉旁注序》,合肥:黄山书社,1992年。
② (明)朱升:《朱枫林集》卷三《〈论语〉〈孟子〉旁注序》,合肥:黄山书社,1992年。
③ (明)朱升:《周易旁注》,《续修四库全书》本。
④ (宋)程颢、程颐:《二程集·二程遗书》卷十一,北京:中华书局,1981年。
⑤ (宋)程颢、程颐:《二程集·二程遗书》卷二,北京:中华书局,1981年。
⑥ (宋)程颢、程颐:《二程集·二程遗书》卷十八,北京:中华书局,1981年。

而非象、本无而不空的精神绝对体。朱熹继承"二程""理"的思想,认为"宇宙之间,一理而已。天得之以为天,地得之以为地。""未有天地之先,毕竟也只是理。有此理,便有此天地;若无此理,便亦无天地,无人无物,都无该载了。有理,便有气流行,发育万物"。① 即理为本,理在气先。理为物之本、气之本,是天地的本原。

陆九渊认为"塞宇宙一理耳","此理在宇宙间,未尝有所隐遁,天地之所以为天地者,顺此理而无私耳。人与天地并立为三极,安得自私而不顺此理哉"?②"理之所在,固不外乎人(心)也"。③"人皆有是心,心皆具是理,心即理也"。④ 即"理"在宇宙间,天、地、人"三极"归于一"理"。但"心即是理",心与"理"是合一的,明"理"就是明心。

朱升在总结前人思想资料基础上,提出了对理的见解。朱升认为,"理者,纹理之谓也。两间之物象,凡其自然生成者,莫不觉有文理存焉。交互者,谓之文,条达者,谓之理"⑤。"理行乎事物之中,如身体之脉理,如枝干之纹理,彻上彻下,无不至到,所谓至理也。脉理、纹理皆不一也,而皆必有统会之处"。⑥ 也就是说,"理"是存在于事物之中的"理",如人身中的神经与血脉,如树的纹理,此"理"不是抽象的精神实体,而是物质性的气自身所具有的规律性。存在于具体事物中的脉理、纹理是有差别的,但这种不同的脉理、纹理"有统会之处",即朱升所说的至理,可见朱升关于脉理、纹理直至至理的说法是继承并发展了朱熹的理一分殊思想。

"至理"是什么?朱升以《易》来说明之:

> 今以八卦观之,乾、兑二卦同生于太阳之象也;

---

① (宋)朱熹:《朱子全书》十四《朱子语类》卷一,上海:上海古籍出版社,2002年。
② (宋)陆九渊:《陆九渊集》卷三十四,北京:中华书局,1980年。
③ (宋)陆九渊:《陆九渊集》卷三十二,北京:中华书局,1980年。
④ (宋)陆九渊:《陆九渊集》卷十一,北京:中华书局,1980年。
⑤ (明)朱升:《朱枫林集》卷七《理斋铭》,合肥:黄山书社,1992年。
⑥ (明)朱升:《朱枫林集》卷三《跋性理字训后》,合肥:黄山书社,1992年。

离、震二卦同生于少阴之象也；巽、坎二卦同生于少阳之象也；艮、坤二卦同生于太阴之象也。又以四象观之，太阳、少阴同生于阳仪也，少阳、太阴同生于阴仪也。八卦、四象各有统会，既如此矣，则两仪岂无统会哉？故孔子指其统会者名曰太极。极者，屋之脊栋，中正高上，众材之所构合者也。太者，大大之谓也。太极者，大大高上统会之称而已。《易》书之仪之象之卦，两而生四，四而生八，以至于无穷，由本而末，由源而流，皆所谓至理也。太极者至理之浑然者也。浑然云者，如水之浑浊、然人之视之不见，其中之所有，盖理之统会，其胚胎融聚者，固如此也。①

朱升这段论述表述了以下思想：

第一，系统思想，即每个事物都有其自身的系统，每个系统又都从属于更高一级层次的系统。如八卦系统从属于四象系统，四象系统从属于两仪系统，两仪系统又从属于最高一层的太极系统。整个世界可以说是一个太极的大系统。

第二，"至理"即太极。朱升认为，"太极者，至理之浑然者也"，即是天地万物之理皆包含在太极之中。太极是理之本，可以演化为脉理、纹理；太极是理之源，两仪、四象、八卦则为流，故"太极者，大大高上统会之称而已"。可见理的"统会之处"即是"至理"，即是太极。

第三，至理具有抽象性。事物中的脉理、纹理是具体的、实在的，然太极中的至理是浑然的，如水之浑浊视之不见的。"其中之所有，盖理之统会"，就是说"至理"涵盖一切理，是自然界和人类社会的变化、运动、发展的内在规律，它不是靠感官去把握，而是通过对具体的脉理、纹理的认识，然后经理性思维去把握。

在朱升看来，太极即是至理，同时太极是宇宙万物的本源。他认为："太极判而为阴阳，阴阳变合而为五行。气之流行，质之位列，物莫不然也。地囿天中，为物最巨，格物者于此而不

---

① （明）朱升：《朱枫林集》卷三《跋性理字训后》，合肥：黄山书社，1992年。

察,可乎?"① 即太极产生阴阳,阴阳变合为五行。充塞宇宙间的为物质性的气,气的流行便产生金、木、水、火、土五种物质,继而产生天地世界。地存天中,为最大的物体,是我们首要的、也是不可不加以认识的对象。虽然太极为天地的本源,但浑然之气在造化天地万物过程中的作用是极其重要的:"气一嘘而万物盈,所谓造也;气一吸而万物虚,所谓化也。气之造物化物,犹户之一阖一辟也。"② 在这里,朱升认为气是物质性的,物质性的气造物化物,即世界造化万物的原因是气,气在嘘、吸的矛盾中产生万物。

气为什么能够"一阖一辟"造化万物? 其背后的动因何在? 朱升说:"究而言之,则阖辟在乎枢,枢必绾乎系枢之纽。《易》之仪象,卦者造化也。太极者其枢纽也。……所谓太极者,其根柢也。"③ 即事物发生、发展、运动、变化的原因在"枢纽"。"枢纽"是什么? 是太极。即事物发生、发展、变化的终极原因还是"太极"。同时可见,朱升用太极与物质性的气来解释宇宙生成,是对宋代理学思想尤其是对周敦颐、张载思想的继承、改造和发展。

另外,朱升对朱、陆学术同异问题也作了辩证的分析。朱熹、陆九渊关于"道问学"与"尊德性"的争论以及其他分歧成为宋明学术的热门话题。"和会朱陆"构成宋明学术发展的一条主线,朱升作为新安理学家,不可能不参与其中。就"道问学"与"尊德性"之间的关系,朱升认为:

> 《大学》以修己治人为纲要,以致知力行为工程,然而知止能得之间,必有事焉。《经》所谓定静安,《论语》所谓仁能守之,《孟子》所谓居安资深者是也。《中庸》曰:"尊德性而道问学。"盖致知力行二者,皆道问

---

① (明)朱升:《朱枫林集》卷三《地理阴阳五行书序》,合肥:黄山书社,1992年。

② (明)朱升:《朱枫林集》卷三《跋性理字训后》,合肥:黄山书社,1992年。

③ (明)朱升:《朱枫林集》卷三《跋性理字训后》,合肥:黄山书社,1992年。

> 学之事。动而道问学,静而尊德性,二者功夫如寒、暑、昼、夜之更迭而无间。尊德性即《大学》之正心也。《大学》诚意,是省察克治于将应物之际,正心是操存涵养于未应物之时,与既应物之后。然而八目于致知之后,即继以诚意而正心,但列于其后者,盖《大学》为入德者言,使之先于动处用动,禁其动之妄,然后可以全其静之真也。此圣贤之心法、为传学之本也。①

可见,朱升将"道问学"与"尊德性"的关系,看成动、静关系,"动而道问学,静而尊德性",二者相辅相成,"如寒、暑、昼、夜之更迭而无间",缺一不可。但在这里朱升更强调"尊德性"。如"正心"、"诚意"属"尊德性"范畴,"诚意"是"省察克治于将应物之际";正心是"操存涵养于应物之时,与既应物之后"。即"正心"、"诚意"贯穿于"格物、致知"的始终,"尊德性"贯穿于"道问学"的始终。朱升对"道问学"和"尊德性"之间的关系的论述,是对朱、陆的超越。朱熹虽然将"尊德性"与"道问学"并提,但更重视后者;陆九渊着重"尊德性"而轻视"道问学"。而朱升认为二者"如寒、暑、昼、夜之更迭而无间",相互贯通,互为其根,相辅相成。将二者有机地融合在一起,可见其思想的辩证性。这种辩证的"和会朱陆",为新安理学"和会朱陆"开了先河。如郑玉认为朱陆之学各有优劣,应取长补短;赵汸认为朱、陆思想"合并于暮岁";程敏政提出朱、陆思想"早异晚同"等,都是和朱升思想一脉相承的。

综上所述,朱升在学术上的重要贡献之一是作诸经旁注,求真是之归。其意义就在于纠正由于科举造成的"混诵经注"、"断裂其经文"、歪曲儒家经典原意等错误,通过作诸经旁注,凸现儒学真谛,返归元典儒学,求真是之归。

朱升的另一重要贡献是对程、朱和陆九渊"理气观"的改造。朱升将理看作脉理、纹理,认为气为物质性的气,气之流行,造化万物。可见,朱升"理气观"是对程朱客观之理与陆九

---

① (明)朱升:《朱枫林集》卷三《跋大学旁注后》,合肥:黄山书社,1992年。

渊主观之理的改造和超越,抛弃他们关于理的神秘性和主观性,从而赋予理以客观规律性。特别是脉理、纹理思想,影响了后继学者。如戴震认为:"理者,察之而几微必区以别之名也。是故谓之'分理';在物之质,曰肌理,曰文理。"① 可见戴震将"理"解释为肌理、腠理、文理,与朱升将"理"解释为脉理、纹理是一致的。此外,朱升关于"太极即是至理"的思想,以及气的盈、虚、阖、辟思想,无不体现认识的辩证法以及物质的矛盾运动发展观。

四、政治思想与教育思想

朱升的社会政治思想与教育思想主要散见于《朱枫林集》。

朱升的社会政治思想及实践,体现了儒家所追求的"内圣外王"之道,贯彻以"仁"、"礼"治国的政治思想理念。朱升在政治上的闪光点是"首陈三策",即"高筑墙,广积粮,缓称王",这可以说是明朝的建国方略。

至正十二年(1352),朱升"秩满南归",隐居在休宁石门山。此时,元末反元的烽火已经愈燃愈炽,作为起义军一支的徐寿辉兵马已率先打到了徽州,朱升的息养之所成了交兵之地。朱升目睹了当时战争之惨烈,"十二年,蕲黄兵蹂郡邑,自是四五年间胜复者六七,杀伤炳尽,东奔西避……百死一生"。② 但朱升当时并没有参加徐寿辉的反元,在兵荒马乱的岁月里,朱升"虽避兵奔窜,往往闭户著述不辍"。

至正十七年(1357),朱元璋"率诸将亲征浙东道徽州",闻朱升之名,曾亲访朱升。据明朝洪武十年(1378)知府张孟善修《徽郡志》中《学士朱升传》的记载:"丁酉(1357),天兵下徽,上素闻升名,潜就访之,升因进三策曰:'高筑墙,广积粮,缓称

---

① (清)戴震:《戴震全书》六《孟子字义疏证》卷上,合肥:黄山书社,1994年。

② (明)朱升:《朱枫林集》卷八《程国英墓表》,合肥:黄山书社,1992年。

王.'上大悦,命预帷幄密议,所居梅花初月楼,上亲莅宸翰赐焉。"①朱元璋初见朱升,对朱升是极其礼遇的;而朱升首献三策,可以说是明王朝得以建立的基本之策,对后世的影响也极大。此后,朱升就追随着朱元璋,在刀剑丛中出生入死。

朱升参加朱元璋义军自有他自己的考虑:一是朱升曾运用星象占卜之术认定朱元璋有帝王之相,认为朱元璋能"驱胡虏而复圣域,变左衽而为衣冠,再造之功,于是为大,自开辟以来,帝王之兴,未有盛焉者也"②。天下已出明君,平定天下的时机已到。二是朱升面对"十二年,蕲黄兵蹂郡邑,自是四五年间胜复者六七,杀伤炳尽,东奔西避……百死一生"③这一战争的悲惨局面,认识到百姓已经不堪其苦,认为自己再也不能坐而视之,必须要有所作为了。三是朱升与朱元璋同宗,朱升被朱元璋称呼为"宗长阁下",并"亲临其室"力请之,礼遇甚隆,宗谊与盛礼也促使朱升要追随朱元璋。

另外,朱升像正统儒家一样,在皇统观方面"尊于正统"。朱升不满女真、蒙古贵族"扰我华夏",在政治上便是"远夷狄而外之也"。④ 朱升说:"奚有华夷之分,内中国而外四夷也……元主中国,天厌之久矣!……驱胡虏而复圣域,变左衽而为衣冠,再造之功,于是为大。"⑤表明了其反元旗帜鲜明。他认为朱元璋是当世真主,可接续皇统,天下归于正道是与。朱升在《贺太祖登极表》中,把这一思想描述得更加具体:"伏以道协乾坤,履至尊于正统;福均宗社,会大礼以同辰。三纲举于一人之身,百祀包乎两间之域。天地交泰,神人以和。臣升诚欢诚忭,稽首

---

① (明)朱升:《朱枫林集》卷九《学士朱升传》,合肥:黄山书社,1992年。

② (明)朱升:《朱枫林集》卷二《贺平浙江赋》,合肥:黄山书社,1992年。

③ (明)朱升:《朱枫林集》卷八《程国英墓表》,合肥:黄山书社,1992年。

④ (明)朱升:《朱枫林集》卷二《贺平浙江赋》,合肥:黄山书社,1992年。

⑤ (明)朱升:《朱枫林集》卷二《贺平浙江赋》,合肥:黄山书社,1992年。

顿首,钦惟皇帝陛下尧德钦明,汤功圣武。"①

朱升在明初所受封赏之职为文职,没有什么实质上的权力。因此,朱升没有施展他的政治才华旋即隐退。但在任元朝池州学政时,朱升曾革新除弊,积极办学,受世人敬仰;在反元军事斗争中反对杀戮和伤害百姓,这些都体现了他的民本思想和仁政理念。我们还可以从朱升写与友人的书札中了解他的仁政、德治思想。如,"升以民生休戚在长吏,长吏之贤在通其民情";认为了解民情的目的是"攘蠹弊,开隆平,委曲条陈以闻,则贤于人者也"②。朱升在写给汪成德赴萧县作宰序中,告诫汪成德为官勿辱忠孝家风,为民做好官,"极儒者之功用,致斯世于隆平"③。对此,朱升的学生范准赞之曰:"先生忧国苦倾心,四海苍生沾雨露。"④

朱升大半辈的时间用在讲学上,故教育思想比较丰富。朱升以"孔孟"、"濂洛"之学为教育主要内容。朱升说:"《大学》以修己治人为纲要,以致知力行为工程,然而知止能得之间,必有事焉,《经》所谓定静安,《论语》所谓能守之,《孟子》所谓居安资深者是也……此圣贤之心法,为传学之本也。"⑤徽州社会注重蒙童时期的教育,灌输儒学思想。为此,朱升将宋人方逢辰编撰的《名物蒙求》、程若庸编撰的《性理字训》、黄继善的《史学提要》和元人陈栎的《历代蒙求》合而为一,成为一套五卷本的儿童蒙养教材,并命名此儿童读物为《小四书》,其编列的卷次为:卷一《名物蒙求》、卷二《性理字训》、卷三《历代蒙求》、卷四《史学纲要上》、卷五《史学纲要下》。这四种读物的编撰人都是传

---

① (明)朱升:《朱枫林集》卷一《贺太祖登极表》,合肥:黄山书社,1992年。
② (明)朱升:《朱枫林集》卷四《送分宪张公序》,合肥:黄山书社,1992年。
③ (明)朱升:《朱枫林集》卷四《送汪成德赴萧县作宰序》,合肥:黄山书社,1992年。
④ (明)朱升:《朱枫林集》卷十《诸名公赠归新安诗》,合肥:黄山书社,1992年。
⑤ (明)朱升:《朱枫林集》卷三《跋大学旁注后》,合肥:黄山书社,1992年。

统儒学的学者,更多是程朱学派的学者。朱升说:"然后循序乎六经之学,归趣乎孔孟之教,穷极乎濂洛之说。"即用所谓的古圣先贤的嘉言善行培养儿童的智能与德性,贯彻性理知识的启蒙和封建伦常教育。

在"循序乎六经之学,归趣乎孔孟之教,穷极乎濂洛之说"之后,朱升又强调"本"于六经、"末"于诗文的教学主次。朱升说:"休日则事笔札而考苍雅,余力则记名数而诵诗文,庶几入门适道,有序有条,本末兼备,终始相成者矣。"①认为学习不能仅限于经典之书,而要自己有所心得,有所体会,并且予以记述。朱升此教学法并非独创,新安儒士在理学教学中大多如此。这也可以说是较为合理的教学之方法。朱升自己的治学相当严谨,朱升门人黄枢在祭文中说:"先生之聪明卓绝,天下之人皆知之,大而天人之道,远而造化之旨,精穷阃奥,妙析毫厘。不雷同而是是,不崖异而非非。"②尤为可贵的是,朱升不仅重视书本知识,而且重视向各阶层人民群众学习,特别是向下层人民群众学习。"墨庄主人朱升,平日事师交友,读书听语,下至里巷山野、樵渔妇女,一言一事,于人有补者,莫不谨服而博取之笔录之"。所学习的内容广泛,"下及厄撰,工巧之琐末"③。朱升学高为师,有丰富的知识积淀,故其弟子众多,被称为休宁之大儒,颇具名望。

关于朱升教育思想的特点,有两点最显著:一是定次序,由浅入深渐穷道体。循序渐进,这是朱熹反复强调且始终坚持的治学之方。朱熹认为,小学只能教学生识一些字,做一些具体的事,从识字做事中获得简单的基本知识;到了大学,就要领悟道理。所谓"小学者,学其事;大学者,学其小学所学之所以"④。就是大学所规定的必修课程《四书》,也严格规定阅读次序:先

---

① (明)朱升:《朱枫林集》卷三《跋大学旁注后》,合肥:黄山书社,1992年。

② (明)朱升:《朱枫林集》卷十二《黄门生祭文》,合肥:黄山书社,1992年。

③ (明)朱升:《朱枫林集》卷三《墨庄率意录序》,合肥:黄山书社,1992年。

④ 《朱子全书》,上海:上海古籍出版社,2002年,第3126页。

《大学》,次《论语》《孟子》,最后《中庸》。对朱熹的这一教育方法,朱升也是基本遵循的。从朱升注解诸经的序中,我们就可见此种学习方法;朱升修编《小四书》,所贯彻和体现的也是这种方法;至于大学者,要学习经典之作,朱升强调"令字字有着落"的考据和训解,反对望文生义,提出读书要有序有条,本末兼备,始终相成,这样才能归趣乎孔孟之教,穷极乎濂洛之说,求得圣贤之精蕴。读书学习要由浅入深,由表及里,由个别到一般,由现象到本质,这既是人们认知的一般规律,也是教学过程中必然要遵循的基本规律。二是传圣心,以践履致用为其功。朱升一生写了大量的著作,这些著作"其学以列圣传心为主,践履致用为功,上穷道体,幽赞化原。务究极天人之蕴,合理数而一之"[1]。朱升是一位理学者,程朱三夫子之学自在其学之列,但是朱升更注重孔孟之学。后人评价说:朱升是"孔门求仁之要义,《中庸》智、仁、勇之统,尊德性、道问学之说,孟氏存心养性之异用,风人诗章之体,音韵之说,诸如此类,皆涵泳玩索,有得乎圣贤之旨者"[2]。朱升之学遵于儒家正统,对于儒家仁礼思想和经世致用思想更是身体力行,强调"极夫儒者之功用",并积极推广之,号召人们在社会生活之中,"一事一物,莫不旁搜曲摇,沿流溯源",即格物致知。应当指出的是,儒家思想被践履的主要内容是儒家的道德伦理观,其核心部分是仁学思想和传统伦理纲常。实践儒家仁礼观和社会伦理观,就是将儒家仁的思想和传统伦理用于社会、用于生活、用于个人的修养和行为,努力做到对事物穷理尽性,践履皆合于天理,维护传统伦理纲常,实现社会各阶层有序合理共存。

---

[1] (明)朱升:《朱枫林集》附录《康熙休宁县志·朱升传》,合肥:黄山书社,1992年。

[2] (明)朱升:《朱枫林集》卷九《学士朱升传》,合肥:黄山书社,1992年。

五、朱升思想评价

朱升,这位饱读诗书、教授乡里、开国谋臣再到隐居故里的新安理学家,历经两朝,人生可谓有起有落。朱升不像有些新安学者蛰居"深山穷谷中",或教授乡里,传授经学,白首穷经,著书立说不问时势;或是因仕元而终不仕二主,而是积极议政参军,参加推翻元朝的斗争。因首呈"高筑墙,广积粮,缓称王"三策而为朱元璋所器重,"上嘉其朴,遂预密议,凡礼乐征伐,典章文物,多所赞画"①。

朱升官至本院学士兼东阁大学士等高官爵位,"一时文臣莫及也"。朱元璋誉之为"启运之臣",赠题"梅花初月"匾额。朱升帮助朱元璋灭元建立大明王朝,结束了蒙元末年摇摇欲坠的统治,在一定层次上暂时缓解了正在加剧的民族压迫和阶级矛盾,有利于社会生产的进一步解放和发展。

朱升既辅助朱元璋一统天下,救民众于水火,又勤于传道授业、著述立说,实现了儒家"修身、齐家、治国、平天下"的社会价值理想,达到了人生的辉煌。在学术上,朱升为学以"旁注诸经"为其标志,学术目的在于求本领、求真知、求实理。朱升学问至精,思虑至明,恪守师门却不盲目追从,在阐明先儒之说上以"求真"、"求是"为要务,坚信儒学之正统,学术风格上纯真朴实;在社会活动上,朱升积极入世,为官清廉,提倡帝王行仁政王道、礼乐治国,劝说为官者通达民情,宜广仁心,怜悯百姓疾苦,表现出高尚的品德修养,践履了儒家治国安邦的经世致用理念。

朱升"自幼力学,至老不倦,尤邃经学"②。朱升之学是"以定宇、资中为之师,以东山,道川为之友,而紫阳衣钵"。③ "其学以列圣传心为主,践履致用为功,上穷道体,幽探化原,务究极

---

① (明)朱升:《朱枫林集》卷九《枫林传赞》,合肥:黄山书社,1992年。
② (清)张廷玉:《明史》,北京:中华书局,1974年,第3929页。
③ (明)朱升:《朱枫林集》卷十《唐翰林祭文》,合肥:黄山书社,1992年。

天人之蕴,合理数而一之"。① 朱升被后学誉为"休宁理学九贤"之一。"休宁理学九贤"是指休宁县宋、元、明三代九位著名理学家:程大昌、吴儆、程若庸、陈栎、倪士毅、朱升、赵汸、范准、汪循。这九位理学名儒造诣深邃,名重一时。明万历年间,休宁县为他们建造了"九贤坊",以示景仰。据《寄园寄所寄》载:"休宁理学九贤坊,以程文简公(大昌)为首,盖朱子而外皆卓卓者也。"②

朱升并没有建成自己的理学体系,主要工作是解注儒家经典,发扬朱子之学,以"求真"、"求是"之归。朱升认为前人对儒家经典的训解,有的是真知灼见,但也不乏牵强附会之说:"学者用先儒功夫而能因经解以得先儒之意几人哉?性质庸常,学力卤莽……经与解离,不能以意相附。其弊也,断裂经文,使之血脉不通,首尾不应,欲求其知味乐学不可得也。"③既然"经与解离"、"断裂经文",则又何来学术的纯真?朱升主张学者注经"若不能以意相附,则非徒无益,而适滋其惑"④。认为"六经四书皆欢旁而注之",是为了辨析经文蕴含,克服各种肆意曲解的庸俗治学态度。

治学不仅要有端正的态度,而且要有合理的方法。朱熹在建阳考亭沧州精舍的"教谕"中说:"义不精,细思可精。"⑤精密思考,得其精蕴。《四书集注》是朱熹覃思最久、训释最精的传道明世之作,历四十余年而后成。朱升继承朱熹的治学风格,无论是在教学还是著述上,都是殚精竭虑,探幽索微,力求获得精深的义理。在治学过程中遇到疑难之处,朱升"必穷研极虑,不合乎圣经不止","其异也,非立异以要名,其同也,非雷同而

---

① (明)朱升:《朱枫林集》附录(康熙)《休宁县志·朱升传》,合肥:黄山书社,1992年。

② (明)赵吉士:《寄园寄所寄》卷十一《新安理学》,《四库全书存目丛书》本。

③ (明)朱升:《朱枫林集》卷三《〈大学〉〈中庸〉旁注序》,合肥:黄山书社,1992年。

④ (明)朱升:《朱枫林集》卷四《小四书序》,合肥:黄山书社,1992年。

⑤ (宋)朱熹:《朱子全书》,上海:上海古籍出版社,2002年,第3594页。

苟合"。① 在学术研究中,朱升用极其"慎思"之法,反复"体认"、"己明","深究其所未明",通过慎思、明辨,以达到"求真"、"求是",传承和发挥儒家思想的真谛。朱升和同时代的郑玉、赵汸等治经,体现了元末明初新安理学家求实、求真的学风。

朱升作为一名元末明初的新安理学家,一改元代新安学者不乐仕途的传统,辅助朱元璋一统天下。朱升有诗云:"西风箙鼓东南来,国本应须老手栽。净洗甲兵过练水,早随冠冕上云台。传宣马系门前柳,作颂人磨石上苔。机会到时须勇进,天边莫待羽书催。"②这不同于其师陈栎和其友郑玉,这种选择在当时应该说体现了他极大的勇气和政治卓见。功成名就之时却激流勇退,德高望重却不忘归隐山林之意。如他所说:"隆中窥此诸闻达,莘野报此称天民。"③表明自己要做一个"春深雨足长青草,数亩山田自可耕。"④的乡间老农。研究朱升的学者普遍认为,朱升在朱元璋建立大明王朝之始就有意隐退,是为明哲保身,这是有道理的。"狡兔死,走狗烹;高鸟尽,良弓藏;敌国破,谋臣亡。"⑤是封建时代功臣难逃杀戮下场的概括,学识高深的朱升对此应是有深刻理会的。他五十九岁跟随朱元璋,明朝建立后不久,他选择引退,以求自己、家人、族人的安全。但他仅保住了自己的性命,其子朱同最后还是被朱元璋找了个理由赐死。这种局面是朱升所不能左右的,是封建社会政治体制的必然结果。封建王朝乃一家之朝,朱升的悲剧,不能单纯归结为朱元璋个人问题。在封建专制主义的家国一体的政治体制下,是会不断出现这一类悲剧的。朱升本于儒者经世致用的

---

① (明)朱升:《朱枫林集》卷九《学士朱升传》,合肥:黄山书社,1992年。

② (明)朱升:《朱枫林集》卷五《题柏山齐祈寺和唐子华韵》,合肥:黄山书社,1992年。

③ (明)朱升:《朱枫林集》卷五《题梅花初月酬汪古义诸公》,合肥:黄山书社,1992年。

④ (明)朱升:《朱枫林集》卷五《赠星士汪晓窗其五》,合肥:黄山书社,1992年。

⑤ 夏松凉、李敏主编:《史记今注》,南京:南京大学出版社,1994年,第1168页。

"修身、齐家、治国、平天下"思想理念,面对当时社会动乱与百姓生活困难的现实,站到了历史的最前沿,适时勇进,积极参政,可谓是"为天地立心,为生民立命,为往圣继绝学,为万世开太平"[1]。这正是儒家思想中积极入世、参与社会的真实写照。

---

[1] (宋)张载:《张载集》,北京:中华书局,1978年,第376页。

汪循思想研究

作为"休宁理学九贤"之一的新安理学家汪循,不仅在政治上有所作为,而且在学术上、思想上也有独特的建树。面对内忧外患,汪循向朝廷提出"外攘内修十策";学术上,他极力反对王阳明"妄诋朱子",与阳明"数相辩论",以捍卫朱子学说。另外,汪循的《仁峰文集》还反映了当时徽州社会的经济、文化、社会风俗、民间信仰等各方面内容,较为完整地呈现了汪循的思想。

一、生平与著述

汪循,字进之,号仁峰,徽州休宁人。生于明景泰三年(1452),卒于正德十四年(1519),终年六十八岁。

汪循出生于一个贾儒家庭,从小受家学影响。其父汪竹山"勤学问,平居间默,不妄言笑,如不惠者至于人,评论古今则谈锋莫敌。……训课子孙……酷嗜吟咏,兴到辄有所作,所居山多竹,因以自号,门人尊之为'竹山先生'"。① 在父亲的影响下,汪循"在永嘉时,尝就守官箴以养志,公乐之,终日处一小楼,翻阅经史",所以,他"十五能文词,既冠游邑庠,锐志求道,不以举

---

① (明)汪循:《仁峰文集》外集卷二《谢迁:赠承德郎顺天府通判竹山汪公墓表》,《四库全书存目丛书》本。

业自局"。① 汪循领悟五经之理，对圣贤之学颇感兴趣，"取六经四书及伊洛渊源遗书语录诸书读之"。汪循生性刚正不阿，疾恶如仇，能够"观史则法其善行"。曾游庄定山之门，"若有所得，及登定山先生之门，所见益精，尝以书寄先生"。入京师以后，又听闻白沙先生讲道于东粤，即前往见而力不能与。凡遇天下有德望的圣贤之士，张东白、李西涯、谢方石、程篁墩诸公素为知己，"皆以书谒求教，诸公皆以远器期之"，②都可以结交为师友。王瓒《顺天府通判仁峰汪君墓碣铭》中载，"君尝及定山庄先生之门，而与李西涯、谢方石、程篁墩诸公，上下讨论，造诣渊深，识见宏廓"，并且提到汪循"为诗若文，皆以明道救时不尚葩藻，朱陆异同之辩尤能折以独见"③。

他极力反对王阳明"妄诋朱子"。此举可以体现汪循在学术上是维护朱子学的。汪循其学"以涵养践履为实，立身行道，生死不移"。这也体现了当时在程朱理学影响下所形成的徽州地区学术的基本形态和优良传统。

汪循在弘治丙辰九年（1496）登进士，为永嘉令，在任期间极力贯彻实行《吕氏乡约》，"毁淫祠几尽"，创建鹿城书院。当地先哲"凡忠节理学，皆表彰之"。汪循为政，诚信、爱民，曾经担任过永嘉知县、玉田知县及顺天通判。

正德初，面对内忧外患，汪循向朝廷提出了《陈言外攘内修疏》和《论裁革中官疏》两疏，提出了具体的"外攘内修十策"，言语恳切，朝议非常重视。但是由于当时朝中有宦官刘瑾擅权，汪循"乱政复上裁"，结果总是毫无音讯。所以汪循心灰意冷决意辞官归隐，安贫乐道，奉养父母。此后十多年，不曾与郡县官员有任何往来。

刘瑾失势后，朝廷决定再次起用汪循，当吏部官文到达徽

---

① （明）汪循：《仁峰文集》外集卷一《汪戬：先公顺天府通判仁峰先生行实》，《四库全书存目丛书》本。

② （明）汪循：《仁峰文集》外集卷一《汪戬：先公顺天府通判仁峰先生行实》，《四库全书存目丛书》本。

③ （明）汪循：《仁峰文集》外集卷二《顺天府通判仁峰汪君墓碣铭》，《四库全书存目丛书》本。

州后,当地抚按及郡守督促汪循上路,但是汪循称病极力推辞,不愿再去参政,最后终老于家,享年六十八岁。

汪循为师"务关世教,折古今人物,不轻许可",与当时一般儒者空言说教大不相同。他对后学者非常提携,对从游者常常根据其资质的不同,循循善诱,加以引导,将自己的所学传授于人。在《仁峰文集·外集》(二)中,可以看到其门人范尚敬评价其先师:"公之学,圣贤是诗;公之志,希文是期;公之行,金石其坚;公之名,信史其传。"①汪尚和称"公学造明诚气克天地"。②其外甥黄湘也是其门人之一,称赞汪循"天民才伟气熊,学粹行醇,道无深而不探,理无微而不穷,怀仁负义,践孝履忠……崇正学、表忠节、作士气、厚民生、弭盗贼、挽浇俗,而使之淳"。③

汪循一生著书有《仁峰文集》、《存正学辩》、《帝祖万年金鉴录》、《目录》等。《仁峰文集》最早刊刻于江西雩都,所载资料多反映明中叶的地方社会状况。因此,它是研究明中叶徽州社会以及明代社会不可多得的材料。

二、与王阳明"数相论辩"捍卫朱子学

自南宋至明初,朱子学登上了统治阶级意识形态的宝座,在徽州更是占据了学术的主流地位。正如当时徽州著名理学家赵汸在《商山书院学田记》中说:徽州学术"一以先师子朱子为归,凡六经传注、诸子百氏之书,非经朱子论定者,父兄不以为教,子弟不以为学也。是以朱子之学虽行天下,而讲之熟、说之详、守之固,则惟推新安之士为然"④。徽州作为程朱阙里,向来有"东南邹鲁"、"文献之邦"之称。儒者多以朱子学说为正

---

① (明)汪循:《仁峰文集》外集卷二,范尚敬:《祭仁峰先生文》,《四库全书存目丛书》本。

② (明)汪循:《仁峰文集》外集卷二,汪尚和:《祭仁峰先生文》,《四库全书存目丛书》本。

③ (明)汪循:《仁峰文集》外集卷二,黄湘:《祭仁峰先生文》,《四库全书存目丛书》本。

④ (元)赵汸:《东山存稿》卷四《商山书院学田记》,《四库全书》本。

统,阐经述旨,发明本义,形成朱子学的一个重要分支新安理学。休宁理学家作为一个相对独立的整体,将朱子学与现实社会相联系,做到了理论与实践相结合。汪循曾这样描述:"吾郡典章文物之盛,理学相传之真,在他郡或未之过也。陈定宇(栎)、倪道川(士毅)、朱枫林(升)、赵东山(汸)、朱石门(同)、范云溪(准)诸先生,其先也,始于朱子之乡观望而起,能自得师于是乡邑之中,师友渊源,英才辈出,而其所以为学者,务淑诸身心,尊乎德性,言必有裨于圣训,行必取法于古人……是故文盛一郡,远余百年,在当时有'东南邹鲁'之称,'朱子世嫡'之号,信不诬也。"①

汪循与王阳明的关系经历了一段由不排斥到排斥的过程。明中叶以降,王学借助讲会等形式,在新安地区形成了一股声势颇大的学术潮流,阳明学说盛极一时。但是,举行的讲会虽多,附和者、跟随者却很少,王学在徽州的发展与传播没有收到预期的效果。因为,早在王学思想进入徽州地区之前,汪循就已经归乡讲学,培植势力,具有新安地区特色的传统学术思想与新进入的心学思想必然会产生尖锐的矛盾。

需要指出的是,在正德年间,汪循"虽唯宋儒是从,无复他求,但对元儒、明儒学风相当的抵触"②,这就使得他和阳明之间取得了共识。汪循强调"本体在我",他说,"苟考其故而验之心身之间,实用其力焉"③,这与阳明的心学思想颇为相似;汪循还赞同王阳明"学贵实行而不事空谈"的思想,同时还邀请王阳明为"仁峰精舍"作序。所以说汪循并不是一开始就对王阳明持批评态度。直到王阳明想到徽州讲学以及对"朱陆异同"的态度,二人才产生了分歧。王阳明在给汪循的信中写道:"发蒙警聩,以倡绝学,使善类得有所附丽,非吾仁峰,孰与任之?"④在对

---

① (明)汪循:《仁峰文集》卷七《新安师友文集序》,《四库全书存目丛书》本。
② (明)汪循:《仁峰文集》卷四《与王鸿胪》,《四库全书存目丛书》本。
③ (明)汪循:《仁峰文集》卷四《与王鸿胪》,《四库全书存目丛书》本。
④ (明)汪循:《仁峰文集》外集卷三《王阳明先生》,《四库全书存目丛书》本。

汪循赞誉的同时,还表露出王阳明力图把心学传入新安地区的想法。其实汪循建立精舍的目的是为了抵制"时流之学",改进学风,捍卫宋儒权威。"然则和贵乎读书也,此某愚之所未达,而精舍之筑,所以愿尽心毕力也。时流之学不足与语此,求记吾精舍者亦难乎其仁矣"。① 汪循不希望王学势力进入新安地区,遂把自己有关"朱陆异同"的思想告知阳明,但这一思想与阳明的"朱陆早异晚同论"相悖,二人遂产生了不可调和的矛盾。

"朱陆异同"问题上的态度,是汪循与王阳明的分歧之一。其实阳明早年曾对朱子学说采取公开批评的立场。《传习录》上载阳明与徐爱论学一篇说:"朱子格物之训,未免牵合附会,非其本旨。"②又说:"朱子错训格物,只为倒看了此意,以尽心知性为格物致知,要初学便去做生知安行事,如何做得?"③这些话,都是公开指责朱子的。这就激起了朱子后学的反感,引起学派之间的争执。所以汪循寄赠《闲辟辩》于王阳明,试探其对朱陆关系的真实想法。王阳明在回复中说:"朱陆异同之辩,固守仁平日之所召尤速谤者。亦尝欲为一书,以明陆学之非禅,见朱说亦有未定者。又恐世之学者,先怀党同伐异之心,将观其言而步入,反激怒焉。乃取朱子晚年悔悟之说,集为小册,名曰《朱子晚年定论》,使具眼者自择焉。"④王阳明采取编写《朱子晚年定论》的方式调和朱、陆,其用意就是为到新安地区讲学创造条件。

但是在汪循读了阳明的《朱子晚年定论》之后,即撰《复王都宪》对王阳明提出尖锐的批评:"微词奥义,有非老昧浅陋之所及知者,不能无疑焉。"⑤他批评王阳明"虽获考据之精,然非义理所关键,不若因之不见自异于先儒如何……既以陆氏之学

---

① (明)汪循:《仁峰文集》卷五《复王都宪》,《四库全书存目丛书》本。
② (明)王阳明:《传习录·论学篇》,上海:上海古籍出版社,1992年。
③ (明)王阳明:《传习录·论学篇》,上海:上海古籍出版社,1992年。
④ (明)汪循:《仁峰文集》外集卷三《王阳明先生》,《四库全书存目丛书》本。
⑤ (明)汪循:《仁峰文集》卷五《复王都宪》,《四库全书存目丛书》本。

为时流所忌而避去之,而不讳于此,不又骇人耳目乎";①还指出王阳明掩盖朱子著述之功,错误地把朱熹《集注》、《或问》等著述视为中年时期的未定之论。汪循认为,"朱子集周、程而下诸儒之说而成一家之言,并于经书毫分缕析,昭如日星,启我后人,明道之功岂可少哉"?②汪循之所以批评阳明之学,推崇程朱理学,是因为"早有志此学,无从师授,徒以程朱之书潜心立脚。比游江湖,得接海内文学之士,亦未见有所启发志意而砭订顽愚者。退休林下,一味读书,寻理省过,反求吾心,若有所得"。③

汪循对程朱的推崇一方面来自于程朱的著作,另一方面则是来自于由"寻理省过,反求吾心"所获的启发。汪循在秉承朱子之学的基础上,在理学方面也有自己的建树。在《仁峰文集》中的《草庵记》描述:"朱子赞其风月无边,庭草交翠,而后知,凡天地间一介之微,皆有不容言之妙,莫非兴道为体者也,嗟夫,能穷万物之理而穷万化之源,则生生化化,肖形弄色盈天地间者,皆与我无异也,孰能一之哉,君子之明,处之当,使之当,使一归吾条贯之中,各保其性,以终其生,此圣人之仁。"④汪循认为,天地之间有一理,理是可以离开客观事物而独立存在的精神实体,并且派生万物,以各种形态存在于天地之间,理是事物的根本,是世界的本源。

在人性论方面,朱熹主张通过"存天理,去人欲"的法则,克服不善的思想及行为。他认为人欲是人心中为恶的一方面,不包括人心中为善的一方面。天理和人欲是绝对对立而不可并存的,必须"格尽人欲"才能"复尽天理"。汪循面对"理欲之辩",完全继承了朱熹的思想,他认为理欲是对立的,此消彼长,只有格去人欲才能"尽天理"。汪循在《帝祖万年金鉴录序》中提到"传之于子孙也,惟其有欲并其所大欲者,亡之。贤君无欲,故能全其所大欲,是故,无所欲而治,有所欲而乱,无所欲而兴,有所欲而亡。……去人欲之危,迁就天理之安,保天子之

---

① (明)汪循:《仁峰文集》卷五《复王都宪》,《四库全书存目丛书》本。
② (明)汪循:《仁峰文集》卷五《复王都宪》,《四库全书存目丛书》本。
③ (明)汪循:《仁峰文集》卷五《复王都宪》,《四库全书存目丛书》本。
④ (明)汪循:《仁峰文集》卷十二《草庵记》,《四库全书存目丛书》本。

贵,四海之富……此为帝王之道"。① 汪循还秉承了朱熹义利之辨,强调"天理为义,人欲为利",颂扬"正其义不谋其利,明其道不计其功"的思想。《仁峰文集·外集》中收录的孤子戬《先公顺天府通判仁峰先生行实》中云:"公尝言:朱子著书立言,皆欲使人明其理,反求于心,未尝教人弄故纸糟粕,以资一己功利。后之习其学者,徒知排比章句,而扩充变化之无功;辨析词理,而持守涵养之不力;专训诂者,附会穿凿,叠林架屋,汩心思、乱耳目;工文词者,饰筌蹄,取青紫,龙断罔利,中立为奸。朱子之学,果如是乎?""盖心学不明不惟不知尊夫德性,而并其道学问之实,亦亡之矣"。他又曰:"为学致知易,力行难。予闻古人见善必为、闻恶必去之说,乃是为学捷径。"②

另外,王阳明在"心"与"理"的问题上,提出"心外无理"、"心外无物"的观点,他否认在主观之外有客观的"物理"存在,并把朱熹的"心与理"改为"心即理"。朱、陆都不否认"穷理"的重要性。"理"是天地万物的最高主宰,认识的目的在于"穷天理"。而朱子强调穷理必须通过"格物"。所谓"格物"就是要博览全书,读圣人之书。但是王阳明继承陆九渊心学思想,提出"穷理"就要通过"致良知"。汪循认为这样的做法并不可取。这种"穷理"的方法,并不能使后学者领会其中全部的精髓,只能徒做表面功夫。他主张让后学者博览圣人之书,通过由积累到贯通的认识过程,达到对"理"的认识。汪循与王阳明"数相论辩",主旨是捍卫朱子学在新安地区的权威地位。

三、《仁峰文集》展现的徽州社会

明代徽州既是个"十室九商"、"以货殖为恒产"的商贾之乡,又是个"科甲蝉联,海内宗风,官居上爵,代不乏人"的科举

---

① (明)汪循:《仁峰文集》卷七《帝祖万年金鉴录序》,《四库全书存目丛书》本。

② (明)汪循:《仁峰文集》外集卷一《汪戬:先公顺天府通判仁峰先生行实》,《四库全书存目丛书》本。

兴盛之地。从商和崇儒的关系，在徽州人那里是"贾为厚利，儒为名高……一张一弛，迭相为用，不万钟则千驷，犹之转毂相巡"①。即科举仕宦与商业致富，对于徽州犹如车之两轮、鸟之双翼，相互为用，经商谋利是徽州人为解决生存和发展问题的一种方式。《仁峰文集》所载徽州人业贾事例就有很多。例如，卷九《敬竹亭序》载，歙县呈坎罗汝声，"早孤，服商江、淮、青、齐间，所获不赀，人以十万称之"。卷九《竹窗总集》载，休宁云溪孙仕阳"善树艺，丰货殖，殷硕甲于一方"。卷十一《竹溪耕读记》载，休宁西乡山后黄显义"善货殖，因以致富"。卷十二《屏山书屋记》载，休宁闵川程氏，"夙以赀胜，号十万"。卷十三《足斋记》载，休宁商山吴智道"克勤俭以殖其家，尝贸易江湖而赀货足，辟斥田园而恒产足，田赋力役而供输足，抑事俯育而衣食足"。卷十三《椿谖堂记》载，休宁双溪李思恒"司货殖"。卷十三《先月楼记》载，歙县溪南吴传芳"尝货殖江湖，所获不赀，家益隆阜"。卷十五《省斋记》载，弘治年间，休宁汊口汪景元"居货于淮"。卷十五《宁庵记》载，休宁商山吴昆，"年十四，服商治生"。卷十五《孝友楼记》载，休宁新溪戴志端、志诚、志烜"兄弟，获商于外"。卷十九《石舒翁记》载，成弘年间，祁门城西石舒源饶大有"营治生业，后得人弃我取、人取我与之术，不二十年基业丕振，阜雄一乡"。卷十九《故处士吴君墓志铭》载，休宁吴若凤"贸迁江湖间，获厚殖以归，十余年资产雄于一乡，为区赋长"。卷十九《先祖寿官府君行状》载，生于永乐五年(1407)、卒于弘治七年(1494)的休宁西乡鹏源汪思文，"年十七，即编筏游杭、嘉贸易，生息以养母，资家余二十年"。卷十九《述先君承德郎事实》载，成弘年间，休宁西乡汪凤奇经商江西饶州。卷十九《明处士姚公表》载，生于建文三年(1401)、卒于天顺二年(1458)的休宁荪溪姚应祖，"初挟轻资，贸易江湖间，偶得微羡，遂付诸子，归不复出"。卷十九《叶处士行状》载，生于永乐十七年(1419)、卒于弘治十七年(1504)的休宁朱紫坊叶强宗，"尝鬻轻货，随乡里商游闽中，乡人类富族多任侠，侈货利，饮博喧呼，

---

① (明)汪道昆：《太函集》卷五二《海阳处士金仲翁配戴氏合葬墓志铭》，万历十九年金陵刊本。

习骄阙靡,旁若无人,处士独渊默谦抑,退敛踪迹,如不胜。闽长者异之,邀至其家,相其贸易,因得原殖归,复游鄱、浙间,生息十数年,所获既阜,自后不复出"。卷十九《处士保竹余君孺人朱氏合葬墓志铭》载,生于正统五年(1440)、卒于正德五年(1515)的余相,婺源余村人,"善树艺,原隰坎衍间散之地,咸种植所宜,无荒壤,岁收其利,诸子又善货殖,敦俭约,故赀益阜,雄于乡"。卷十九《临溪吴处士墓表》载,生于永乐十七年(1419)、卒于弘治十年(1497)的休宁临溪吴重兴,"尝客吴越徐梁之间,所殖不赀,赀益雄阜"。卷二十七《寿王君克润六十》载,岩镇王克润、克辉兄弟二人,"同心矢志,初出贾于黄之团峰,几四十年矣,生息不赀",等等。

  商业上的成功为徽州地区奠定了雄厚的经济基础。徽商用经商所得之厚利,建立学院、兴办文会,让子弟业儒入仕、显亲扬名。这种做法与汪循广建学校的想法不谋而合。汪循建议广建学校,传道授业解惑:"治国之要,教化为先;教化之道,学校为先。京师虽有太学,而天下学校未兴,宜令郡县皆立学,礼贤为师儒,教授生徒以讲圣道。"①除官学外,徽州民间创设的塾学、义学、书院、书屋、文会等各级各类教育机构遍布城乡各地。形成了"十家之村,不废诵读"、②"城市乡镇,各立文会"③的局面,使得理学思想得以广泛传播,越来越多的人崇尚儒学。

  另外,徽州大族大多来自中原的儒学之家或显宦之第。迁徽以后,他们不仅仍保持原有的宗族体系,而且也继承崇儒尚教的优良传统,特别重视文化教育,走读书仕进、科甲起家之路。所以到南宋初年,仅休宁一县,每次应乡贡者"常过八百人"。④ 据记载,明中后期,休宁县"即就试有司,动至数千人"。⑤《仁峰文集》卷十《送郑良全丞宝江驿序》载,歙县郑良全

---

 ① (明)汪循:《仁峰文集》卷七《儒志编序》,《四库全书存目丛书》本。
 ② (清)道光《休宁县志》卷二十四《教育》,道光三年刊本。
 ③ (清)道光《休宁县志》卷二十四《教育》,道光三年刊本。
 ④ (宋)洪适:《休宁县建学记》,康熙《休宁县志》卷七《艺文志》,康熙二十九年刊本。
 ⑤ (清)道光《休宁县志》卷一《风俗》,道光三年刊本。

一家"世业儒,代有显者"。卷十九《永州通判汪公行状》载,休宁西乡鹏源汪大渊"举进士业"。

在业贾与习儒的过程中,徽州出现了贾而好儒、亦贾亦儒的局面。《仁峰文集》卷十四《东溪记》载:

> 徽以文学占仕籍者,南宋时独吾休最盛。进士榜一举不下数十辈,胜国以及国朝科第寥寥,不绝如线。民多服商,商即利,为士辄困踬,不得信。俗为士者,富室不愿议婚,庠生常缺员,辟之如水火,甚至城市遂废塾,教授者僦于民居,亦如为市。然子弟旦而往,暮而归,取足记姓名而已。都鄙遣子弟入学,自吾乡始,城居建塾自东溪文瓒始。文瓒始延师以教二子也,人皆笑之,及今士风稍振,科不乏人。而子弟投师问学者又多温恭雅饬,富室始慕效之。①

可以看出,一方面,一大批受过科举教育的徽州学子,因种种原因未能中举入仕而投入商界,成为有文化的商人。另一方面,一些获得成功的商贾对儒业又孜孜以求,要求他们的子弟习儒,形成了徽州独具特色的儒贾观。

另外,《仁峰文集》对明中叶徽州社会婚姻形态,亦有所载。明中叶徽州地区由于地理环境、通婚习惯、生活家庭、与外界联系有限等原因,所体现的婚姻形态的特点之一就是宗族世婚制。明清徽州宗族秉承严格的"婚姻论门第"的观念。《仁峰文集》卷十一《竹溪耕读记》载:"吾邑西乡称世家,相传冯村王、山后黄、张源方与予鹏源之汪,四姓占居率山之下最久,世为婚姻,他族虽富盛不与也。"卷二十六《到张源》载:"今古谁家百世姻,汪方今日古朱陈。削除呆岭青山障,十里烟花共一村。"卷三十三《寿鲍君从远六十序》载,歙县棠樾鲍氏和双桥郑氏,"两家文献略等,世为婚姻"。《东江家藏集》卷四十一《程母吴孺人墓志铭》载,休宁商山吴氏和文昌程氏"为世婚"。

明中叶徽州社会婚姻形态还有下列特点:一是早婚。对于非常注重宗族观念的徽州人来说,"早为子女完婚,子孙众多,

---

① (明)汪循:《仁峰文集》卷十四《东溪记》,《四库全书存目丛书》本。

含怡是乐,其愿已足"。① 早婚对徽州人具有特别的意义,一旦完婚,父母即可放心地让儿子外出经商,使其保持对亲人和家乡的牵挂。就徽商本人而言,早日娶妻便获得内助,让妻子赡养父母、操持家庭,从而使自己安心地外出经商。同时,徽商在外,危险几率较高,为防患未然,故早日成婚,期望早早得子,一旦不测,香火不会中断。即使无子,家中的妻子还可抱养族中子弟以延续香火。《仁峰文集》卷二十《祭女春美文》说,"世俗议婚太早"。汪循之女"年甫十余,纳聘于冯源黄氏子赴"。在传统社会里,早婚乃是一个普遍现象,并不为徽州一地所特有。二是婚姻重财。作为构成徽州人的重要群体——徽商,其价值观念、行为方式及其所带来的财富,对明代徽州人婚姻理念和婚配过程中的一系列行为必然要产生很大的影响。在当时封建经济条件下,一般都以田产的多少作为衡量财富的主要标准,婚姻论财之风则表现为在择偶时,常常看重对方的田产之数目,因而,大地主家庭备受青睐。在明代徽州,婚娶大都重视对方是否拥有一定的商业财富。正如《仁峰文集》卷十四《东溪记》所载,"民多服商,商即利,为士辄困踬,不得信"。在明中期有"农商皆本"的思想,从商就意味着"利",富室不愿与寒室议婚,出现了以利为基础的世俗化婚姻。

《仁峰文集》中还有很多的内容,如卷一《奏疏》共收有疏文五篇,其中,被陈子龙收进《明经世文编》的《陈言外攘内修疏》和《论裁革中官疏》两疏,直陈当时明王朝所面临的紧迫问题和宦官的危害,并提出如何解决这些问题的具体"十策"。《拟上兴利除害疏》记载了明中叶永嘉地方的赋役、民生、民情问题,以及汪循所采取的一系列改革措施。《谕永嘉教民榜文条》是汪循在永嘉推行乡约时颁布的条文。该条文弥足珍贵,因为它提供了明中叶各地推行乡约的具体内容和生动实例。又如徽州地区社会风俗、民间信仰的记载。卷十七《止淫祀戒约》载,"比者迎奉娘娘之说,事出不经。邑大夫明喻其非,而市民效尤"。又卷十九《张封君孺人胡氏墓志铭》载,岩镇"实巨镇,阛阓辏集,风俗侈靡,岁时迎神赛会观剧,妇女盛饰,填门聚巷,率

---

① (清)康熙《休宁县志》卷三十二《民俗》,康熙二十九年刊本。

以为常"。如此种种,难能尽举。

《仁峰文集》所记载史料反映了当时徽州社会的一般特点,对于研究明中期徽州社会具有重要的价值。

《范子咙言》思想研究

范涞是明朝中后期著名的新安理学家,但是一直以来由于史料难以梳理等原因,学界对范涞思想的研究尚处于空白状态。《范子咙言》是范涞从中年到晚年的读书笔记以及人生体悟的综合集,其中囊括了范涞的"理气论"、"心性论"、"格物致知论"以及"为学之道"、"为官之道"等诸多方面的思想,是研究范涞思想不可或缺的第一手材料。

在"理气论"方面,范涞继承了朱熹"以理为本"的宇宙论思想,坚持了"理在气中"的观点,并且认为"气"是沟通"形上之理"和"形下之物"的中间环节,但是他的理气论思想中存在着"理"和"气"两个本体的"二元矛盾"。范涞的"心性论"也基本上继承了朱熹的观点并有所发挥,但有些地方亦有不足之处。范涞认为人性只要回归孔孟,即以孔孟为根本就可以了,而否定"天命之性"和"气质之性",这显然是对朱熹人性论思想的内核没有真正地把握。在"格物致知论"方面,范涞认为"格物致知"和"知行合一"思想最为重要。可以说,在理论理性层面,范涞继承并发展了自朱熹以来的许多思想;而在实践理性层面,他亦取得了很大的成就。在教育方面,他认为学习应该"以辨志为先",即首先要有理想和志向,而后经过一系列为学的方法,从"身心内"、"五伦上"下功夫,最终要达到"修德"、"成圣"的目的。在政绩方面,他官至浙江布政使,对帝王的为君之道和其自身的为官理念有着自己的见解。

一、生平与著述

范涞(1538~1614),字原易,号晞阳,屯溪弈棋镇林塘(今安徽黄山市)人。明万历二年(1574)甲戌科第三甲进士,始授江西南城知县,在任期间"劝农兴学,善政毕举",①凡六年获得"治行为天下第一"的评价。秩满,迁南京刑部主事,调户部员外郎,出任南昌知府,在任期间,力行惠政,躬行节俭。万历二十二年(1594)就任浙江按察司副使,提典刑狱。在杭州期间,范涞瞻仰抗金民族英雄岳飞墓地,发现秦桧等人的铜像被游人击碎,便命人重铸铜像,杭州百姓对这一举措无不称赞。万历三十年(1602)升任浙江布政使。范涞任官"素持清节,不乏担当,历任中外,孤介寡合,翩翩自成一家"②。

范涞生性嗜学,亦热衷讲学,"学宗程朱,期以实践",给后人留下了许多著作。在南昌担任知府期间,他每月召集郡学诸生两次,"讲求名理,勉以躬行",③并且还努力向朝廷举荐一些有识之士,比如邓元锡、章潢、刘元卿等,在当时成为佳话。著有《休宁理学先贤传》,该书为宋代程大昌、吴敬、程若庸,元代陈栎、倪士毅,以及明代朱升、赵汸、范准、汪循九人,分别立传,以述其卫道之功,被称作一部"综核严正"的著作。④ 另外,还著有《范子呓言》、《晞阳文集》、《朱子语类纂述》等书行于世。《明诗综》录其诗一首,名为《浣花溪》:

> 浣花溪
> 百花潭接浣花溪,饶笑堂开傍水西。
> 新绽夭桃带微雨,轻飞柳絮半沾泥。
> 寻芳力倦年非壮,怀古忧愁日欲低。
> 回首白云家万里,深林偏喜杜鹃啼。⑤

---

① (清)康熙《休宁县志》卷一二《人物》,康熙二十九年刊本。
② (清)施璜:《还古书院志》卷七《范晞阳先生传》,道光二十三年刻本。
③ (清)康熙《休宁县志》卷一二《人物》,康熙二十九年刊本。
④ (清)施璜:《还古书院志》卷七《范晞阳先生传》,道光二十三年刻本。
⑤ 《明诗综》卷五十七《范涞·浣花溪》,《四库全书》本。

二、《范子嘘言》及其思想研究

《范子嘘言》的内容包括范涞从中年到晚年的读书笔记以及其人生体悟。分上下两册,上册八卷,下册二卷,共十卷,并附《范子嘘言自引》和《再题嘘言后二卷》于前。根据《范子嘘言自引》叙述,范涞有"笔记"二十卷,起自辛巳年(1581)到戊申年(1608),每篇"笔记"以年为单位记述,"嘘言"就是其赋予"笔记"之后的一些感想,每年一记述,故共计二十八篇,"嘘言者,杂乱无章,第道此心之所偶明者而已"。① 范涞命其子曹录将其中分为八卷,并编为一册。后因其有病,所以一年之后才写了下册二卷,记述时间为己酉年(1609)至癸丑年(1613),和第一卷的体例一样,此二卷亦是以年为记述单位,共五篇,多论时事且"于四书六经每有发明"。② 在题记的最后,范涞指出:"盖义理无穷,愈温故愈知新,体验愈真,识见益彻。"③"先儒有言,一息尚存,此志不容少懈"。④ 这也许是对后世的一些勉励和告诫吧。

诚然,正如范涞自己所述,此书或许"杂乱无章",后人很难通过此来整体把握其思想,但是通过对这十卷的仔细分析、梳理发现,《范子嘘言》囊括了范涞的"理气论"、"心性论"、"格物致知论"以及"为学之道"、"为官之道"等思想。从时间的维度可以看出,它基本上是范涞中晚年思想成熟期的作品,所以基本上可以代表其整体的思想。

(一)理气论思想

"理本论"是正统的程朱学派最为重要的理论观点,范涞的思想"学宗程朱",亦就是说,范涞继承了朱熹所建立的以"理"

---

① (明)范涞:《范子嘘言》,《范子嘘言自引》,《续修四库全书》本。
② (明)范涞:《范子嘘言》,《再题嘘言后二卷》。
③ (明)范涞:《范子嘘言》,《再题嘘言后二卷》。
④ (明)范涞:《范子嘘言》,《再题嘘言后二卷》。

为本体的宇宙论思想,在"理气关系"问题上,范涞坚持了"理在气中"的观点,并且也认为"气"是沟通"形上之理"和"形下之物"的中间环节。以下就逐一阐述范涞"理气论"的思想。

1. 以理为本

"理"是什么？它似乎非常玄妙而且难以琢磨,但是究其实质而言,则存在于天地万物、日用动静之中,离我们并不是很遥远。"道本至近,工夫亦不远。语默、动静、日用、应接合下便差错,更说甚道"。①"理"虽然存在于天下万物、日用生活之间,但是由"理"的特性可知,其并不是可以直接感知到的,因为"理"是一种无形无象、无可名状的存在,"道不可名,故曰无声、无臭",②"道无形体,万象皆其形体。然形有涯道无涯,形可见道不可见",③"理"也就是和形而下的器物相对应的形而上的本体。范涞也认为,形而下的东西是千变万化、"有聚散"的,而作为本体的"理"则"亘古今长存,不复有聚散消长也"。④ 这就是说,"理"的显著特征就是"一"、"常",即不变,所以其理所当然地成为千变万化之物的主宰,千变万化之物无法逃出"理"的范围,"天下为理为至一,亦为至常,奈何有出于理之外者……理无常变,其常者,以常为常;其变者,以变为常,皆理也。自百千万以至于亿兆谓出于一之外可乎"⑤。

2. 气化流行

"理"作为天地万物之根本,是无声无臭、无名无状的,它如何和形而下的器物产生联系的呢？或者说它是如何化育万物、主宰万物的呢？和朱熹一样,范涞也引出了张载的关于"气"的概念,用"气"的流行来沟通形而上和形而下之间的关系,即肯定了物质世界的化生、发展过程是一个"气化"的过程。那么,"气"又是什么呢？"气化"又何以可能呢？范涞说道:"阴阳者气也"、"月之光皆日之光,地之气皆天之气。盖天包地,日统

---

① (明)范涞:《范子呓言》卷一,癸未。
② (明)范涞:《范子呓言》卷六,丙午。
③ (明)范涞:《范子呓言》卷一,癸未。
④ (明)范涞:《范子呓言》卷一,乙酉。
⑤ (明)范涞:《范子呓言》卷四,乙亥。

月,无二气也"。① 也就是说,"气"是阴阳二者相互交感而产生的,它是天地万物得以气化流行的基础。"气"的"聚散"、"变动不息"等特征使其具备了"会而通之"的可能性。"盈天地之间皆气也,皆气则皆变动不息也。观天之云霞、地之山川草木之荣枯,人物之盛衰嗣续,何有瞬息停滞者乎? 惟其至变,所以为至常,会而通之,可窥与时皆行之道",②并且"气化、形化虽是两事,实处一原,有气而后有形……气化无定名,形化有定象,要之形化即气化之绪余也,无气化则形化或几乎息矣"。③ 这里是说明"气化"和"形化"的先后关系,指出二者其实是"实处一原"的。

3.理气关系

"理"是万物之根本、天地之主宰,"气"是沟通"理"和天地万物的中介,那么,"理"和"气"之间又是什么关系呢?"万类之可见者皆是气,而气之所以生、所以成便是理,气有聚散,理无聚散。或曰元气亦无聚散,有聚散者游气耳,不知元气即理也"。④ 由此看出,范涞认为"有聚散"的"气"其实是"游气",而"无聚散"的"元气"即是"理","游气"才是"气化流行"之"气"。"一阴一阳之谓道,阴阳者气也,道即太极也,昔人所谓气母是也。无声、无臭者,无极也。虽如此分别,理气却不相离"。⑤ 在此范涞又提出了"理气不相离"的思想,旨在说明"形上之理"和"形下之气"是一体不分的,而且"理在气中"。

> 人生呼吸自少至老无一息间断,即睡时亦然。由人以观天地,一合一闭,为昼夜,为古今,又何间之有。惟无间,故无端;惟无端,故无始;惟无始,故无终。彼谓理在气先者,必是气有断续之时也,气无断续则理安可言先,理但主宰流行乎其中耳。古谓理在气中则

---

① (明)范涞:《范子卮言》卷一,甲申。
② (明)范涞:《范子卮言》卷十,辛亥。
③ (明)范涞:《范子卮言》卷六,丙午。
④ (明)范涞:《范子卮言》卷六,丙午。
⑤ (明)范涞:《范子卮言》卷六,丙午。

可,谓理在气先则不可,非达观天人之际者乌能知之。①

范涞用人的呼吸、昼夜交替来说明无间断就是无端、无始、无终,进而得出"气"之流行应该是没有间断的,所以"理在气先"思想是不可能成立的,而坚定"理在气中"思想。关于这一思想,范涞显然继承了朱熹早年的"理气无先后"的理论思想,但他并没有注意到这一思想本身是存在缺陷的,并且朱熹本人也在其六十岁之后对这一思想进行了修正,提出了"理先气后"、"理能生气"的观点。朱熹之所以这么做,原因可能有很多种,但最主要的还是其想要最终确立一个绝对性、永恒性的宇宙本体,而"理在气中"的观点似乎存在"理"和"气"两个本体,会被误解为"二元论",这显然是朱熹不愿意看到的,但是范涞的理气论思想中存在着这一矛盾,这种"二元矛盾"在其心性论思想中亦有所体现。

(二)心性论思想

范涞的《范子磨言》中有比较完整的"心性论"思想,其基本上继承了朱熹的"心性论"观点并有所发挥,但有些地方亦有不足之处。

1. 性之回归

"人性论"是儒家一直以来都要讨论的问题,自孔子、孟子到宋明各家都不例外,范涞首先对这一思想的流变作了简要的回顾。

> 孔子言性相近,而以相远归咎于习,孟子言性善,而以多欲归咎于陷溺其心,古昔大圣大贤之论性者如此,正与《易》大传继善成性之旨同,自荀子出而后言性恶,自告子出而后言性无善无不善,自韩子出而后言性有三品,自宋儒出而后言性有气质之性。②

孔子的"性相近,习相远"思想,并没有明确人性的善恶问题,但

---

① (明)范涞:《范子磨言》卷六,丙午。
② (明)范涞:《范子磨言》卷五,乙巳。

就是这个遗憾让后来的儒者有了更多探讨人性问题的空间和可能,孟子的"性善"思想、荀子的"性恶"理论、告子的"性无善恶"的观点等都是对孔子人性论思想的补充和发挥。到宋明理学时期,"天命之性"和"气质之性"的提出,似乎对人性论的思想作了一个总结。但是范涞对这一总结似乎不以为然,他接着上面说:

> 然言愈详而性愈晦,三子之说,昔人辨之屡矣,宋儒则似是而非,人所易惑。夫性即理也,谓气质为理可乎?既言气质,则不可言性矣,孟子曰:"夫道一而已矣",若本性之外又有气质之性,是乃二性矣,可乎?①

范涞认为宋明理学家们关于人性的思想,虽然说了很多,但是似乎越说越不明白,越说越让人感觉到困惑。他指出,既然说"性即理",那么又何言"气质之性",这就是在"本性"之外又有一个"性",陷入了"性二元论"的矛盾。所以范涞根本不承认有"气质之性"的存在。

> 子思子曰天命之谓性,率性之谓道,此孔氏家传也,若云有气质之性,则率气质而可以为道乎!论性者只以孔孟为宗足矣,况习或远则可奋力改图而向近,心有陷溺则可改过迁善而使无暴,莫非教也。使归之气质,人反借口于有生之初,何发奋之有?可见圣贤立言使人可自新,后儒立言使人可自诿,此亦大有不同者。②

范涞认为关于人性的问题,只要以孔孟为根本就可以了,人性可以通过学习、教化使其趋向于善,而如果把人性归于"天命之性"和"气质之性",就好比先天地区分了人性的好与坏,这样被归于了"气质"的人们就不会发奋努力。他认为,"先儒"的思想是可以让人们"自新",即不断努力改变自我、革新自我,而"后

---

① (明)范涞:《范子呓言》卷五,乙巳。
② (明)范涞:《范子呓言》卷五,乙巳。

儒"只会使人们不断地否定自我、使自己处于"诱"的状态。显然,范涞对孔孟人性思想的回归,也是对宋明理学家繁琐语言和复杂思想的排斥和否定。

由上显然可以看出,范涞对朱熹的人性论思想的内核没有真正地把握,自己陷入了"性二元论",并不是朱熹思想本身的矛盾。关于"天命之性"和"气质之性",朱熹很怕别人搞不清楚,误解"气质之性"是在"天命之性"之外的另一种性,所以他明确地解释说:"气质是阴阳五行所为,性即太极之全体。但论气质之性,则此全体堕在气质之中耳,非别有一性也。"① 可见,"气质之性"是现实存在的人性,"天命之性"则是人性的本然状态,二者并没有范涞所说的矛盾。

2. 心统性情

范涞十分重视关于心、性、情的特点及其相互关系的思考和研究,并且在其"心性论"中把"心"上升到了"天理"的高度,突出了以"心"为主的观点。

> 人之心即天之极也,北极持其端,连四时,行日月,变动不穷,而天地之极未尝动也,非不动也,其动也微,不可得而见也,知极则知心矣。②

在这里,他把"人心"等同于"天极",指出如果知晓了"天极"也就等于尽知了"人心"。范涞显然是强调了"心"的主宰之意义,并且他也继承了朱熹的"心统性情"的观点,即心贯通、兼备性与情。

> 静者,性之本然,故《乐记》曰,人生而静,天地之性也。性不能不动亦在本然也,本然之动非不善;好恶无节则为物所引,非本然之性矣。③

性的本然状态是静,而性也有动的时候,动而"好恶无节"就不是"本然之性"。在"本然之性"和"非本然之性"的情之间,范涞和朱熹一样,用"心"加以贯通。

---

① 《朱文公文集》卷六十一,《答严时亨》。
② (明)范涞:《范子呓言》卷七,丁未。
③ (明)范涞:《范子呓言》卷二,辛卯。

第八章 《范子箴言》思想研究　169

> 人心之动,物使之然也,动而中节即天理,不中节即人欲,只在公私之分耳。譬诸水然,一源澄清者,本然也;水不能不流,流亦其性也,至于激之过颡,在山浊之泥沙行潦,岂可言水之性哉。①

"心"就好比是水,不动时的"澄清"是它的本然状态,流动过的"浑浊"是它的非本然状态,但总归都是一个"水",这里显然看出范涞的"心兼性情"的思想。但是关于朱熹"心统性情"的另一个方面,即心主宰性与情的思想,范涞在这里并没有论述,这是其思想的遗憾所在。

3. 道心人心

范涞也讲"道心"和"人心",但是其不赞同理学家们提出的"天命之性"和"气质之性",所以他的"道心"、"人心"和朱熹讲的亦有所不同。

> 嗜欲之正者是性,道心也;而有时为心累者,私欲之偏,人心也。②

显然,范涞的"道心"指的是对欲望的合理追求,而对欲望的过度偏执则是"人心"。

在朱熹那里,"道心"是"本来禀受得仁义礼智之心"、"道心者天理也"。而"人心"是以"饥食渴饮"等生理需求为内容的,即"饥而思食,寒而思衣底心"。"人心"发展得过度便是"人欲",但"人心"毕竟不同于"人欲"。通过两者对照,我们发现,范涞的"道心"类似于朱熹所说的"人心",而这里的"人心"就是朱熹所说的"人欲"。之所以出现这种情况,究其根源在于范涞的"理""气"二元矛盾以及由此推出的"性二元论"思想。

"道心"、"人心"思想的提出,最终是要让每个主体坚持"道心",以"道心"控制住"人心",使个体朝着"至善"的方向发展。

> 人心小而道心大,能先立乎其大则性尊矣,尊则君道在我,天道在我,何溺于欲之有。③

---

① (明)范涞:《范子箴言》卷二,辛卯。
② (明)范涞:《范子箴言》卷一,乙酉。
③ (明)范涞:《范子箴言》卷一,乙酉。

人们心中要存有"君道"、"天道",即"道心",如此就不会陷溺于"人欲",并且他认为"存心养性为事天之学"。

> 物性有相制而又相报复者。如鳖畏蚊,遇蚊叮即死,得蚊煮即烂,而熏蚊者复用鳖甲;蜈蚣畏鸡,鸡值之必寸啄其肉,及鸡之烹也,蜈蚣闻气辄聚而咽之……犹然况于人乎,有施必有报,德以报德,怨以报怨,恒情也。君子故不以恒情为念,而树德务滋,则当自尽其心矣。①

范涞用动物界的"相制"理论推及人类,提出"恒情",即"有施必有报,德以报德,怨以报怨",②故而提倡"君子"要"尽其心"。在"尽心"的过程中,范涞又提出了两个要点:第一,"吾儒治心之要,曰不忧不惧,曰忘忧,曰忍性"③;第二,"人心不可有着,着则累"。④ 这里明显可以看出范涞吸收了道家及禅宗的"心性论"思想。

(三)格物致知思想

如果说范涞的"理气论"是关于宇宙本体的理论,其"心性论"是关于理气论如何转化为人的本质、人格本体的理论,那么,"格物致知论"则是讲主体如何体认天理的理论。"格物致知论"是理学思想的重要组成部分,理学体系建构的最终目的是指导人们体认、服从天理,从而达到"天人合一"的最高境界。和朱熹一样,范涞对于这一思想也是比较重视的,格物致知论包括很多方面,"格物致知"和"知行合一"思想是其最重要的方面。

1. 格物致知

"格物致知"的说法初见之于《大学》。宋明理学家出于对思想体系建构的需要,对这一思想进行了系统的研究,进而形

---

① (明)范涞:《范子呓言》卷一,甲申。
② (明)范涞:《范子呓言》卷一,甲申。
③ (明)范涞:《范子呓言》卷四,辛丑。
④ (明)范涞:《范子呓言》卷七,丁未。

成了独具特色的格物致知理论。"二程"兄弟曾分别编有《大学改正》,以阐发这一思想;朱熹的《补大学格物致知传》则较为系统地阐发了"格物致知"的思想,补缺了原《大学》八条目中"格物、致知"二条目无传的遗憾。

何为"格物"?按照朱熹的说法:"格,至也。物,犹事也。穷至事物之理,欲其极处无不到也。"① 简单地说,"格物"就是即物而穷尽其理。范涞认为,这是儒、释、道三家一开始就不一样的地方。

> 格物之物不离事不离身,内而心意七情,外而家国天下,皆物也。离事以为格,则虚空寂灭;离身以为格,则汗漫支离。格物一关乃儒释道初分门路之处,致知工夫全在于此。②

范涞指出"格物"之"物"应该包括内外两个方面,一是主体的我自身"心意七情",二是客体的"家国天下",离开了这两个方面的"格"不是"虚空"的,就是"支离"的,总之不能达到"致知"的目的。他也认为,不仅儒家讲"格物",道家、佛家也讲,只不过"所格之物"不同、"所格之理"不同罢了。范涞重点阐述了关于"格物"的方法佛教和理学家的不同之处:

> 吕氏解致知格物,谓知者良知也,与尧舜相同者也,理既穷则知自至,与尧舜相同者忽然自见。晦庵辨之曰,此殆释氏一闻千悟、一超直入之虚谈,非圣门明道诚身之实务也,近世良知之说亦本此。又吕氏晚年尺牍有曰,闻见未彻正当以悟为则,所谓致知格物正此事也。不知以悟为则亦释氏之法而吾儒所无。③

显然,"释氏"格物致知的方法是以"悟"为主,"朱子之学"则没有这一"格物"方法,"圣门明道诚身之实务"是理学家们所极力倡导的"即物穷理"之法。

何为"致知"?"致,推极也。知犹识也。推极吾之知识,欲

---

① (宋)朱熹:《四书集注·大学章句》。
② (明)范涞:《范子呓言》卷一,辛巳。
③ (明)范涞:《范子呓言》卷三,壬辰。

其所知无不尽也。"① 也即是说,尽可能地推及人的认知能力、扩充主体已具有的知识。如果说"格物"是一种"尽物之理"的方法,那么"致知"就是要使这种方法发挥到极致,进而达到"无不尽"的效果,即是范涞指出的"进学在致知"。不仅如此,范涞还进一步指出了如果以"穷理"为简单的"知之事",那么也不是真正得到了"理"。

> 穷理尽性以至于命,三者一了百了,若以穷理为知之事,非实穷得理也。②
> 知命、立命、至命工夫有浅有深,知者未必能立、立者未必能至,穷理尽性以至于命,尽之矣。③

显然,他认为真正的"穷理"之尽,应该是"穷理尽性以至于命"。

2. 知行合一

范涞"学宗程朱,期以实践"。知行论是其思想的重要组成部分,它着重讨论知与行的关系问题。知行论中的"知",就是"格物致知"的"知",这个"知"既是主体的认识能力,又是客体的认识对象;而所谓"行",就是指人们的具体实践活动。

> 行之明觉精察处即是知,知之真切笃实处即是行,此言知行合一之理。要之知自知、行自行,行以知始,知以行终,既相合而又相成也。④

关于知行问题,范涞认为"知"是在"行之明觉精察处","行"是于"知之真切笃实处","知"和"行"相合而又相成,这是典型的"知行合一"的观点。他接着又指出"知"和"行"都是"下学",即是与形而下之具体事物打交道的学问。"致知力行皆是下学事",但是"下学"和"上达"并不是截然两分的,他又说:"而上达在其中,非下学之外又别有上达之功。"⑤ 即体悟形而上之道的"上达"并不是"玄之又玄"的事情,它是具体在每一件"格物致

---

① (宋)朱熹:《四书集注·大学章句》。
② (明)范涞:《范子呓言》卷一,甲申。
③ (明)范涞:《范子呓言》卷三,壬辰。
④ (明)范涞:《范子呓言》卷一,癸未。
⑤ (明)范涞:《范子呓言》卷二,辛卯。

知"的"下学"之中的,"非下学之外又别有上达"。这就更加凸显了他的"知行合一"思想的可行性。

(四)为学之道

范涞有着比较完整的哲学体系,和其他理学家一样,"理气论"、"心性论"、"格物致知论"构成了其思想的主体,但是他亦比较热衷于讲学,在其学习和讲学的过程中也形成了自己的一整套为学的理论。范涞认为,学习应该"以辨志为先",即首先要有理想和志向,而后从"身心内"、"五伦上"用功夫,最终才能达到"修德"、"成圣"的目的。显然,和朱熹一样,范涞的为学思想主要是以"学德"为最终归宿的。

1. 学以辨志为先

范涞认为学习并不是盲目的、无所追求的,学习的开始应该"辨志"。

> 学以辨志为先。①
> 后之学道者,惟以颜曾为准则。②
> 学者惟定其志始得。③

"辨志"就是要求学者树立远大的志向,将"颜曾"、"圣人"的理想道德人格作为自己奋斗的目标,他认为只有这样才能够激发人的进取之心,唤起内心的道德动力,以至于学习"无所不进"。接着,范涞指出学者不应该有"喜气"和"怒气",因为此"二气"会改变"志",所以他提倡"平情"。"喜气胜则言易荡,怒气胜则言易涩,皆足以动其志。故君子之学以平情为要"。④ 只有"平情",才能够有比较稳定的状态,才能够一以贯之地为学。

除了"辨志"以外,范涞还指出为学需要具备一些基本素质,这些素质的目的是要"变化气质",只有"变化气质"了才能逐渐进入学习的佳境。这些素质是什么呢?首先,要有"疑"的

---

① (明)范涞:《范子咙言》卷二,辛卯。
② (明)范涞:《范子咙言》卷二,辛卯。
③ (明)范涞:《范子咙言》卷五,乙巳。
④ (明)范涞:《范子咙言》卷六,丙午。

精神,"小疑则小进,大疑则大进,学之益也",①学习要有所疑惑,不能盲目相信权威,这样的学习是有长进的;其次,他认为学习不能"鲁莽"和"间断",这二者是学习的"大病"所在;再次,学习应该用"百倍之功",否则很难"成":"勿谓学之难成也,今之学道者,谁能用百倍之功?"②最后,范涞指出要"除傲气",这样才能"变化气质"。

> 学以变化气质为要,气质以变化客气为要,客气以先除傲气为要。③

> 所谓客气者,外面浮气也。外者不内,浮者不实,与浩然之气正相反,客气通在欲上行,浩然之气通在理上行。④

他认为学者应该养"浩然之气",这样才能在"理"上流行,即"极物穷理"。但范涞自己也指出,这些是很难完全做到的,"学者以变化气质为先,然非容易可做"。

2. 学之下手处

具备了一系列为学的基本素质之后,范涞提出了学问的"下手处",这些"下手处"是为学者进入学习阶段所必须要明白的。

> 遏人欲存天理只是一项事,遏人欲正所以存天理也,然人欲西没东升,何处遏的且是费力,但居常体验于身心之间,或感物而恻隐、或错误而知悔,此便是天理发见之端,即此培养扩充将去,天理渐长,人欲渐消,不待遏之而自遏矣,此是学问下手处。⑤

范涞指出人欲"西没东升",为学者不可能知道其存在于什么地方,就更谈不上如何"灭人欲"了,但是有一个"天理发见之端",由此扩充去便可以"天理渐长","人欲渐消",这个"端"便是"居

---

① (明)范涞:《范子呓言》卷三,丁酉。
② (明)范涞:《范子呓言》卷七,丁未。
③ (明)范涞:《范子呓言》卷五,乙巳。
④ (明)范涞:《范子呓言》卷五,乙巳。
⑤ (明)范涞:《范子呓言》卷二,戊子。

常体验于身心之间",范涞认为此就是学问的"下手处"。

为了进一步说明这个"下手处"的"端",而不至于其落得个"玄乎",范涞又说:

> 人心有开时有塞时,识见有明处有暗处,惟即其开者冲拓将去,即其明者引申将去,不为世味意气所间断,日积月累虽塞者亦开,暗者亦明,此是致曲之学。①

在此,范涞进一步阐明人心这个"端"有"塞"、"暗"的时候,只要经过不间断的"冲拓"、"引申",日积月累就能够"开"、"明"。

3. 为学之要

"为学之要"就是范涞所提出的学者学习的要点,亦是其为学之道的核心所在。范涞指出,为学应该知三极,即"天"、"地"、"人",只有这样才是有本之学。

> 天有至道,日月以行;地有至宝,山川以成;人有至性,五常以明。以时行物生言天,天之迹也;以化育河海言地,地之形也;以出入、起居、礼乐、刑政言人,人之文也。学必通三极,然后为有本之学。②

这里的"三极"简单地说就是为学的对象,即学习的具体内容,它包括"日月"、"山川"、"五常"等。知道了为学的对象,接下来就是学习的态度问题了。范涞用"登塔"和"琢玉"的例子告诫人们,学习应该一步一步来,"自脚下便可做将去",慢慢地涉及各个领域,不能"鲁莽"、"间断"。

> 学到识亦到学行也,识知也如七层塔。然初登第一层所见远近光景与平地已别,及登第二层又别,自此以至顶,层层不同,即此可以类学与识矣。孔子自志学以至从心所欲不违矩,岂真有个等级,亦由志学所造,渐渐觉得如此耳。③
>
> 学者用工当有序次,如琢玉然,先其丽者,后其精

---

① (明)范涞:《范子嚅言》卷一,甲申。
② (明)范涞:《范子嚅言》卷四,已亥。
③ (明)范涞:《范子嚅言》卷六,丙午。

者,故通于神明处难做,且就孝悌处用工。尽性至命工夫未易及,须从饮食、言语、日用常行处着力,由是渐进不已,其精微处便可理会。此愚必明、柔必强之常道也。①

在这里,范涞显然是告诫人们学习应该循序渐进,犹如"登塔",每一层所看到的风景都是不一样的,直到登到了塔顶,方能看得见"道";学习也应该从小处着手,即"从饮食、言语、日用常行处着力",②慢慢地便可以理会"精微处"。

4. 为学目的

和所有宋明理学家们一样,范涞的为学思想、为学方法的最终目的是要使为学者"修德"、"成圣",并不仅仅停留在"为学"的层面。换句话说,理学家们一系列的"为学"的践履,其最终目的是要提高道德修养,成为旷世圣人。在"勤学"和"进德"二者之间,范涞毫不犹豫地选择后者,认为后者最为重要。

勤学者虽触事学去叠叠不倦,亦只是学不是德,学道者进德为要。故孔子四忧,修德在讲学之上。③

这里需要明确的是,虽然"修德在讲学之上","修德"重要,但是这并不是说"为学"不重要,或者说只要"进德"不用"勤学"。范涞认为"勤学"是"进德"的基础,"修德"是"为学"的目的,二者是相辅相成的。

(五)政治思想

范涞"学宗程朱",继承了朱熹以来的许多思想,注重对后学的教育,开办学堂、招生讲学,成为明中后期著名的思想家。同时,在仕途上,他官至浙江布政使。在《范子咙言》中,其政治思想包括帝王的为君之道和其自身的为官理念。

1. 为君之道

范涞认为人生的富贵福寿是有天和"人主"所共同决定的,

---

① (明)范涞:《范子咙言》卷二,辛卯。
② (明)范涞:《范子咙言》卷二,辛卯。
③ (明)范涞:《范子咙言》卷七,丁未。

"人主"就是君主,即"造万民之命者"。他认为"人主"的用人和行政应该小心谨慎,并且通过齐宣王和吾丘先生的对话,指出了如何才能使百姓"得寿、得富、得贵",这是一个社会能够长治久安的根本,是任何一个帝王都渴求达到的治世状态。

> 人生富贵福寿故悬之天,亦悬之人主。人主者,造万民之命者也,昔齐宣王猎于社山,民有吾丘先生见曰:"愿得寿、得富、得贵。"王曰:"何如?"对曰:"夫选良吏平法度则臣得寿矣;振之以时则臣得富矣;令少敬长则臣得贵矣。"益见人主造命之权,俟于天而尤切于天,用人行政可不慎欤。①

这里的"臣"是君主之下的人们的总称,主要是指平民百姓。显然,在治国的基本理念上,范涞认为君主应该以民为本,即"民为邦本",那么,如何才能"得民"呢?他指出应该以"仁"而"得民"。

> 民为邦本,仁为政本。惟仁则得民,为得民则得天下,创业与守成,事不同而得民之道同。②

范涞认为"得民"是最根本的,"得天下"要"得民",守天下也要"得民","得"与"守"二者是同等重要的,而支持二者的根本就是君主的"仁"。"仁"是形而上层面的,而具体到形而下层面即是"惠心"政策。

> 不以得民为本者,不可以语王道;不以有孚惠心者,不可以语得民。夫民心愚而神者也,惟有实政实泽方能惠心,安可以声音笑貌得之哉。③

显然,君主为政的线条是比较清晰的,即"惠心—得民—得天下",这即是范涞所认为的"王道"。

范涞也很注重对民众的教化,他认为即使是"唐虞之世"也有必要对人民进行教化。

> 驭民之道有三:养之、教之、治之而已。然亦有次

---

① (明)范涞:《范子呓言》卷一,壬午。
② (明)范涞:《范子呓言》卷六,丙午。
③ (明)范涞:《范子呓言》卷四,癸卯。

> 第,先遂其生,次复其性,次治其不率。教者是道也,唐虞不能外焉。虽然教其本也,养所以资教,治所以辅教,一而已矣。①

范涞认为"养民"、"教民"、"治民"皆是"驭民之道",而"教民"是根本,其他方法具有辅助功能,而"教民"应该在"笃实、坦夷、节俭、正直处加之意"。

最后,范涞认为"为政"与"为家"的道理是一样的,而且以"情为主"、以"法济之",应该以德治国。

> 为政于家与为政于国有二道乎,道同而事异耳。小事体情,大事秉法,法亦情之所生也,执法以御情则情不流而中节矣。其犹之宽严乎,宽为主而严以辅之,情为主而法以济之,总之以人情为田也。②

显然,范涞比较注重"德"在治理国家过程中的重要性,认为"礼"和"法"虽然也是治国的重要方法,但是它们一旦离开"德",不是发挥不了作用,就是走向"刑法"的极端。"离德以为礼,虚气耳;离德以为政,刑法耳"。

2. 为官之道

如果说范涞的"为君之道"勾勒出了理想君主的治国方法,那么,他的"为官之道"则更具有真实性和说服力,因为这是他亲身实践的理论总结。

范涞认为,当官者首先应"禁嗜欲",因为欲望一旦产生就会有所需求,而就在满足这个需求的过程中,某些方面可能会与自己的职责相抵触,进而会使自己陷入被动的局面。

> 当官以禁嗜欲为先,以省事为贵,凡以星命、地理、字画、诗文媒进者悉宜拒绝,世有贵戚名公亦多为山人墨卿所累,皆不能省事之过也。③

有很多人都被外界的诱惑"所累",所以应该学会拒绝,即范涞

---

① (明)范涞:《范子呓言》卷七,丁未。
② (明)范涞:《范子呓言》卷十,癸丑。
③ (明)范涞:《范子呓言》卷六,丙午。

所说的"省事"。

其次,范涞认为当官的职责就是处理事务,所以不管事情是大是小、是简是繁,都应该一一将之处理,保持一个"敬"的心态,如果能处理得恰到好处便是"进德修业功夫"。① "出入、起居、应酬、交际、食息、晦明皆是功夫,皆是至道,切不可有一毫骄惰厌忽之念"。② 能做到以上的"功夫",范涞认为就能养正气,养正气的人就不会因为自己仕途的升降而感到不安。

> 得位则扬扬好事,血气似强健无所扰;失位则消沮悲感,血气不衰而衰,此小人之态也。君子则不然,所养者正气,所守者正道,得志则兼善,不得志则独善,原不以有位而欣,又安以无位而戚耶?③

关于"得位"和"失位"后的表现可以区分"君子"和"小人","君子"往往不为外物所累,"穷则独善其身,达则兼济天下";"小人"则"达"时张扬,"穷"时沮丧。

最后,范涞认为不管是"为君"还是"为官"都应该对身边有才能的人予以培养和举荐,用他自己的话来说就是"长养人材"。

> 长养人材是齐治第一义,人材何地无之,能养则小可为大,不能养则有消为无……常见前辈每遇后学,宽严虽不同,而其心神志向皆欲一一而进之,又能以身为教,以礼为防,因事垂训,随才曲成,惟无志者则不能强之耳,尤未尝不惜之。盖养人材即所以厚风俗,厚风俗即所以敦教化,此维世之机也。噫,居常且尔,况于在位者乎。④

范涞在南昌担任知府期间,奉行"疑而勿用,用而勿疑"的为政之经,向朝廷推举了邓元锡、章潢、刘元卿三人,在当时传为一段佳话。

---

① (明)范涞:《范子呓言》卷六,丙午。
② (明)范涞:《范子呓言》卷五,乙巳。
③ (明)范涞:《范子呓言》卷六,丙午。
④ (明)范涞:《范子呓言》卷三,戊戌。

晚明徽州的讲会与心学兴衰

南宋以降,徽州被称为"东南邹鲁"、"程朱阙里",表明徽州是程朱理学的重要阵地。那么陆王心学对徽州有无影响?尤其是明代白沙心学和阳明心学对徽州影响如何?从有关史料看,在明中后期,徽州同样受到心学的影响。白沙心学和阳明心学伴随着心学家的讲会,在徽州曾兴盛一时,形成了晚明徽州心学思潮。心学在徽州的盛兴,是与徽州的讲会分不开的。湛若水以及阳明高足邹守益、王畿等,纷赴徽州讲学,并培养弟子,在徽州形成心学思潮,成为这个时期徽州学术的主流。但由于晚明心学弊端及徽州的深厚朱子学传统,故心学在徽州为不结果实的花朵。

心学在徽州有一个发生、发展的过程。元末明初,徽州学者致力于"和会朱陆",同时也表明陆九渊心学在徽州有一定的影响,如郑玉、赵汸、朱升等,就对陆九渊心学有所研究,主张"和会朱陆";明代徽州学者程敏政主张朱陆"早异晚同",具有明显的心学倾向。尤其是明中叶陈白沙、王阳明心学的崛起,以及晚明白沙后学与阳明高足纷纷赴徽州讲学,形成徽州特有的讲会,心学在徽州大有压倒朱子学之势,成为这个时期徽州学术的主流。

一、湛若水开徽州讲会之先河

徽州的讲会首先是由白沙的高足湛若水开其端的。

第九章　晚明徽州的讲会与心学兴衰

湛若水是陈献章的及门弟子，颇为陈献章所重。他与王阳明及其后学同时讲学，各立门户，并且与邹守益、王畿等王门高足，都在徽州讲过学。

湛若水，字元明，号甘泉，广东增城县甘泉乡人。生于孝宗成化二年（1466），卒于世宗嘉靖三十九年（1560）。弘治五年（1492）参加乡试，翌年会试落第，往江门从学于陈献章，因悟"随处体认天理"之学，而深得陈献章嘉许，曰："着此一鞭，何患不到古人佳处。"① 弘治十八年（1505），湛若水中进士，选庶吉士、授国子监祭酒，官拜吏部侍郎转礼部侍郎，历任南京吏、礼、兵三部尚书。曾仿《大学衍义补》作《圣学格物通》。晚年着力讲学著述，所著甚丰。反映其心学基本思想的《甘泉先生文集》，乃由其弟子编纂而成。

湛若水的基本思想是继承陈献章的，他所提出的"随处体认天理"的修养方法，被陈献章认为是"以自然为宗"，达到圣贤境界的可靠途径。陈献章在《与湛民泽》书中说道：

> 日用间随处体认天理，着此一鞭，何患不到古人佳处也。
>
> 此学以自然为宗者也。承谕近日来颇有凑泊处，譬之适千里者，起脚不差，将来必有至处。自然之乐，乃真乐也。宇宙间复有何事？②

湛若水正是把陈献章的"自然"、"自得"之道，衍化为"随处体认天理"的修养功夫，因而陈献章以为他真正找到了"心"与"理"的"凑泊处"，即"端倪"。关于"随处体认天理"，湛若水说：

> 孟子之道在周、程，周、程没，默识之道在白沙，故语予"日用间随处体认天理，何患不到圣贤佳处"。③

---

① （明）陈献章：《陈献章集》卷二《与湛民泽》，北京：中华书局，1987年。

② （明）陈献章：《陈献章集》卷二《与湛民泽》，北京：中华书局，1987年。

③ （明）湛若水：《甘泉先生文集》卷十八《默识堂记》，《四库全书存目丛书》本。

> 圣学功夫,至切至要,至简至易处,总而言之,不过只是随处体认天理。①
>
> 心与理应,然后天理见焉,天理非在外也。特因事之来,随感而应耳。故事物之来,体之者心也。心得中正,则天理矣。②

他从本体论上说"随处体认天理"的道理,提出"心性非二"、"心无内外",以为心是"包乎天地万物之外"而"贯乎天地万物之中"的:

> 性者,天地万物一体者也。浑然宇宙,其气同也。心也者,体天地万物而不遗者也。性也者,心之生理也。心性非二也。……故心也者,包乎天地万物之外,而贯乎天地万物之中者也。中外非二也。天地无内外,心亦无内外,极言之耳。故谓内为本心,而外天地万事以为心者,小之为心也甚矣。③

心、性一体,心本体不分内外。心未发而中,万物浑然而不可见,这便是性;性发而为仁、义、礼、智之四端,显现为万事万化,这便是心。因此湛若水认为,体认天理是合内外之道:

> 随处体认天理……便是合内外之道。敬以包乎义,义以存乎敬,分明不是两事。先儒未尝说破,予一向合看。④

他还以"体认天理"解释"格物":

> 格物者,至其理也。学问思辨行,所以至之也,是谓以身至之也。所谓穷理者,如是也。近而心身,远而天下,暂而一日,久而一世,只是格物一事而已。格

---

① (明)湛若水:《甘泉先生文集》卷二十一《四勿总箴附说》,《四库全书存目丛书》本。
② (明)湛若水:《甘泉先生文集》卷七《答聂文蔚侍御》,《四库全书存目丛书》本。
③ (明)湛若水:《甘泉先生文集》卷二十二,《四库全书存目丛书》本。
④ (清)黄宗羲:《明儒学案》卷三十七《甘泉学案一·语录》,北京:中华书局,1985年。

物云者,体认天理而存之也。①

格物即止至善也,圣贤非有二事。自意心身至家国天下,无非随处体认天理。体认天理,即格物也。盖自一念之微,以至事为之著,无非用力处也。②

湛若水以为心是兼内外的,所谓格物为"体认天理",其实是融合了程朱关于格物穷理的一些思想。因此,他斥王阳明训"格物"为"正念头",批评其指"腔子里"为"心"的观念。

但是,湛、王之说虽然各立宗旨,然二者在心学的基本观点上却并非截然对立,而是有很多共同之处,这对王学后来的发展有着重要影响。

关于湛若水赴徽州讲学,据《还古书院碑记》记载:

嘉靖中,南海、东越、西江言学六君子结辙而入新都,过海阳(休宁),递式阙里。六邑之士多就之者,紫阳讲诵之风视洙泗河汾埒矣。③

"南海"即指湛若水。关于湛若水赴徽州讲学的时间,《婺源县志》的记载更为详细:

新安旧有紫阳与今福山、斗山,为三大书院,而甘泉先生有像在焉。嘉靖丙申先生以礼乡北上,过新安,一时俨然临之如泰山北斗。会于是,与多士竟究于是。④

罗大纮撰的《墓表》亦云,湛若水"在徽州即有福山、斗山馆穀"⑤。这说明,嘉靖丙申(1536)湛若水即来徽州婺源的福山书院、歙县的斗山书院讲学,而且这两所书院的建立修缮,也都与

---

① (清)黄宗羲:《明儒学案》卷三十七《甘泉学案·论学书·答陈宗亨》,北京:中华书局,1985年。
② (清)黄宗羲:《明儒学案》卷三十七《甘泉学案·论学书·答王宜学》,北京:中华书局,1985年。
③ (清)道光《休宁县志》卷二十一《艺文·纪述》。
④ (清)康熙《婺源县志》卷十二《艺文·纪述》。
⑤ (明)湛若水:《湛甘泉先生文集》卷三十二《外集·墓表》,《四库全书存目丛书》本。

湛若水讲学有关。如福山书院"在婺南四十五里。嘉靖间湛甘泉先生门人赎山地,请于邑令吴辕,为立精舍于刚柔二山之中,福山寺侧,素心亭一所,膳田若干亩,为六邑讲学所,门人为之肖像"①。康熙《婺源县志》亦载:"嘉靖间,尚书湛若水与邑令吴辕及门人方纯仁等讲学其间,赎回山地,建书院十间及素心亭于洗心池上,手书匾并诗于亭壁。"②歙县的斗山书院,在歙府城东斗山之上。嘉靖十年(1531),知府冯世雍将之修葺为书院。嘉靖丙申(1536),湛若水在斗山书院讲"孟子见梁惠王"章③,并作《宿斗山书院诗》,诗序说:"斗山书院者,歙诸学子所建为文会之地也,且以俟甘泉子谒文公庙庭于婺源过而讲焉。"④

除福山、斗山两书院外,休宁的天泉书院、祁门的全交馆也是湛若水讲学之处。汪佑在《还古会籍序》中说:"海阳西牧旧有天泉书院,郡大夫三石冯公所建,甘泉湛先生主教所也。"⑤湛在此讲"尽心章"⑥。祁门的全交馆(后湛若水将其改为神交精舍),则是湛若水弟子谢显所建的讲会之所。湛若水曾为全交馆写过《全交馆铭》,改为神交精舍后又作了《神交精舍记》⑦。另外,徽州黟县的中天书院也是湛若水讲学所到之处。

湛若水在徽州讲学,不仅传播了心学思想,而且还培养了一大批弟子,如洪垣、方纯仁、方瓘、谢显等。

洪垣(约1507～1596),字峻之,婺源官源人,学者称觉山先生。嘉靖十一年(1532)登进士第,后官至温州府知府。敢谏,明世宗尝称其"言官一人"。四十一岁致仕,年九十卒。其

---

① (清)嘉靖《徽州府志》卷九《学校·福山书院》。
② (清)康熙《婺源县志》卷十二《通考·福山寺》。
③ (明)湛若水:《湛甘泉先生文集》卷二十《斗山书院讲章》,《四库全书存目丛书》本。
④ (明)湛若水:《湛甘泉先生文集》卷二十六《宿斗山书院诗》,《四库全书存目丛书》本。
⑤ (清)施璜:《还古书院志》卷十五《艺文二》,道光二十三年刻本。
⑥ (明)韩梦鹏:《新安理学先觉会言》卷二《天泉临讲尽心章旨》,民国安徽通志馆传抄本。
⑦ (明)韩梦鹏:《新安理学先觉会言》卷一《全交馆铭》,民国安徽通志馆传抄本。

学以忘己为大，以慎独为功，以中正为矩矱。所著《觉山史说》二卷、《觉山先生绪言》二卷，分别收入《四库全书存目丛书》和《续修四库全书》。洪垣在登进士第后，即师从湛若水。丁未年（1547）致仕，又与友人方瓘往广东罗浮山再从湛若水学。湛若水为之建二妙楼，曰："吾道之托在是。"在徽州的讲学活动中，洪垣是关键的人物。从嘉靖十五年（1536）随湛若水讲学徽州以后，他参与了此后大部分的讲会活动。如嘉靖二十九年（1550）邹守益的徽州讲学、嘉靖三十六年（1557）王畿在歙县福田山房和婺源普济山房的讲学、隆庆五年（1571）王畿在休宁建初山房的讲学，以至后来的潘士藻建白岳功德堂讲学一事，而祝世禄讲学休宁时，洪垣亦"俨然辱而临之"。

方瓘，字时素，号明谷，婺源人。初从学湛若水于南都。湛命其为诸生向导。不喜著述，厌科举，遂不复仕。年四十五岁卒。其《正学存稿》为其门人所辑。方瓘对徽州讲会的最大贡献是创办三山六邑讲会。湛若水在祭方瓘文中说："子倡三山六县会辅仁，洪置田，予亦助。"①即是说三山六县讲会是方瓘倡导且主持，又在洪垣、湛若水的支持下设立的。

谢显，字惟仁，号一墩，祁门人，学者称一墩先生。据道光《祁门县志》记载，谢显著有《一墩稿》和《圣谕演易说文集》（即《易说》二卷）。谢显初从学湛若水于南都，喜静坐，久之得湛若水之学。归徽州后，建全交馆（后湛将其改为神交精舍），与同是湛若水弟子的方瓘、谢芉等，共同阐明性理，宣传、弘扬湛若水心学。谢显对徽州讲会活动的突出贡献，是他创办的徽州六邑大会。《祁门县志》说："嘉靖庚戌（1550），一墩谢先生师事湛文简，与闻正学。复集都人士，延东廓邹先生登讲东山，六邑之会昉于此。"②《紫阳书院志》也说："新安有讲会，始自吾祁。谢一墩氏布衣芒履，跋涉宣、皖、池、饶之间者，三年而讲始成。其亦闻王湛二子之风而起者欤。嗣是，郡之绅衿囊助，六邑轮延名贤主坛阐绎（如王、如邹、如钱、如周）章章者，而讲始大，鸣

---

① （明）湛若水：《湛甘泉先生文集》卷三十《奠徽州方时素文》，《四库全书存目丛书》本。

② 同治《祁门县志》卷十八《学校志·书院》。

呼,可不谓盛欤!"① 说明六邑大会举办前,谢显曾用三年时间筹备,并奔走宣州、池州、饶州以及安庆、桐城一带,进行宣传。徽州的绅士和学者纷纷赞助,筹集经费。六邑大会正式举办后,轮延当时名学者作为讲会的主讲,如王门高足邹守益、王畿、钱德洪等。第一个登上六邑大会讲坛的是邹守益,时间是嘉靖二十九年(1550),故"六邑之会昉于此",同时也标志着徽州讲会由湛若水时代转向阳明学时代。

二、阳明学登上徽州的讲坛

嘉靖二十九年(1550),应谢显之邀,阳明高足邹守益至徽州祁门东山书院讲学,这一事件既标志着新安六邑大会的开始,又标志着阳明学登上徽州学术讲台的开始。实际上在邹守益来徽讲学之前,徽州已有许多学者接受了阳明学,如谢显、洪垣等人在六邑大会的前一年,就参加了在江西贵溪龙虎山冲玄观举行的冲玄会。冲玄会是嘉靖年间阳明学大型系列讲会之一,王阳明大部分高足如邹守益、王畿、钱德洪、罗洪先、聂豹等,都参与该会,约百余人。在同一年,谢显等还至吉安复古书院向邹守益求学:"嘉靖乙酉(1549),谢子显率其弟铉,偕江生山、韩生一之,不远千里,冒盛暑以入复古,切磋两月而未能别。"② 可见,谢显、洪垣等徽州著名学者对阳明学是非常推崇的,这才有了阳明众高足来徽州讲学之举。

邹守益(1491~1562),字谦之,学者称东廓先生,江西安福人。正德六年(1511)进士,授翰林编修。嘉靖初,因上疏议礼忤旨,下狱,谪广德州判官,建复初学院讲学。后迁太常少卿,兼侍读学士,升南京国子祭酒。又上疏忤旨,落职归故里,居家讲学二十余年。卒后赠南京礼部右侍郎,谥文庄。邹守益为学

---

① (清)陈二典:《紫阳书院会讲序》,《紫阳书院志》卷十八《艺文》,清雍正三年刻本。

② (明)邹守益:《东廓邹先生文集》卷八《寄题祁门全交馆》,《四库全书存目丛书》本。

先宗程朱,后师王阳明。

邹守益首场讲学在东山书院,接着到齐云山、建初山房、岩镇、斗山书院等地讲学。他在其《书祁门同志会约》中说:"予游齐云以谒紫阳,诸友翕然咸集,而王子大中、方子汝修请予升东山讲座。"①嘉靖《徽州府志》所载邹守益文亦曰:

> 婺源王生价、洪生奎、王生鸿宾、余生纯明趋学于复古,订齐云之游。予携王甥一峰、朱甥震及两儿美、善泛番湖,历东山书院,相与剖富贵利达之关。……既而邑之诸生以次集于齐云,复以次集于建初。让溪游司谏聚讲岩镇。觉山洪郡侯趋别斗山,持其邑之会约以相示,规过劝善,期以共明斯学。②

上述史料说明,洪垣、谢显等徽州著名学者,通过在复古书院求学的婺源籍学生王价、洪奎、王鸿宾等,邀请其师邹守益赴徽州讲学。

王畿(1498~1583),字汝中,别号龙溪,浙江山阴人。二十岁时中举人,后受业于王阳明。嘉靖五年(1526)进士,与钱德洪皆不廷试而归。十一年(1532)廷试,授南京职方主事,迁至武选郎中。后谢病归林下四十余年,在吴、楚、闽、越、江、浙皆有讲舍,潜心传播王学。所至之处,听者云集。

关于王畿赴徽州讲学一事,早在嘉靖二十七年(1548)宁国举办水西会时,就请王畿和钱德洪作为主讲。此后,王畿经常到水西讲学,有时借道徽州。如他曾在嘉靖二十八年(1549)孟夏"发自钱塘,由齐云而历紫阳,以达于水西"③。王畿在《福田山房序》中说:

> 嘉靖丁巳春暮,予赴水西期会,新安歙县学谕徐子汝洽闻予至,遣友人程元道辈趋迎于水西,遂从旌

---

① (明)邹守益:《东廓邹先生文集》卷七《答问》,《四库全书存目丛书》本。
② (清)嘉靖:《徽州府志》卷九《学校·紫阳书院》。
③ (明)王畿:《龙溪王先生全集》卷二《水西会约题词》,《四库全书存目丛书》本。

> 德以入新安,馆于福田山房。至则觉山洪子偕六邑诸友颙颙然候予旬日矣。①

可见,在水西讲学期间,王畿是歙县学者专程赴水西迎至福田山房讲学的。

王畿还在《建初山房会籍申约》中说:

> 新安旧有六邑同志之会,予与绪山钱子分年莅会以致返修之益。初会斗山,后因众不能容,改会于福田。今年秋仲予复赴会休邑,邵生汝任、吴生希中、刘生安甫辈驰报,让溪、觉山、周潭诸公举六邑之会,期以十月九日大会于休邑。予以趋归之急,不能久持。诸生因出建初山房会籍,祈予致一言,用助警策。予念甲子与诸君相会,七年于兹矣。②

王畿题写《建初山房会籍申约》是在"隆庆庚午秋九月",即1570年。说明在此之前,王畿即与钱德洪"分年莅会",而王畿"甲子与诸君相会,七年于兹矣"。

有关史料证明,王畿曾多次来徽州讲学,如1557年在歙县福田山房和婺源普济山房讲学;1564年、1570年和1571年在歙县建初山房讲学;1575年在歙县斗山书院讲学等。

王畿在徽州讲学,重点是传播王阳明的"致良知"思想,并且效果极佳,许多徽州学子就是听其讲学后才深信阳明学的:"先生赴新安六邑之会。绩溪葛生文韶、张生懋、李生逢春追谒于斗山。叩首曰:'某等深信阳明夫子良知之学,誓同此心以此学为终始。惟先生独得晚年密传,窃愿有所请矣'……固请问致知格物之旨。"③

这一时期,除王畿、邹守益外,钱德洪、耿定向、罗汝芳等阳

---

① (明)韩梦鹏:《新安理学先觉会言》卷一《福田山房序》,民国安徽通志馆传抄本。
② (明)韩梦鹏:《新安理学先觉会言》卷一《建初山房会籍申约》,民国安徽通志馆传抄本。
③ (明)王畿:《龙溪王先生全集》卷五《颖宾书院会纪》,《四库全书存目丛书》本。

明高足和后学,也纷纷前来徽州讲学,传播王学。

三、心学为不结果实的花朵

从隆庆三年(1569)到万历十年(1582)这段时间里,高拱、张居正抑制讲会,并强制禁学、毁书院。直到十六世纪八十年代,讲会活动才有所恢复,徽州的讲会活动也随之恢复。在这一时期的徽州讲会活动中,主持人系徽州当地学者祝世禄、潘士藻和时任歙县县令彭好古。祝世禄创办了休宁的还古书院,潘士藻创办了白岳之会。

祝世禄,字延之,号无功,德兴人。万历十七年(1589)中进士,钱德洪、王畿讲学江右时,即参加讲会。嘉靖四十一年(1562),耿定向督学南畿,祝世禄与管志道、潘士藻、焦竑、方学渐等人从之学。祝世禄中进士后即任休宁县县令。在知县任上,祝世禄大力提倡讲学,创建了还古书院,此后还古书院成为六邑大会在休宁会讲的主要场所。万历二十五年(1597),还古书院首次承办六邑大会,由祝世禄主会。还古书院还承办过池、宁、徽、饶四府大会。

潘士藻,字去华,号雪松,婺源人,万历十一年(1583)进士,曾任监察御史,仕至尚宝司少卿。万历戊子(1588),他自京师回徽州,便投入讲会中去:

> 万历戊子自京师抵家,秋会于休阳之斗山。闻彭令君理歙有民誉,则同天台先生之门者。明年会于祁。冬祝无功来令休阳,则予所共晨夕者。于是会当轮歙,彭令君主之。
>
> 遂与无功登郡仙姑山所筑谈经处为会,七校之士诜诜然至。意气勃然若有兴,益信乎君子之德风也。予因商订会所于白岳之功德堂,且谋聚金买田为会

费。是议也,彭君又实倡之。①

可见,徽州讲会先在歙县知县彭好古和潘士藻的倡议下,运行起来,而祝世禄任休宁县县令,更进一步推动了徽州讲会的发展。

万历十九年(1591),潘士藻出任南京刑部照磨,祝世禄也在万历二十六年(1598)至南京任职,但他们创建的讲会则一直延续了下去。如万历三十年(1602),周汝登讲学于婺源的霞源书院、歙县岩镇的南山道院;万历三十一年(1603)十月九日,焦竑讲学于还古书院举办的六邑大会,时"听讲几千人"②。

这一时期的徽州讲会活动,是以地方官祝世禄和彭好古,以及当地学者潘士藻为主角,而不再像此前讲会那样由外来学者主持讲坛。当地学者主持讲坛,使讲会的主旨也发生了一些变化,即由心学逐渐转向朱子学。徽州素有"程朱阙里"之称,尤其是朱熹,在徽州有相当大的影响力。讲学的地方化趋势,遂促使当地学者对本地先贤"新安朱子"及其学术思想进行重新评估并加以推崇,从而导致原来以阳明心学为宗旨的徽州讲会回归朱子学。如祝世禄在《书六邑白岳会籍》开首就说:

> 新都自子朱子兴理学,鸣者云集,称东南小邹鲁。五百年来,代不乏人。③

彭好古也说:

> 新安为紫阳托迹之所,自宋至今,道脉在人心,昭揭如中天。而一线真传缕缕如丝,几绝而复续。夫昭揭如中天者,所谓由也,而缕缕如丝则在知之者。由可使,知可使也?不佞谓讲则知,不讲则不知,讲故所

---

① (明)韩梦鹏:《新安理学先觉会言》卷一《书六邑白岳会籍》,民国安徽通志馆传抄本。
② (清)施璜:《还古书院志》卷十一《会纪》。
③ (明)韩梦鹏:《新安理学先觉会言》卷一《书六邑白岳会籍》,民国安徽通志馆传抄本。

以使哉。①

可见,祝世禄等虽是心学传人,但作为这个时期新安理学的代表人物,始终牢记"道以紫阳师"②,以至汪应蛟、余懋衡主持徽州讲会时,讲会宗旨已完全转为朱子学。如余懋衡"为学推本紫阳,精研天人性命之故而以身验之"③;汪应蛟虽不满"当日诸儒各立门户","欲无所偏倚",然"于王守仁所云'无善无恶心之体'一语论之尤详"④,与东林反"无善无恶"论之宗旨颇为相近。这种尊崇朱子的思想倾向,反映在徽州讲会中,表现为批评王学而复尊朱学,并由此实现了由王返朱。至此,心学逐渐销声匿迹,告别了徽州讲会的讲坛。

上述可见,心学在晚明徽州大有压倒朱学之势,成为这一时期徽州学术的主流。除了湛若水、王畿、邹守益外,钱德洪、耿定向、罗汝芳、周汝登等阳明高足和后学,亦纷纷来徽州讲学,传播王学。但心学并没有占领徽州,只是不结果实的花朵。其中的原因有以下几点:

第一,受王学末流弊病的影响。晚明时期,王学末流游谈无根,近于狂禅,其弊病已暴露无遗。由此导致徽州讲会的变化:

> 即或者像周汝登那样,受到讥讽和排斥;或者像祝世禄、潘士藻那样,用折中朱、王的姿态开展讲学活动;或者像余懋衡、汪应蛟那样,展开对王学的全面反击。而相比之下,无疑又以余、汪等朱学坚定分子的反击举措影响更大。这可谓新安之正统文化对王学

---

① (明)韩梦鹏:《新安理学先觉会言》卷一《书六邑白岳会籍》,民国安徽通志馆传抄本。

② (明)潘士藻:《暗然堂遗集》卷四《赠郡中同志》,明万历刻本。

③ (清)徐开任:《明名臣言行录》卷八十三《尚书余懋衡》条,北京:图书馆出版社,2008年。

④ (清)纪昀:《四库全书总目》卷九十六《汪子中诠》条,中华书局,1965年。

之流行文化的反击阶段①。

第二,讲会者"揶揄晦庵",导致"程朱阙里"的学者不快。心学学者赴徽州讲学,除了传播心学,还想通过"动拈本体,揶揄晦庵"②,以破来立,但都没有达到预期目的。这是因为徽州为"程朱阙里",在徽州传播学术必须在尊重程朱、特别是朱子思想的前提下进行,否则,只能无功而返。即使是徽州当地的心学学者如潘士藻,在讲学时也常讲"道以紫阳师"③,足见徽州地区朱学传统之深厚。

---

① 钱明:《王学在新安地区的遭遇与挫折——以王守仁与汪循关系为例》,载《黄山学院学报》,2008年第4期。
② (清)施璜:《环古书院志》卷十五《艺文二·环古书院会讲序》,道光二十三年刻本。
③ (明)潘士藻:《暗然堂遗集》卷四《赠郡中同志》,明万历刻本。

第十章

戴震义理之学

明代中后期,新安理学因受"心学"的冲击,阐释朱子学不力,整个学派出现萎靡不振的衰落迹象。清初虽出现过复兴朱子学的局面,但也是短暂的。而陆、王心学讲求内省,空谈心性,特别是明亡以后,王学末流被抨击为空谈误国,心学在徽州也无市场。随着清初汉学的兴起,清代的学术研究开始向求实切近、名物训诂,并崇尚朴实无华的考据学方向发展,即是学术史上的所谓"朴学"。而徽州的学者则是"朴学"的主力,站在这股学术浪头之上的是徽州休宁人戴震。他是徽派"朴学"的集大成者,不仅在声韵训诂、名物制度、经籍考证、天算地理研究等方面取得了重大成就,而且创造性地阐发了义理之学。戴震作为与吴派惠栋并称的徽派领袖,是清代考据学的泰斗之一。但我们现在审视清代学术思想史,感到作为哲学家、思想家的戴震,远比作为考据家的戴震影响与贡献更大。因为戴震的考据学以实事求是为原则,考据是为他"闻道"、"探求义理"服务的。戴震在他的学术生涯中,提出的"以字通词,以词通道"的治学路径和学术目标与他建构的义理之学思想具有内在的逻辑一致性。尤其是他的义理之学,超迈时人,独步千古,无论是在当时还是在后世,都产生了极为强烈的震撼力和影响力,使得戴震成为我国古代思想向近代思想过渡和转变时期最重要的代表人物之一。

一、戴震的义理之学

(一)生平与著述

戴震(1724～1777),字东原,安徽休宁人。戴震出身于小商人家庭,因其家境贫寒,其父母靠"商贾东西行营于外",贩布"以就口食"。①

戴震幼从塾学,遍览诸经及小学之书。据段玉裁记载:"先生是年乃能言,盖聪明蕴蓄者深矣。就傅读书,过目成诵,日数千言不肯休。"②尤其是明清以来徽歙地区重知识的社会风气,使戴震能够遍览诸经及百家之书,并对《说文》、《十三经注疏》等经学典籍有了深入的了解和把握。他诵读"《大学》右经一章"时提出了一系列疑问,可看出其追根究底式的为学个性及对经典对传统的怀疑、批判治学精神。

戴震这一性格的养成,为其日后成为一代学术宗师和思想大师奠定了深厚的基础。自十七岁时即有志闻道,已经精通《十三经注疏》,"谓当先从事于字义制度名物以通六经之语言。考诸篆书,由《说文》以睹古圣人制作本始。更念《尔雅》为承学津筏,又殚心其书,旁推交勘,尽得古画古义古音声。有一字不准六书,一解不贯群经,即无稽者不信,不信者必反复参证而后即安"。③十八至二十岁期间,戴震曾随其父经商于江西、福建等地,一边教书以维持生计,一边研读经书。至二十岁,在郡城紫阳书院师从徽派朴学的创始人江永,与程瑶田、金榜、郑牧、汪肇龙、汪梧凤、方矩等同学于歙县西溪不疏园,学问益进。在

---

① (清)戴震:《戴节妇家传》,《戴震全书》卷六,合肥:黄山书社,1995年,第440页。
② (清)段玉裁:《戴东原先生年谱》,转引自《戴震文集》,北京:中华书局,1980年,第216页。
③ 支伟成:《清代朴学大师列传·戴震》,转引自《戴震全书》卷七,合肥:黄山书社,1997年,第78页。

江永诸弟子中,"惟震能得其全",故江永对戴震极为器重,引为忘年之交。这一时期,戴震在经学、自然科学方面有了长足的进步。二十九岁,戴震补为休宁县学生,受汪梧凤之聘至不疏园。于是,不疏园成为"好学之士日夜诵习讲贯"之所,也成为以戴震为代表的皖派学术活动中心。三十二岁时,因受当地豪族迫害,"脱身挟策入都"。戴震以其渊博的学识,很快就在京城学术界站稳了脚跟,许多著名学者如纪昀、钱大昕、朱筠、王鸣盛、卢文弨、王昶等皆与戴震交往频繁,此外他还常与洪朴、洪榜兄弟等相与交游。"叩其学,听其言,观其书,莫不击节叹赏",戴震在京师名声大噪,"名公卿争相交焉",[①]以至"海内皆知有戴先生矣"。[②] 三十五岁时,戴震离京客居扬州,并结识著名经学家惠栋,两人论学往复,"交相推重",引为知己。自此戴震治学方式及思想观念大为改变。戴震在度过了近十年颠沛流离的动荡生活后,四十岁时中乡举,但因其思想观念与当时社会上"尊宋黜汉"的主流思想相抵牾,故此后连续六次入京参加会试,均不及第。五十一岁时,曾主讲浙江金华书院;后由纪昀等人推荐,入四库全书馆任纂修官,负责校订天算、历法、地理、数学等书。五十三岁那年,"奉命与乙未贡士一体殿试,赐同进士出身,授翰林院庶吉士"。[③] 此后,戴震一直致力于《四库全书》的编纂工作,"悉心耘治,焚膏宵分不倦",[④]以至于积劳成疾,五十五岁时病逝于四库全书馆任上。

戴震生平无嗜好,唯喜读书,博闻强记,于小学、经学、哲学、天文、数学、机械、历史、地理都有研究。

在哲学观上,他认为物质的气是宇宙本原,阴阳、五行、道都是物质性的气。认为理是事物的条理,是事物的规律,不能

[①] (清)段玉裁:《戴东原先生年谱》,转引自《戴震文集》,北京:中华书局,1980年,第221页。

[②] (清)钱大昕:《戴先生震传》,转引自《戴震全书》卷七,合肥:黄山书社,1995年,第14页。

[③] (清)段玉裁:《戴东原先生年谱》,转引自《戴震文集》,北京:中华书局,1980年,第235页。

[④] (清)段玉裁:《戴东原先生年谱》,转引自《戴震文集》,北京:中华书局,1980年,第238页。

脱离具体事物而存在,理就在事物之中,"理化气中"。他还认为,宇宙是气化流行的总过程,"天地之气化流行不已,生生不息"。

在认识论方面,他认为人的认识能力是"天地之化",通过耳、目、鼻、口之官接触外物,心就能发现外物的规则,致知格物就是对事物进行考察研究,只有经过观察和分析,才能认识事物的道理。

在伦理思想方面,他认为人"有欲、有情、有知",这是人的本性,否定情欲,也就否定了"人之为人"。他主张要区别欲与私的界限,认为私是"欲之失",不能"因私而咎欲"。要"理存乎欲",使人的自然情欲得到合理的满足,而不能只"存理灭欲"。他还提出"以情洁情"的主张,反对道学家的伪善,反对"以理杀人"。

戴震一生著作很多,其主要著述有:《声韵考》、《六书》、《声类表》、《方言疏证》、《原象》、《迎日推策记》、《勾股割圜记》、《历问》、《古历考》、《续天文略》、《策算》、《诗经二南补注》、《毛郑诗考正》、《尚书义考》、《仪经考正》、《春秋即位改元考》、《大学补注》、《尔雅文字考》、《经考》、《水经注》、《九章补图》、《屈原赋注》、《原善》、《孟子字义疏证》、《中庸补注》、《考工记图》、《水地记》、《绪言》、《直隶河渠书》、《气穴记》、《藏府算经论》、《葬法赘言》、《文集》等五十余种,包括算学、天文、地理、声韵、训诂、考据、哲学等多方面内容。近年已整理出版的有中华书局《戴震文集》、上海古籍出版社《戴震集》、黄山书社《戴震全书》、清华大学出版社《戴震全集》等。

(二)戴震的义理之学

戴震研究经学的目的就是认识和把握经典背后的"道"和"义理"。戴震在为余萧客《古经解钩沉》所作的序中说:"《六经》者,道义之宗而神明之府也。古圣哲往矣,其心志与天地之心协,而为斯民道义之心,是之谓道。"[①]在《沈学子文集序》中

---

① (清)戴震:《古经解钩沉序》,《戴震全书》卷六,合肥:黄山书社,1995年,第377页。

说:"以今之去古既远,圣人之道在六经也。当其时,不过据夫共闻习知,以阐幽而表微。然其名义制度,自千百世下,遥溯之至于莫之能通。是以凡学始乎离词,中乎辨言,终乎闻道。"①戴震在晚年给段玉裁的信中谈到了他早年就已确立的"闻道"思想心路。他说:

> 仆自十七岁时,有志闻道,谓非求之《六经》、孔、孟不得,非从事于字义、制度、名物,无由以通其语言。宋儒讥训诂之学,轻语言文字,是犹渡江河而弃舟楫,欲登高而无阶梯也。为之三十余年,灼然知古今治乱之源在是。②

戴震认为,文字训诂好比是"渡江河"之"舟楫"、"登高"之"阶梯",它本身只是一种手段,而"闻道"则是最终目的。由此出发,戴震非常反对那种埋首于经书之中,单纯考据搜求字义的迂腐学风,以为"故训非以明理义,而故训胡为"?③ 也就是说,故训只是达到义理的一种手段而已,是为义理服务的。宋儒所谓"谓大道可以径至"的方法是十分有害的。他认为脱离故训的义理是不足取的。戴震把这一思想概括为"由字以通其词,由词以通其道"的治经原则。

戴震一生著述宏富,达五十余种之多。在戴震宏大的著述计划中,最重要的计划当属《七经小记》,段玉裁对此论之甚详:"《七经小记》者,先生朝夕常言之,欲为此以治经也。所谓《七经》者,先生云'《诗》、《书》、《礼》、《易》、《春秋》、《论语》、《孟子》是也'。治经必分数大端以从事,各究洞原委,始于六书、九数,故有《诂训篇》,有《原象篇》,继以《学礼篇》,继以《水地篇》,约

---

① (清)戴震:《沈学子文集序》,《戴震全书》卷六,合肥:黄山书社,1995年,第393页。

② (清)段玉裁:《戴东原先生年谱》,转引自《戴震文集》,北京:中华书局,1980年,第217页。

③ (清)戴震:《题惠定宇先生授经图》,《戴震文集》,北京:中华书局,1980年,第168页。

之于《原善篇》,圣人之学,如是而已矣。"①

这种由训诂文字到自然科学、再到典章制度、最后到义理思想的逻辑次序,与戴震确立的"由字以通其词,由词以通其道"的治经原则是极为吻合的。就像戴震的义理之学思想是建构在其扎实的经学基础上一样,其《七经小记》中的《原善篇》和《孟子字义疏证》也是对前几篇的逻辑升华、概括和总结。

乾嘉时期大多数考据学者沉湎于为考据而考据,而戴震在十七岁时就已自觉地确立了"闻道"的学术目标,为他的义理之学而孜孜以求。随着戴震学识的增长和对理学认识的不断加深,戴震逐渐走上了一条与程朱理学完全不同的道路。戴震把"义理"作为一切之本,认为"义理即考核、文章二者之源也"。②"义理"乃天下之大本,故戴震又说:"文章必求其本,求其本,更有所谓大本。大本既得矣,然后曰:'是道也,非艺也。'"③戴震晚年著《孟子字义疏证》,是他义理之学思想发展的最高阶段。戴震著《孟子字义疏证》的意图非常明确,他在完成《原善》三篇、《论性》两篇文章后,"又以宋儒言性、言理、言道、言才、言诚、言明、言权、言仁义礼智、言智仁勇,皆非六经、孔孟之言,而以异学之言糅之。故就《孟子》字义开示,使人知'人欲净尽,天理流行'之语病。所谓理者必求诸人情之无憾而后即安,不得谓性为理"④。可以说,《孟子字义疏证》是对《原善》的修订、发挥和完善。由上我们可以看出,戴震早期确立的阐发经典背后"义理"的构想,是逐渐成熟和完善起来的。戴震晚年《孟子字义疏证》的问世,标志着这一义理之学大厦的最终完成。这也充分表明:戴震学术中始终贯穿着一条富于生命活力的宗旨,即不仅把阐发"义理"作为考据学的最高目标,而且把这一目标

---

① (清)段玉裁:《戴东原先生年谱》,转引自《戴震文集》,北京:中华书局,1980年,第243页。

② (清)段玉裁:《戴东原先生年谱》,转引自《戴震文集》,北京:中华书局,1980年,第246页。

③ (清)段玉裁:《戴东原先生年谱》,转引自《戴震文集》,北京:中华书局,1980年,第222页。

④ (清)段玉裁:《戴东原先生年谱》,转引自《戴震文集》,北京:中华书局,1980年,第228页。

的追求建立在关注社会现实的基础之上。

戴震义理之学思想的形成与确立不仅与他早年的生活经历有关,也与他对程朱理学的认识密不可分,可以说,戴震义理之学思想的形成与确立过程,也就是他对程朱理学的认识不断深化的过程。戴震并不是一开始就是坚定的程朱理学的批判者和反对者,而是经历了一个由崇信、怀疑到批判的转化过程。青年时期,戴震基本生活在徽州,对程朱理学深信不疑。由于徽州号称程朱阙里、东南邹鲁,朱熹的思想在徽州影响相当之大,在徽州形成了"一以先师子朱子为归。凡六经传注,诸子百氏之书,非经朱子论定者,父兄不以为教,子弟不以为学"①的社会风气。人们对待"朱子学"的态度往往是"一言一动必宗朱子,不可有片言之违者"。"读朱子之书,取朱子之教,秉朱子之礼"成为各行各业的思想规范和行为准则,理学完全统治了徽州的思想文化领域。这是从戴震所处的社会环境而言。从戴震的师承关系看,也可以推断出戴震早期对程朱理学的维护。戴震曾先后拜理学名儒程恂、方朴山、江永为师,其中江永对戴震影响最大。在江永的众多弟子中,唯有戴震最能学得老师的本领。江永一生"笃信朱子",明确表示要继承朱熹的思想,弘扬"朱子精言",并撰《近思录集注》以表彰之。因此,他在对朱学的弘扬与维护方面,对戴震影响尤深。在这一时期,戴震对程朱理学尚未表现出丝毫的怀疑。如谈及《周易》,戴震尝言:"周易当读程子易传。"②在《诗补传》中,戴震也多采朱熹《诗集传》之说。且对程朱皆以"程子"或"程伯子"、"朱子"或"朱文公"相称呼,对程朱理学处处表现出维护拥戴的态度,且怀着崇敬的心情将程朱理学视为"理明义精之学",肯定程朱"得其义理"。这一时期,戴震热衷于数学、天文学的研究,曾一度试图构建一个图式去演绎宇宙的生成和变化。对戴震早期的思想,胡适在《戴东原的哲学》中指出:"戴氏三十二岁入京之时还不曾排斥宋儒的义理,可以推知他在那时候还不曾脱离江永的影

---

① (清)道光《休宁县志·风俗》卷一。
② (清)段玉裁:《戴东原先生年谱》,转引自《戴震文集》,北京:中华书局,1980年,第248页。

响,还不曾接受颜李一派排斥程朱的学说。"①在《经考》、《经考附录》、《杲溪诗经补注》中,戴震还多次援引程朱之言论以为己说,对程朱观点给予充分的肯定。在宇宙本体论方面,戴震对程朱所宣扬的理一元论也给予深深的认同,这一点我们从戴震所撰著的《法象论》一文中就会得到很清楚的答案。在《法象论》一文中,戴震有"天所以成象,地所以成形,圣人所以立极,一也,道之至也"以及"盈天地之间,道,其体也"等话语,②故章学诚指出,戴震学问"实朱子数传之后起也"。③"戴君学术,实自朱子'道问学'而得之"④,揭示了戴震学问与程朱理学之间的密切联系。

  从三十三至四十四岁的十几年间,是戴震学术思想的转变期,同时也是戴震义理之学在构建过程中的思想转折期。这一时期的戴震,随着生活阅历的丰富以及对社会政治认识的不断加深,已不像早期那样绝对维护和崇信程朱理学。理学的神圣权威在戴震的心目中不再具有至高无上的地位,理性的态度取代了感情的依附,于是信仰的对象转化为被评判被怀疑被研究的对象。这一点对戴震建构其义理之学体系十分重要,没有怀疑就没有批判;没有怀疑就没有创新。这一时期戴震已认识到宋儒与汉儒一样,并非完美无瑕,而是存在相当的偏颇之处,尤其是宋儒,"舍经而空凭胸臆",更与戴震早期确立的"闻道"思想相抵牾,表明戴震对程朱理学的态度正在发生着明显的变化。这一时期的戴震先后著有《原善》上、中、下三篇、《读易系辞论性》、《读孟子论性》等著作,在这些著作中,戴震对程朱理学的指责随处可见。

  在《与姚孝廉姬传书》中,戴震已由早期的完全崇信程朱理

---

① 胡适:《戴东原的哲学》,转引自《戴震全书》卷七,合肥:黄山书社,1995年,第382、383页。
② (清)戴震:《法象论》,《戴震全书》卷六,合肥:黄山书社,1995年,第477页。
③ (清)章学诚:《文史通义》内篇三《朱陆》,北京:中华书局,1985年,第262页。
④ (清)章学诚:《文史通义》内篇三《书朱陆篇后》,北京:中华书局,1985年,第274页。

学转变为半信半疑,从他对程朱的"其为书至详博,然犹得失中判"的评价中,我们可以很强烈地感觉到戴震这种复杂矛盾的心态。反映在义理之学领域,我们也可以感悟出戴震试图冲破程朱理学束缚的胆识和勇气,以及其所独具的强烈的反传统反权威意识和勇于创新的精神。

从四十四岁至五十五岁逝世为止,为戴震思想的成熟期。这一时期戴震的主要著作有《原善》三卷本、《绪言》、《孟子私淑录》、《大学补注》、《中庸补注》、《孟子字义疏证》、《答彭进士允初书》等。《原善》三卷本的写作完成,标志着戴震在思想体系和价值观念上完全背叛了程朱理学,真正走上了反对理学的道路,同时也是戴震从考据之实到义理之虚逻辑升华的开始。在戴震的晚年著作中,《孟子字义疏证》一书最为重要,正如其所说,"生平论述最大者为《孟子字义疏证》一书,此正人心之要。今人无论正邪,尽以意见误名之曰理而祸斯民,故《疏证》不得不作"。① 在这一时期,戴震已经完全抛弃了对程朱理学的幻想,对程朱理学所宣扬的道德说教的合理性进行了彻底的否定,并发誓要"发狂打破宋儒家中太极图"。② 面对理学家的种种诘难,戴震无所畏惧,公开把批判矛头指向程朱理学,向程朱理学提出了挑战。在《答彭进士允初书》一文中,戴震明确表示出自己对义理之学与程朱理学水火不容的严正态度,他说:"孔子曰:'道不同,不相为谋。'言徒纷然辞费,不能夺其道之成者也。足下之道成矣,欲见仆所为《原善》……虽《原善》所指,加以《孟子字义疏证》,反复辩论,咸与足下之道截然殊致,叩之则不敢不出。今赐书有引为同,有别为异;在仆乃谓尽异,无毫发之同。"③戴震从本体论、认识论、人性论、理欲观等方面对程朱理学展开了抨击和批判。

---

① (清)戴震:《与段茂堂》,《戴震全书》卷六,合肥:黄山书社,1995年,第543页。

② (清)段玉裁:《经韵楼集》卷七,《答程易田丈书》。光绪十四年上海点石斋石印缩本。

③ (清)戴震:《答彭进士允初书》,《戴震全书》卷六,合肥:黄山书社,1995年,第353页。

在程朱理学中,"理"是哲学的最高范畴。"理"是宇宙万物的本原,是自然界和人类社会必须遵循的最高原则,而封建的名教纲常,也就是绝对不能违背的"天理"。戴震认为,"理"本来是事物的肌理、文理,表现于事物的发生发展过程则为条理。离开具体的事物,无所谓"理";"天理"也就是自然的条理,没有什么神秘的。在对待"理"和"欲"的关系上,朱熹认为天理与人欲是势不两立的,只有"革尽人欲",才能"复尽天理"。因此"存天理,灭人欲"成了程朱理学一个重要的核心理论,异化成了禁锢人们思想、残害人民的工具。面对理学家以"理"杀人的大量残酷的事实,戴震愤怒地指出:"此理欲之辨,适成忍而杀人之具!"表达了对程朱理学这把杀人不见血的软刀子的深恶痛绝和对不幸人民悲惨命运的深切关怀。

戴震通过《孟子字义疏证》,提出了"体民之情,遂民之欲"。这一主张反映了处于饥饿死亡线上广大人民的要求,表达了对人民深刻的同情。戴震认为之所以会发生后儒"以理杀人"的悲剧,是由于理学将"理"和"情欲"对立起来,不懂得"情之至于纤微无憾"才叫作"理"。后儒不懂"民情",反而"自以为理得"。在戴震看来,"理"和"欲"并不是对立的,而是彼此相依的。他说:"天下必无舍生养之道而得存者。凡事为皆有于欲,无欲则无为矣。有欲而后有为,有为而归于至当不可易之谓理,无欲无为,又焉得理?"①就是说,人们在生养之道中,都会有欲望,有了欲望才会有作为。当作为达到了"至当"的标准,欲望能得到节制,这就是"理"。可见"理"不是凭空存在的,而是与"欲"密切相关的。戴震还一针见血地提出,程朱所谓的"理",其实是一种主观的"心之意见"。如果人人皆以个人意见当作"理",就会负其气,挟个人势力以胁迫他人,使得善于辞令者理伸,力弱气衰、不善辞令者理屈。特别是在封建等级制度森严的社会中,人分尊贵卑贱,那么,势必造成"尊者以理责卑,长者以理责幼,贵者以理责贱,虽失,谓之顺;卑者、幼者、贱者以理争之,虽得,谓之逆,于是下之人不能以天下之同情、天下

---

① (清)戴震:《孟子字义疏证·权》,《戴震全集》,北京:清华大学出版,1991年,第209页。

所同欲达之于上;上以理责其下,而在下之罪,人人不胜指数。人死于法,犹有怜之者;死于理,其谁怜之"?① 戴震在这里深刻地揭示了在封建社会中尊者、长者、贵者与卑者、幼者、贱者在"理"的面前不平等的本质。

戴震的批判是对明清之际顾炎武、黄宗羲、王夫之、唐甄、傅山等人经世之学思潮与人文启蒙思潮的继承和发展,其倡导的民主精神及其对后世的启蒙作用是绝对不可低估的。"在这一点上,启导了十九世纪的一线曙光"②。

二、戴震的学术渊源

戴震学术源于何处？学术界对此作过认真的探讨,给出了不同答案。胡适说戴学源于颜李之学。章太炎亦把戴学与颜学合称为"颜戴之学",同时又提出戴学源自唐甄。钱穆认为,戴震之批判宋儒是受惠栋影响。也有学者认为,戴学源于西学,比如戴震的天文学、数学明显受西学影响。应当承认上述诸说都看到了戴学之源的某些方面,但都忽略了戴学渊源之根本所在。戴震是徽州休宁人,他的生命之根在徽州,他的学术之根也在徽州,即为徽州的新安理学。戴震云:"吾郡少平原旷野,依山为居,商贾东西行营于外,以就口食,然生民得山之气质,重矜气节,虽为贾者,咸近士风。"③徽州居于山岭之中,得山之灵气,育拔萃人才。由朱熹开创,由其弟子不断发展、弘传的新安理学,影响着徽州数百年。朱熹以后,先儒名贤比肩接踵,故有"东南邹鲁"之称。元、明、清三代,承紫阳学风,儒家礼仪思想更为巩固,"自井邑田野以至于远山深谷,居民之处,莫不

---

① (清)戴震:《孟子字义疏证·理》,《戴震全集》,北京:清华大学出版社,1991年,第161页。

② 侯外庐:《中国早期启蒙思想史》,北京:人民出版社,1956年,第455页。

③ (清)戴震:《戴节妇家传》,《戴震全书》第六册,合肥:黄山书社,1995年,第440页。

有学有师,有史书之藏。其学所本,则一以郡先师朱子为归"。①钱穆云:"盖徽歙乃朱子故里,流风未歇,学者固多守朱子圭臬也。"②徽州历代学人"守朱子圭臬",不仅"尊德性"的大有人在,而且"道问学"者著述丰硕。如程大昌的《考古编》、罗愿的《尔雅翼》、陈栎的《小学字训注》、方回的《历象考》、程大位的《算法统宗》、金瑶的《周礼述注》、姚际恒的《古今伪书考》、黄生的《字诂》和《义府》、程廷祚的《春秋地名辨异》、江永的《周礼疑义举要》等,不胜枚举。仅就小学字书方面,从明万历至清中叶,徽州学术成果就有吴元满的《六书正义》、凌立的《字境》、詹景凤的《字苑》、游逊的《字林便览》、江绍前的《金石录》、许楚的《金石录》、方成培的《金华金石文字记》、巴树谷的《蟫藻阁金石文字记》等。如此众多的文字经训著作,表明徽州人在文字、音韵、训诂、校勘、金石等方面早已具备深厚的积淀,形成了具有地域特色的崇尚质朴、不贵浮华的学风。章太炎称:"徽州于江南为高原,其民勤苦善治生,故求学深邃,言直核而无温藉,不便文士。"③此言堪为卓识。徽州学者在数量上远多于文人雅士,他们秉承朱熹格物致知传统,"博综淹贯",然所著多在礼乐名物范围内,"求学深邃",形成了实学、实用、实在的风格。

戴震学术远承朱熹、陈淳、新安程若庸、朱升,近接新安婺源江永等众多新安学者,走"穷理致知"、"道问学"的道路。古人认为学问之道有三:义理、考据、文章。汉学重考据,宋学重义理,戴震兼重三者,但又强调"义理即考据、文章二者之源也"。尽管戴震与朱熹的"义理"内容不同,但以"义理"统率一切的治学路子,朱、戴则为一脉相承。胡适称戴学为"新理学",确是真知灼见。同是理学,这是戴震出于程朱之处;新理学,这是他高于程朱,反对程朱之处。戴震反对束书不读,反对空谈,主张"必由字以通其词,由词以通其道"。这种研究方法源于

---

① (元)赵汸:《商山书院学田记》,(康熙)《休宁县志》卷一,清道光刊本。
② 钱穆:《中国近三百年学术史》,北京:商务印书馆,1997年,第340页。
③ 章太炎:《章太炎学术史论集》,北京:中国社会科学出版社,1997年,第328页。

"道问学"。朱熹的弟子陈淳的《北溪字义》、程端蒙的《性理字训》,都是由字通词、由词达道的著作。新安理学家们继承了这一传统,朱熹的三传弟子、休宁人程若庸撰《增广性理字训》。元末明初,新安理学家、朱熹的五传弟子朱升更把《性理字训》与其他三本书合编为"小四书",作为少年学子的教材。朱升为学,强调"考六经之源,究制作之始",要求"逐字为训,合而诵之"。很显然,由字通词、由词达道,早已是新安理学的教学方法和治学方法。戴震这一求道方法完全得自于新安理学的熏陶。

新安理学发展了朱熹"道问学"的求实求真精神。朱升强调"深究乎其所未明"。他的同学新安理学家赵汸从其师处获得六经疑义千余条。休宁新安理学家程瞳提出"求真是之归"的治学原则。这些前辈乡贤的追求铸造了戴震求是求真的学术品格。正是这种品格帮助戴震构建了新理学。

新安理学还把治学的求实精神转向经世致用的务实精神。朱升不仅是一位求实求真敢于怀疑的学者,而且对社会现实有深刻的观察,他向朱元璋提出了"高筑墙、广积粮、缓称王"的著名计策。这种既关注现实又善于从义理高度解决现实问题的新安理学传统,无疑也激发了戴震去突破程朱传统。

新安理学经世致用的最大成就在于它对徽商商业理念的铸就。徽商对商业理念的发展又丰富了新安理学。新安理学是徽州社会的灵魂,是戴震思想的源泉。强大的徽商经济引起了其所在地区的社会价值观念的变革。这一变革最突出者有三:平等的要求,义利关系的重新定位,理欲关系的调整。徽州地少人多,徽州人为求生而经商。经商被称为"生意",正体现了儒学的真精神。戴震出生于贾贩之家,所受到的就是四民平等的教育,所要求的也是社会的平等待遇。徽商所要求的平等不仅指地位平等,更是指商业流通的平等、买卖公平。他们把传统的重义轻利改造为"以义取利",强调"财自道生",从而实现了义利统一、理欲统一的理性转换。但是,在现实中,戴震感受到的依然是轻商、抑商的社会氛围,依然是尊卑有别的社会秩序,依然是权势人物把一己之私见强作"天理",以此来打杀任何争取保护商人、弱势平民的合理欲望和正当利益的要求。

戴震认为,如果不破除"灭人欲"之说,就不可能有"人伦日用"的流通,就不可能有商业的发达和商贾的人格尊严;如果不破除气外、物外之"理","天理"就永远是一把悬在民众头上的"达摩克利斯之剑"。戴震之主张"通天下之情,遂天下之欲",怒责宋儒"以理杀人",正代表了徽商、平民的心声;也正是徽商、平民的理念给戴震以巨大影响,使他能够洞见朱熹之误,发出了时代的最强音。

第十一章

新安理学派对"理"的解构及其意义

"理"是宋明理学的核心范畴。然而,尊朱熹为宗师的新安理学派,对"理"进行扬弃,剔除其至上性、神秘性和主观性,赋予其客观性和规律性。程洵认为,"理"是"自然之节","不为言之有无而损益";程若庸认为,"理"是"太极"、"元气";陈栎认为,"理","道理也","文理、条理是也";朱升认为,"理者,纹理之谓也","如身体之脉理,如枝干之纹理";倪士毅认为,理是"礼文","是人事中之理";戴震认为,理者,"曰肌理,曰腠理,曰文理"。新安理学派之所以对理进行解构,是他们继承并发扬了传统儒学求实求真的精神和经世致用的务实态度。尤其是目睹理学被充当统治者的"忍而残杀之具",阻碍徽商经济发展后,新安理学派认为必须对"理"进行解构,还"理"本来的面貌。新安理学派在对"理"进行解构的过程中,还体现了对朱子学继承与发展的统一、坚持与创新的统一。

宋明理学的一个重要、基础性的范畴就是"理"。无论是程朱理学还是陆九渊心学,都对"理"作了论述。"二程"认为,"理者,实也,本也";①"所以谓万物一体者,皆有此理,只为从那里来";②"天下只有一个理"。③ 即"理"为客观存在,并且"理"产

---

① (宋)程颢、程颐:《二程集》,《河南程氏遗书》卷一一,北京:中华书局,1981年,第125页。

② (宋)程颢、程颐:《二程集》,《河南程氏遗书》卷二,北京:中华书局,1981年,第33页。

③ (宋)程颢、程颐:《二程集》,《河南程氏遗书》卷一八,北京:中华书局,1981年,第196页,

生万物,是世界的本原。可见"二程"将"理"规定为实有而非象、本无而不空的精神绝对体。朱熹继承"二程""理"的思想,认为"宇宙之间,一理而已。天得之以为天,地得之以为地","未有天地之先,毕竟也只是理。有此理,便有此天地;若无此理,便亦无天地,无人无物,都无该载了。有理,便有气流行,发育万物"。① 即理为本,理在气先。理为物之本、气之本,是天地的本原。

陆九渊认为,"塞宇宙一理耳","此理在宇宙间,未尝有所隐遁,天地之所以为天地者,顺此理而无私焉耳。人与天地并立为三极,安得自私而不顺此理哉?"②"理之所在,固不外乎人(心)也"。③"人皆有是心,心皆具是理,心即理也"。④ 即理在宇宙间,天、地、人"三极"归于一理。但"心即是理",心与理是合一的,明理就是明心。

可见,无论是"二程"还是朱、陆,都给"理"以神秘性和主观性的规定。新安理学派在诠释"理"的过程中,对"理"进行了解构,扬弃其至上性、神秘性和主观性,而赋予"理"以客观性和规律性。这一过程是从程洵开其端的。

一、理是"自然之节","不为言之有无而损益"

理"不为言之有无而损益"是朱熹非常赏识的弟子程洵的观点。程洵(1134~1196),原字钦国,后更为允夫,号克庵,婺源人,朱熹内弟。程洵在朱熹的教诲和影响下,致力于孔、孟和濂洛之书,成为新安理学大家之一,以至于"凡登程洵之门如出文公之门"⑤。所著文集为《尊德性斋集》。

---

① (宋)朱熹:《朱子全书》十四《朱子语类》卷一,上海:上海古籍出版社;合肥:安徽教育出版社,2002年,第114页。

② (宋)陆九渊:《陆九渊集》卷一一《书·与朱济道》,北京:中华书局,1980年,第142页。

③ (宋)陆九渊:《陆九渊集》卷三二《拾遗》,第379页。

④ (宋)陆九渊:《陆九渊集》卷一一《书·与李宰》,第149页。

⑤ (清)施璜:《紫阳书院志》卷八《列传》第1页,清雍正三年刻本。

从现有的资料看,程洵的理学思想主要散见于《晦庵先生朱文公文集》卷四十一《答程允夫》,在朱子答程允夫书信中可略见一斑。在朱子文集里,答程洵的书信约三十通,涉及指教或点评程洵见解的主要有十三通。

从朱子《答程允夫》书信中可以看出,程洵早期轻视对"理"纯理论的探讨与研究,而重视"践履",认为只需"行",便是"是",强调实践性。这与朱子思想是不相通的。后经过朱子的批评与指教,程洵开始重视对理的研究:

> 仁者,天理也。理之所发,莫不有自然之节。中其节,则有自然之和,此礼乐之所自出也。人而不仁,灭天理,夫何有于礼乐?

朱子评点说:"此说甚善。但'仁,天理也',此句更当消详,不可只如此说过。"①

程洵认为,理是来自"天",即"自然之和",也即是"礼乐之所自出",如果灭天理,那又有何礼乐?如果没有礼乐,人类社会岂不大乱?故朱子认为程洵"此说甚善"。然朱子认为程洵"仁,天理也"的说法不准确、不完整,不能简单地"如此说过",更需全面把握"理"的内涵,即"理"涵盖自然界和人类社会运动、变化、发展的规律和法则,"仁"仅是"理"的一个特征。所以朱子要程洵对"理""更当消详"。

从这里可看出,程洵对"理"的理解是"仁",是"自然之节",也即是自然规律。符合自然规律则叫"中其节"、"自然之和",而人类社会的"礼乐"正是"理"的外化形式。

程洵进一步指出:

> 天何言哉?四时行矣,百物生矣,天何言哉!洵窃谓四时行、百物生,皆天命之流行,其理甚著,不待言而后明。圣人之道亦犹是也,行止语默无非道者,不为言之有无而损益也。有言,乃不得已为学者发

---

① (宋)朱熹:《朱子全书》二十二《晦庵先生朱文公文集》卷四十一《答程允夫》,上海:上海古籍出版社;合肥:安徽教育出版社,2002年,第1865页。

耳。明道先生言"若于此上看得破,便信是会禅",亦非谓此语中有禅,盖言圣人之道坦然明白,但于此见得分明,则道在是矣,不必参禅以求之也。

朱子评曰:"如此辨别甚善。近世甚有病此言者,每以此意晓之,然不能如是之快也。"①

即程洵认为,自然界的发展、运动、变化以及人类社会的发展、运动、变化都有其自身的规律,"四时行矣,百物生矣",都是自然规律的体现,"理"是客观存在的,"不为言之有无而损益",即不以人的意志为转移。人们认识的任务就是认识、体会"道"或"理",也就是认识规律。在程洵看来,如果认识和掌握规律,就像佛教的"会禅",但与"会禅"又有本质的区别。并不是说认识"道"或"理"就是参禅,而是说圣人之道本然明白,通过我们的认识"见得分明,则道在是矣",即认识了"道"是我们认识过程中的一个质的飞跃。尽管这个认识过程与"会禅"有共性,但"不必参禅以求之"。

二、理是"太极"、"元气"

"理"是"太极"、"元气",是朱熹再传弟子程若庸的观点。程若庸,字达原,号勿斋,又号徽庵,徽州休宁(今安徽休宁县)人,宋咸淳四年(1268)进士。生卒年不详,其生活的时代大约是南宋中期到元初。程若庸早年师从饶鲁,后又师事沈毅斋,其中饶鲁对其影响很大。饶鲁师事黄榦,是朱子的二传弟子,程若庸则为朱子的三传弟子,接受的是朱子正统学说。程若庸一生以讲学为业,曾担任湖州安定书院、抚州临汝书院、福建武夷书院山长,致力于弘扬朱子学。程若庸著有《性理字训讲义》及《洪范图说》、《太极图说》、《〈近思录〉注》等,但是今天流传下来的只有他的《性理字训讲义》及《宋元学案·双峰学案》中附

---

① (宋)朱熹:《朱子全书》二十二《晦庵先生朱文公文集》卷四十一《答程允夫》,上海:上海古籍出版社;合肥:安徽教育出版社,2002年,第1875页。

录的《斛峰书院讲义》。

《性理字训讲义》作为理学的启蒙教材,对朱子学的普及和传播起到了很大的推动作用。该书分为六篇:造化篇、情性篇、为学篇、善恶篇、成德篇、治道篇,从理学的角度阐释了一百多个范畴,涵盖了理学史上大部分理学范畴,建立了较为完备的理学范畴体系。在程若庸建立的理学范畴系统中,对大多数范畴的诠释是以朱熹的理学思想为宗旨的,同时综合了张载、"二程"等人的思想。但对少数范畴的解释,他提出同朱熹不一样的看法,如"道"、"器"范畴。朱熹反对以"形上"和"形下"来区分"道"、"器",程若庸则赞同"二程"的观点作了"形上"和"形下"的区分。可见他的哲学思想宗于朱子又不尽同于朱子,表现出了对朱子学的继承与发展的统一。

关于"理",程若庸继承朱熹"太极即理"的思想,提出了"太极"、"元气"等一系列范畴,讨论天地万物之源以及宇宙自然界发生和发展的规律。

程若庸认为,"太极"与"元气"是"理"的主要内容。在《性理字训讲义》中,程若庸开篇就从"太极"着手来说明万物的造化本原,释"太极"为"至理浑然,冲漠无朕,造化枢纽,品汇根柢,是曰太极"。以此说明"太极"是极至之理,无形无象,是造化的枢纽、品汇的根柢,将之提升至宇宙本原论的最高地位。朱熹作为理学集大成者,将"太极"同"理"联系在一起,认为天地万物之理和为一"理",这就是"太极"。"总天地万物之理,便是太极"。太极是"理"之极致,"太极之义,正谓理之极致耳"。①"太极"无形、无象、无方所。"太极却不是一物,无方所顿放,是无形之极"。②"太极"是产生万物的本原,"上天之载,无声无臭,而实造化之枢纽,品汇之根柢也"。到了程若庸这里,显然囊括了朱熹对"太极"范畴的多重诠释。可以看出,程若庸关于"理"是"太极"的思想,是对朱熹这一思想的继承与改造。《宋

---

① (宋)朱熹:《朱子全书》二十二《晦庵先生朱文公文集》卷三七《答程可久》,上海:上海古籍出版社;合肥:安徽教育出版社,2002年,第1642页。

② (宋)朱熹:《朱子全书》十六《朱子语类》卷七五《易十一》,上海:上海古籍出版社;合肥:安徽教育出版社,2002年,第2566页。

元学案》记载了朱升称赞程若庸对太极范畴解释之精到:"玩诸《易》,以释太极之本义,本义既得,则后世儒者所称述,可一见而决。"①

程若庸将"太极"范畴对应于"元气"范畴,释"元气"为"一气块然,充塞太虚,动静周流,造化发育,是曰元气"。他赋予"元气"物质性含义,用"充塞"一词充分表明元气的物质性特点。联系其对"太极"范畴的解释,他所表达的大意是:在"太极"的支配下,充塞"太虚"的元气造化发育产生天地万物。朱熹认为"理"借"气"而存在,依"气"而派生万物。"气"被改造成为构成天地万物的物质材料,"气"有形体、有方所,"气"充满天地,弥漫宇宙。"天地之间,一气而已"。②"气"运动流行,未尝停息,"如春和则发生,夏则长茂,以至秋冬,皆是一气"③。气能造作,能凝聚生物,"盖气则能凝结造作","气则能酝酿凝聚生物也"。④ 程若庸对"元气"的解释同朱熹对"气"的解释颇为相似,可看出其继承性。但程若庸使用了"元气"这一范畴对应于"太极"范畴来解释其宇宙本体论,没有运用"理气"来说明,可看出其对朱熹理气观的改造与发展,即程若庸认为理的内涵是"太极"与"元气"。

三、理,道理也,文理、条理是也

"理,道理也","文理、条理是也",是陈栎对"理"的诠释。陈栎(1252~1334),字寿翁,号定宇,晚号"东阜老人",徽州休宁(今安徽休宁县)人。陈栎师事新安理学家黄智孙,黄智孙师

---

① (清)黄宗羲:《宋元学案》卷八三《双峰学案·山长程徽庵先生若庸·附录》,北京:中华书局,1986年,2822页。

② (宋)朱熹:《朱子全书》一《易学启蒙》卷一,上海:上海古籍出版社;合肥:安徽教育出版社,2002年,第212页。

③ (宋)朱熹:《朱子全书》十七《朱子语类》卷九五《程子之书一》,上海:上海古籍出版社;合肥:安徽教育出版社,2002年,第3183页。

④ (宋)朱熹:《朱子全书》十四《朱子语类》卷一《理气上》,上海:上海古籍出版社;合肥:安徽教育出版社,2002年,第116页。

从滕璘之子滕武子,滕璘为朱子及门弟子,故陈栎为朱子的四传弟子。其主要著述有《四书发明》、《礼记集义》、《尚书集传纂疏》、《定宇集》等。明代纂修《四书大全》,引陈栎之说颇多。《元史》有传。

"性"与"理"是宋明理学的核心范畴。朱子学的宗旨也是穷理尽性以期圣。陈栎对朱子学的性理思想作了进一步的改造与阐发,认为"理,道理也","文理、条理是也"。他说:

> 天所赋为命,人所受为性。所授所赋不过此理而已。理,道理也。然道字大纲包涵说理字。就道字中分析精细说,如言:文理、条理是也。在物为理。理虽散在万物而实具于人之一性。①

陈栎从朱子"理一分殊"出发,阐明了道主统而理主分,言性言命,皆是言理。他再进一步把性命之理贯通而为道德本体,即仁义礼智。他说:

> 性中之理何物也?就其大者言之,仁义礼智是也。故朱子《大学序》曰:天降生民,则既莫不与之以仁义礼智之性。观此言可见矣。天下之理,此四者足以该之。天下道理千般万样,皆自此四者出耳。②

这是对孟子性善论及四端说的继承。据此性理一体之说,陈栎批评了荀子的人性说,指出荀子"言性不言理,则不知性中实具此理"③。批评荀子视人性为恶,而不知本善之理存于性。陈栎还更深一层地说明理性不容分涉,物我皆具此理。他说:"以理言性则可见天下无不善之理,则无不善之性可知矣……此物我一理之妙,而合内外之道也。"④此论以孟子"尽心、知性、知天"为根本,进一步发挥张载"民胞物与"和"天地之心"的思想。张载的"民胞物与"就是对理学家所追求的天人合一境界的最好表述。而陈栎的这种性理不二,也是立于天人合一思想

---

① (宋)陈栎:《定宇集》卷七《答问》,《四库全书》本。
② (宋)陈栎:《定宇集》卷七《答问》,《四库全书》本。
③ (宋)陈栎:《定宇集》卷七《答问》,《四库全书》本。
④ (宋)陈栎:《定宇集》卷七《答问》,《四库全书》本。

而阐发的。正是基于这性理不二的立场,陈栎在诠释《中庸》"天命谓之性"等首三句时以为,虽有性、命、道、教之分,但都以仁义礼智一以贯之。天以"理"赋予人,这就是"命";人受天之"理"为"性";人依顺此"理"而行就是"道";品节这"理"就是"教"。天能给人以性,却不能使人都成全这天成之性,原因就是人的气质之禀不同。天地之性与气质之性是杂糅在一起的。命、理、太极流行而为元、亨、利、贞。元、亨、利、贞为天道之常,仁、义、礼、智为人性之则。天人并非二理。人未受天理之时仅为元、亨、利、贞,这时人只是徒具其形而不具有道德理性(仁、义、礼、智)。这种元、亨、利、贞为万物同具而非独人如此。但"天地之性人为贵","得天命之元在人性为仁,得天命之亨在人性为礼,得天命之利与贞在人性为义与智"。① 虽然陈栎对荀子、董仲舒有过指责,但从他对天命的元、亨、利、贞到人性的仁、义、礼、智的论证,可看出他也受到荀子的"天人相分"与董仲舒的"以五行比附五德"的影响。

四、理者,纹理之谓也

"理者,纹理之谓也",是朱升对"理"的诠释。作为朱熹五传弟子的新安理学家朱升,不仅是明朝的开国功臣,同时在学术上也有独特的建树。他提出理是"脉理、纹理",摒弃程朱理学和陆九渊心学关于"理"的神秘性和主观性,赋予"理"以客观规律性,更是对先哲思想的超越。

朱升(1299~1370),字允升,号枫林,徽州休宁回溪人,后迁居歙县石门。朱升十七岁师从陈栎,陈栎师事朱子三传弟子黄智孙,朱升则为朱子五传弟子。至正十七年(1357)七月,朱元璋兵至徽州,召朱升问时务。朱升"首陈三策",献以"高筑墙、广积粮、缓称王"之计,深得朱元璋赞许。至正二十七年(1367),朱元璋称吴王,授朱升以翰林侍讲学士、中顺大夫、知制诰、同修国史。洪武元年(1368)朱元璋称帝,授朱升以翰林

---

① (宋)陈栎:《定宇集》卷一三《讲义·天命之谓三句》,《四库全书》本。

学士兼东阁学士、嘉议大夫。洪武二年(1369)三月,朱升请老归山。洪武三年(1370)冬十二月以疾终于家。《明史》有传。

朱升著述甚丰,所著有《易》、《诗》、《书》、《周官》、《礼仪》、《礼记》、《四书》、《孝经》、《孙子》等书旁注,以及《书传补正》、《朱枫林集》。

朱升在总结前人思想资料的基础上,提出了对"理"的见解。朱升认为:

> 理者,纹理之谓也。两间之物象,凡其自然生成者,莫不觉有文理存焉。交互者,谓之文,条达者,谓之理。①

> 理行乎事物之中,如身体之脉理,如枝下之纹理,彻上彻下,无不至到,所谓至理也。脉理、纹理皆不一也,而皆必有统会之处。②

即"理"是存在于事物之中的理,如人身中的神经与血脉,如树的纹理,此"理"不是抽象的精神实体,而是物质性的气自身所具有的规律性。存在于具体事物中的脉理、纹理是有差别的,但这种不同的脉理、纹理"有统会之处",即朱升所说的"至理",可见朱升关于脉理、纹理直至"至理"的说法是继承了朱熹的"理一分殊"思想。

"至理"虽然具有抽象性,但事物中的脉理、纹理是具体的、实在的,就是说"至理"涵盖一切"理",是自然界和人类社会的变化、运动、发展的内在规律。它不是靠感官去把握,而是通过对具体的脉理、纹理的认识,然后经理性思维去把握。

上述可见,朱升的重要贡献是对程朱及陆九渊"理气观"的改造。朱升将"理"看作脉理、纹理,"气"为物质性的气,气之流行,造化万物。可见,朱升理气观是对程朱客观之理与陆九渊主观之理的改造和超越,抛弃他们关于"理"的神秘性和主观

---

① (明)朱升:《朱枫林集》卷七《理斋铭》,合肥:黄山书社,1992年,第113页。

② (明)朱升:《朱枫林集》卷三《跋性理字训后》,合肥:黄山书祛,1992年,第45页。

性,从而赋予理以客观规律性。特别是关于脉理、纹理的思想,影响了后继学者。如戴震也将"理"解释为肌理、腠理、文理,与朱升将理解释为脉理、纹理是一致的。此外,朱升关于"太极即是至理"的思想,以及气的盈、虚、阖、辟思想,无不体现了认识的辩证法以及物质矛盾运动的发展观。

五、理是"礼文","是人事中之理"

"理"是"礼文","是人事中之理",是倪士毅对"理"的诠释。倪士毅(1302~1348),字仲弘,号道川,休宁(今安徽休宁县)人。他曾师从新安理学名儒陈栎,学术传承朱子之学,代表作有《四书辑释》二十卷。《宋元学案》将倪士毅归入《沧州诸儒学案·定宇门人》,并谓士毅与赵东山、汪环谷朝夕讲学,时称"新安三有道"。① 倪士毅对"理"的诠释,是从对朱熹"礼者,天理之节文,人事之仪则"的解释开始的。倪士毅认为:

> 天下有当然之理,但此理无形影,故做此礼文画出一个天理。与人看使有规矩可以凭据,故谓之天理之节文。黄氏曰,如天子之服十二章,上公九章,各有等数,此是节。若山龙华虫之类为节,此是文,如冠如婚此是人事……陈氏曰天理只是人事中之理,而具于心者也,天理在中而著于事,人事在外而根于中,天理其体而人事其用也,节文仪则四字相对说,节则无太过,文则无不及,仪在外有可观,则在内有可守……胡氏曰,天理其体,故先节而后文;人事其用,故先仪而后则。程曰天理、节文、人事、仪则,上言经礼,下言曲礼。②

---

① (清)黄宗羲:《宋元学案》卷七〇《沧州诸儒学案下》,北京:中华书局,1986年,第2359页。

② (元)倪士毅:《四书辑释》,《续修四库全书》第一六〇册,上海:上海古籍出版社,1995年,第163页下栏。

倪士毅认为,"理"不是抽象的精神实体,而是具体的,"理"就是"礼文",使人有规矩,如冠礼、婚礼等社会礼仪,都是"理"的体现,也就是"千万个理只是一个,如事君忠是此理,事亲孝、交友信也是此理,以至精粗大小之事皆此一理贯通之"①。故"理"是人事中之理。

朱熹将《四书》中的"天"、"天命"也同样诠释为"理"、"天理",把神秘的"天"、"天命"转变为更具哲学理论色彩的"理"、"天理"。倪士毅对此也作了进一步的说明,他所理解的"理",是人文世界之中的"所当然之则",是自然世界中的必然法则。

六、理者,在物之质,曰肌理、腠理、文理

"理"者,"在物之质,曰肌理,曰腠理、曰文理",是戴震对理的诠释。戴震认为:"理者,察之而几微必区以别之名也,是故谓之'分理';在物之质,曰肌理,曰腠理,曰文理;得其分则有条而不紊,谓之条理。"②可见戴震将"理"解释为肌理、腠理、文理,是内在于万物之中的质的规定性,而不是至高无上的"天理"。"就事物言,非事物之外别有理义也。有物必有则,以其则正其物,如是而已矣。"③ 这显然是说,"理"就是事物运动的必然,"理"不在事外,更不在事先。戴震反对程朱将"理"看作主宰万事万物的精神性抽象的实体。

戴震不仅把"理"看作"物则",而且认为"理义根于性"。戴震人性学说基本观点是"性成于阴阳五行,理义根于性",万物皆是由"阴阳五行"、"气化流行"自然生成的,人性也不例外;"在人言性,但以气禀言","举凡品物之性,皆就其气类别之,人

---

① (元)倪士毅:《四书辑释》,《续修四库全书》第一六〇册,第197页下栏。

② (清)戴震:《戴震全书》六《孟子字义疏证》卷上,合肥:黄山书社,1995年,第151页。

③ (清)戴震:《戴震全书》六《孟子字义疏证》卷上,合肥:黄山书社,1995年,第158页。

物分于阴阳五行以成性。舍气类,更无性之名"。①肯定"性"是事物赖以相互区别的自然物质特性。人性是由"气类"生成的,其具体表现形式就是"血气心知"。他说:"血气心知,性之实体也。"②程朱所谓"义理之性"并不是先天存在的,而是"心知"的活动,是后天的认识。所以戴震说"言理义之为性,非言性之为理"③,"血气心知"才是"性"的唯一的内在规定性。

戴震不仅以"血气心知"之性反对"天命之性",还以情欲为"性"反对以"理"为"性"。他说:"人生而后有欲、有情、有知,三者血气心知之自然也。"④"欲"是指人对声、色、嗅、味的要求,"情"是指人的喜、怒、哀、乐的表现,"知"则是指人辨别美丑是非的能力。戴震不是把"情欲"排斥于"性"之外,而是将之直接纳入"性"之中。因此他说,"给予欲者,声色嗅味也……声色嗅味之欲,资以养其生"⑤,即把声色嗅味、饮食男女、穿衣吃饭等人欲都看成人的自然而正常的要求,这种要求并不是恶。相反,在人特有的"心知"指导下,能够使欲望得到合乎自然规律的发展,这就是"善"。所谓"人性善",并不是先天具有善,而是性中之"心知"能认识"理",故人性善。从这个观点出发,戴震认为善恶的区别不在于能否"存天理,去人欲",而在于有没有理智地控制情欲。如果情欲合乎自然地发展,就一定是善而不是恶。他进而用"物"和"则"来说明"理"和"欲"的关系。他说,"理者,存于欲者也","欲,其物;理,其则也";又说,"欲者血气之自然","由血气之自然,而审察之以知其必然,是之谓理

---

① (清)戴震:《戴震全书》六《孟子字义疏证》卷中,合肥:黄山书社,1995年,第190页。

② (清)戴震:《戴震全书》六《孟子字义疏证》卷中,合肥:黄山书社,1995年,第175页。

③ (清)戴震:《戴震全书》六《孟子字义疏证》卷中,合肥:黄山书社,1995年,第183页。

④ (清)戴震:《戴震全书》六《孟子字义疏证》卷下,合肥:黄山书社,1995年,第197页。

⑤ (清)戴震:《戴震全书》六《孟子字义疏证》卷下,合肥:黄山书社,1995年,第197页。

义"。① 所以,"天理"与"人欲"不是对立的,而是互相统一的,是"理存于欲"。他旗帜鲜明地提出:"有欲而后有为,有为而归于至当不可易之谓理。无欲无为又焉有理?"②充分肯定了人的正当欲望和要求,表达了"体民之情,遂民之欲"的良好愿望。

戴震对程朱理学的揭露和批判,表明他在一定程度上看到了程朱理学的伪善的本质,表达了人民反封建专制、礼教的情绪,以及要求砸烂理学这个封建精神枷锁的强烈愿望。同时,他的"理存于欲"的人性学说,将矛头直指封建纲常伦理,动摇了以"天理"为性的封建人性学说基石。可以说,戴震对"理"的解构,不仅在本体论上对程朱的"天理"观进行了辩证的扬弃,而且对程朱的"理欲"观进行了更深入的批判。戴震被誉为我国十八世纪杰出的唯物主义启蒙思想家。

七、结　语

新安理学派的生命之根在徽州,他们的学术之根也在徽州,徽州居于山岭之中,得山之灵气,育拔萃人才。由朱熹开创、活跃在徽州的新安理学,影响着徽州数百年。朱熹以后,儒士名贤比肩接踵,故有"东南邹鲁"之称。元、明、清三代,承紫阳学风,儒家礼仪思想更为巩固,"自井邑田野以至于远山深谷,民居之处,莫不有学有师,有书史之藏。其学所本,则一以郡先师子朱子为归"。③ 钱穆云:"盖徽歙乃朱子故里,流风未歇,学者固多守朱子圭臬也。"④

新安理学派多数学者,大部分是朱子的弟子和再传弟子。

---

① （清）戴震:《戴震全书》六《孟子字义疏证》卷上,合肥:黄山书社,1995年,第171页。

② （清）戴震:《戴震全书》六《孟子字义疏证》卷下,合肥:黄山书社,1995年,第216页。

③ （元）赵汸:《东山存稿》卷四《商山书院学田记》,《四库全书》第1221册,第287页上栏。

④ 钱穆:《中国近三百年学术史》,北京:商务印书馆,1997年,第340页。

然而,从他们对"理"的解构中可见,他们的哲学思想宗朱又不尽同于朱,体现了对朱子学继承和发展的统一;他们不盲从教条和迷信,能够与时俱进,在坚持的基础上创新,体现了坚持与创新的统一。

本书所列的思想家,从程洵一直到戴震,展现了新安理学派对"理"解构的主要过程。他们之所以对"理"进行解构,其原因之一就是要继承并发展传统儒学求实求真的精神和经世致用的务实态度。如朱升强调"深究乎其所未明",他不仅是一位求实求真敢于怀疑的学者,而且对社会现实有深刻的观察,并向朱元璋提出了"高筑墙、广积粮、缓称王"的著名计策。新安理学家赵汸从其师处获得六经疑义千余条。休宁新安理学家程瞳提出"求真是之归"的治学原则。这种既关注现实又善于从义理高度解决现实问题的新安理学传统,无疑也是新安理学派能够突破程朱之"理"的内在动力。

戴震生活在清代徽州社会,目睹理学被充当统治者的"忍而残杀之具",故其大胆解构"理",提出"理存于欲"的思想,为"卑贱者"求生存权提供了论据。当时的人民"饥寒号呼,男女哀怨,以至垂死冀生",而统治者仍施以暴政,其中程朱理学被充当他们的"忍而残杀之具"。戴震所在的古徽州,这种情况比比皆是,尤其是妇女更是深受其害。根据"存天理,去人欲"的理论,程朱理学提出了妇女"饿死事小,失节事大"的命题,强调妇女"从一而终,以顺为正",把对妇女的束缚推向极端,严重损害了妇女的个性发展和对正当生活的追求。据有关史料记载,徽州有一姓蒋的烈女,十八岁夫死,她决心自绝表示节烈,先是自缢殉夫被救,接着绝食五日又未死成,又用斧头自击头部仍未绝命,最后跳楼而亡,"完其名节"。歙县岩寺徽商谢缙之妻蒋氏,十九岁丈夫在外病故,为殉夫跳楼自尽,竟把楼下石板撞为两截,血溅断石,尸横当街,惨不忍睹,竟然还有"以朱子为亲"的道学先生摇头晃脑,唱出一组《断石吟》!作为程朱阙里的古徽州,节妇烈女"当他省之半",民间守寡者,有的婆媳同守,有的妯娌同守,甚至有的家庭几代妇女同守。歙县城曾有一座"孝贞烈坊",就集中表彰了府属"孝贞节烈妇女六万五千零七十八口"!① 戴震悲愤地控诉程朱理学:"尊者以理责卑,长者以理责幼,贵者以理责贱,虽失,谓之顺;卑者、幼者、贱者以理争之,虽得,谓之逆。于是下之人不能以天下之同情、天下之同欲达之于上;上以理责下,而在下之罪,人人不胜指数。人死于法,犹有怜之者,死于理,其谁怜之?呜呼!"②"酷吏以法杀人,后儒以理杀人"③。

如果不破除气外、物外之"理","天理"就永远是一把悬在民众头上的"达摩克利斯之剑"。戴震之主张"通天下之情,遂天下之欲",怒责宋儒"以理杀人",正代表了平民的心声。同时也正是平民的理念营养了戴震,使他能够洞见朱熹之误,发出了时代的最强音。

---

① 参见叶光立、方利山《朱熹之女亲属及其妇女观》,载《徽州社会科学》,1995年第3~4期。

② 参见叶光立、方利山《朱熹之女亲属及其妇女观》,载《徽州社会科学》,1995年第3~4期。

③ (清)戴震:《戴震全书》六《与某书》,合肥:黄山书社,1995年,第496页。

徽州释奠朱子考

朱子是儒家文化的重要代表人物之一。在世界各地的孔庙和文庙，朱子作为儒家的"十二哲"而受到祭祀。在朱子的故里——徽州地区，则修建了祭祀朱子的祠庙和书院，其中以歙县的紫阳书院最具代表性。此外，徽州地区的家塾也有记载完备的祭祀朱子的释菜礼。释菜礼没有亡佚，表明明清徽州社会"服朱子之教"，儒教盛行；同时，还体现了儒学与儒教的同一性。

一、程朱阙里

徽州历史悠久，春秋之际即有设置。三国时称新都，晋时称新安郡，因此徽州又有"新安"之称。宋徽宗宣和年间改为徽州，明时徽州府领歙、休宁、婺源、祁门、绩溪、黟六县，府治在歙。徽州自南宋以来就被称为"程朱阙里"、"东南邹鲁"，足见受儒学影响之大。为什么徽州被誉为"程朱阙里"、"东南邹鲁"？

首先，"二程"、朱熹的祖籍均是徽州。据清《河南程氏正宗世系谱》记载，"二程"一世祖为东晋新安（即徽州，晋称新安郡）程元谭。又据明洪武十九年（1386）《新安程氏族谱》载，自元谭起二十八世而有程泽，因避唐末之乱，举家北迁中山博野（今河北博野县）。自程泽起三传而为程羽，即"二程"高祖。程羽因佐宋太宗赵光义有功，被赐第京师泰宁坊，遂移居开封。曾祖程希振又从京师迁至洛阳,自此,"二程"为洛阳人。

朱熹祖籍徽州(今江西婺源县),从父辈才迁至闽。朱熹父亲朱松(1097~1143),字乔年,号韦斋,徽州婺源人。政和八年(1118),朱松以同上舍出身,授迪功郎,调福建政和县尉,再调南剑州尤溪县尉监泉州石井镇。建炎四年(1130)九月,朱熹生于福建尤溪。

程朱祖居地位于屯溪东北十公里的篁墩。故高攀龙曰:"程夫子生洛,朱夫子居闽,人知三夫子洛、闽相去之遥,不知两姓之祖同出歙,又出黄(篁)墩之撮土也。"①

其次,徽州儒风盛行。古代徽州不仅是程朱故里,而且,徽州人为程朱发扬光大儒学而感到自豪。明代徽州学者赵滂说:"吾夫子生尼山,而颜、曾、思三大贤非出其家即出其乡,七十二弟子大抵鲁人为多,至孟氏道益大明。……孟氏之后圣学不传。千四百年重开于周子,光大于程朱。"②《紫阳书院志》云:"孔子没而微言绝,异端蜂起,百家争鸣,历汉唐以来,鲜有能发其精蕴者。有宋之兴,周、程、张子并世而出,邪说排斥,正学昌明,而其于天人性命之故,诗书礼乐之文,考古证今,毫厘必辨。则至紫阳朱子而后集其成。"③《新安学系录》亦云:"孟子没而圣人之学不传千有余岁。至我两夫子始得之于遗经,倡以示人,辟异端之非,振俗学之陋,而孔孟之道复明。又四传至我紫阳夫子,复溯其流,穷其源,折中群言,集厥大成,而周、程之学益著。"④

朱子在徽州有不少亲朋好友,曾多次回徽省亲,收授许多门生,并且有多人赴闽随朱子学习,所以朱子理学思想在徽州广为传播。据有关史料记载,朱子曾三次回徽省亲。第一次在绍兴二十年(1150)春,"朱子二十一岁始归婺源省丘墓宗族"。第二次在淳熙三年(1176)二月朱子四十七岁,归婺源省先墓,"取道浦城,自常山、开化趋婺源,蔡元定从。日与乡人讲学于

---

① (明)赵滂:《程朱阙里志·原序》,清雍正三年刻本。
② (明)赵滂:《程朱阙里志·原序》,清雍正三年刻本。
③ (清)施璜:《紫阳书院志·序》,清雍正三年刻本。
④ (明)程曈:《新安学系录·序》,民国安徽丛书第一期影印本。

汪氏之敬斋,至六月乃去。有归新安祭墓及告远祖墓文,又作茶院朱氏谱后序"。第三次在庆元二年(1196)九月朱子六十七岁归婺源省墓,"讲学于郡城天宁山房"。① 朱子每次回徽,都应友人之邀讲学授徒。据《新安学系录》记载,朱子在徽州的门人就有程洵、滕璘、滕珙、汪会之、祝直清、程先、汪清卿、许文蔚、吴昶、谢琎、程永奇、程珙、李季子、汪楚材、祝穆、汪莘等人。《紫阳书院志》还为其中杰出者立传:"文公归里乡,先正受学者甚众,今论定高第弟子十二人列于从祀,义应各为列传。然圣人有取于述而不作,故凡诸贤行实有前人志状家乘者仍之,或冗长则遵伊洛渊源例略节之,阙者补之,不复署名。有遗事间增数行为附录,传首则称先生。……兹十二君子者,生文公之乡,亲受业于文公之门,得以配食,岂不伟哉!"②

由于"二程"、朱子祖籍均为徽州,并且程朱理学在徽州代代相传,有私淑程朱者,有朱子友人与门人,且硕儒迭兴,更相授受,贤贤相承,绳绳相继,故徽州被誉为"程朱阙里"、"东南邹鲁"。

二、紫阳书院释奠朱子礼

由于徽州为"程朱阙里",故徽州人对程朱尊敬有加,朱熹更是被奉若神明,"凡六经传注,非经朱子论定者,父兄不以为教,子弟不以为学也"③。"我新安为朱子桑梓之邦,则宜读朱子之书,服朱子之教,秉朱子之礼,以邹鲁之风自待,而以邹鲁之风传之子若孙也"④。关于徽州"服朱子之教",最早起于宋宁宗嘉定元年(1208),徽太守孟公将学宫作晦庵祠堂,以四时祭祀。随着朱熹地位的上升,特别是宋理宗赐建紫阳书院,并在紫阳书院内建专门祭祀朱子的朱子殿,紫阳书院成为宋元明清徽州

---

① (清)施璜:《紫阳书院志》卷五,清雍正三年刻本。
② (清)施璜:《紫阳书院志》卷八,清雍正三年刻本。
③ (元)赵汸:《东山存稿》卷四《商山书院学田记》。
④ (清)吴翟:《茗洲吴氏家典·序》,紫阳书院藏板。

地区祭祀朱子、讲学、会讲的重要场所。

关于紫阳书院祭祀朱子的释奠礼,据《紫阳书院志》记载:"子朱子即祀先圣庙,而宋理宗赐建紫阳书院,复专祠焉。"①因而,紫阳书院内的朱子殿,是专门祭祀朱子的场所。朱子殿的大堂祀位,正中是"子朱子徽国文公"的牌位,左右配享先贤八位:黄勉斋先生榦、李敬子先生燔、张元德先生洽、陈安卿先生淳、李公晦先生方子、黄商佰先生灏、蔡九峰先生沈、朱叔敬先生在。

再左右从祀先贤十一位:程克庵先生洵、滕溪斋先生璘、祝和父先生穆、李明斋先生季札、程格斋先生永奇、滕蒙斋先生珙、吴友堂先生昶、汪方壶先生莘、谢公玉先生珖、汪湛仲先生清卿、许衡甫先生文蔚。

再左右从祀先儒十四位:(宋儒)程勿斋先生若庸、陈定宇先生栎、(以下元儒)胡云峰先生炳文、程林隐先生复心、倪道川先生士毅、汪古逸先生炎昶、曹弘斋先生泾、朱枫林先生升、(以下明儒)汪环谷先生克宽、赵东山先生汸、唐白云先生桂芳、杨季成先生琢、汪仁峰先生循、程莪山先生瞳。

紫阳书院内还有道原堂、献靖公祠、卫道斋和衍绪斋。道原堂祭祀朱熹外祖父祝确,正中是"祝永叔先生"牌位。献靖公祠祭祀朱熹父亲朱松,正中是"朱献靖公韦斋先生"牌位,左右配享先贤二位:蔡西山先生元定、程东隐先生先。

卫道斋十五位:赵太守师端、彭县令方、韩太守補、魏太守克愚、汪山长一龙、张山长炳、彭太守泽、熊太守桂、张太守芹、郑太守玉、何太守东序、陆太守锡明、张县令涛、祖太守建衡、曹太守鼎望。

衍绪斋十五位:汪县尹德元、杨处士泗祥、江处士恒、汪文学知默、吴处士汝遴、汪处士学圣、胡文学开、陈处士二典、汪处士佑、朱处士弘、汪处士浚、谢处士兼善、吴祭酒苑、吴处士日慎、施处士璜。

关于祀期,九月十五日为文公生辰、三月九日为文公忌辰。明成化十八年(1482),耆民汪贵请于春秋二丁后,生辰赐以特

---

① (清)施璜:《紫阳书院志》卷三《祀典》,清雍正三年刻本。

祭,钦降定例,毋致岁久废坠,奉旨令有司于生辰设祭。然在县学后书院也。紫阳山的紫阳书院之祭,则儒生自主之。春以三月,秋以九月,皆于十三日集院中讲学三日。十五日黎明释奠。

献靖公祠以三月初一日生辰、九月初一日忌辰有司致祭,祭品仪注掌于有司。先一日祭朱献靖公、祝永叔先生。同日祭卫道衍绪诸先生。仪注略同。

关于祀品,正位为:筐一实以制帛;爵三;登一实以太羹;铏二实以和羹;簠二实以黍、稷;簋二实以稻、粱;笾八实以形盐、藁鱼、枣、栗、榛、菱、芡、柿;豆八实以韭菹、醓醢、菁菹、饵食、芹菹、鱼醢、笋菹、糁食;俎二实以羊、豕;酒樽一。

配位:筐一实以制帛;爵三;铏二实以和羹;簠、簋各一实以黍、稷;笾六实以形盐、藁鱼、枣、栗、榛、芡;豆六实以韭菹、醓醢、菁菹、芹菹、鱼醢、笋菹;俎二实以羊肉、豕肉。

关于祀仪:陈设已定,主祭者、陪祭者、执事者皆吉服以立矣。通赞唱。序立。执事者各司其事,陪祭者各就位,主祭者就位,迎神鞠躬,拜兴、拜兴、拜兴、拜兴,平身奠帛,行初献礼,引赞唱,诣盥洗所盥手,帨手;诣酒尊所,司尊者举幂酌酒,司爵者捧爵,司馔者捧馔,司帛者捧帛,诣先师徽国文公朱夫子神位前跪奠帛,进爵进馔,俯伏兴平身。通赞唱,读祝,引赞唱,诣读祝位跪,通赞唱,陪祭者皆跪,引赞唱,展读,通引同唱,俯伏兴平身,引唱,诣左配神位前跪,献帛献爵,俯伏兴平身;诣右配神位前跪,献帛献爵,俯伏兴平身复位,通赞唱,升歌,陪通唱,歌诗生就歌位,歌生八人或六人左右对立,诗歌某章。歌诗生复位。

行亚献礼,引赞唱,诣酒尊所。司尊者举冥酌酒,司爵者捧爵,司馔者捧馔,诣徽国文公朱夫子神位前跪,进爵进馔,俯伏兴平身,诣左配神位前跪献爵,俯伏兴平身,诣右配神位前跪献爵,俯伏兴平身复位,通赞唱,升歌,歌诗生就歌位,诗歌某章,歌诗生复位,行终献礼,同亚献。饮福受胙,引赞唱,诣饮福位跪饮福酒受胙,俯伏兴平身复位,通赞唱,鞠躬,拜兴、拜兴,平身,撤馔升歌,歌诗生就歌位,诗歌某章送神鞠躬拜兴、拜兴、拜兴、拜兴,平身,读祝者捧祝,进帛者捧帛,执爵者捧爵,各诣燎所望燎。引赞唱。诣望燎位焚祝,通引同唱,礼毕。

先一日祭朱献靖公、祝永叔先生。同日祭卫道衍绪诸先生。仪注略同。

三、茗洲吴氏家塾释奠朱子的释菜礼

在明清徽州,除紫阳书院释奠朱子外,还有府学和各县县学、书院,甚至家塾,都要举行释奠礼。这里值得一提的是,在徽州发现的清代《茗洲吴氏家典》,详细记载了据说已亡佚了的"释菜礼"。关于"释菜礼",一般认为已"在唐宋之际亡佚,今天已经无法考证"①,而在《茗洲吴氏家典》卷八《释菜仪节》,较详细介绍了祭祀朱子的《释菜》礼:

通击鼓三十六声。唱序立。执事者各司其事,陪祭者就位,主祭者就位。引就位。通鞠躬,拜兴、拜兴,平身。行释菜礼。引诣盥洗所。盥手,帨手。诣酒樽所。司帛者捧帛,司樽者举幂酌酒,司爵者捧爵,司馔者捧馔,诣朱夫子神位前,跪,进帛。奠帛。进爵。再进爵。三进爵。俯伏兴,平身。通读告文。引跪,通陪祭者皆跪。引展读,祝读毕。通俯伏、兴,平身。引复位。通鞠躬,拜兴、拜兴,平身。通歌诗,陪通歌诗生就歌位。歌诗生一恭鱼贯东升就歌位。一恭陪。通诗歌某某之章。通歌诗生复位。歌诗生一恭西降复位。通鞠躬,拜兴、拜兴,平身。焚告文。焚毕,司歌者击磬三声。陪通礼毕。

告文式:

维

大清康熙　年岁次干支　月干支越干支朔　日干支,后学吴某某等,敢昭告于

徽国文公朱夫子之神前而言曰:删述六经者,孔子也;传注六经者,夫子也。子以四教,文行忠信,子所雅言,诗书执礼。孔子之学,惟夫子为得其宗,传之万世而无弊。孔子集群圣之

---

① 彭林:《儒家礼乐文明讲演录》,桂林:广西师范大学出版社,2008年,第246页。

大成,夫子集诸儒之大成。圣人复起,不易斯言。兹当族塾讲之期,恭行释菜之礼。谨告。

上午会讲

通击鼓三十六声。唱。排班。班齐。鞠躬,拜兴,拜兴,平身。分班。班揖。再揖。鸣讲鼓。击鼓五声。宣圣经。童子升堂,一恭朗诵书题毕。一恭退。就坐。童子二人,各奉茶东西分进。宣讲。讲毕。歌诗。童子升,歌如释菜。歌毕,通排班。班齐。肃揖。再揖。分班。班揖。再揖。退。

下午会讲如上午,但前班齐后,肃揖。再揖。分班。后班齐后,鞠躬,拜兴,拜兴,平身。分班。班揖。再揖。退。

入塾释菜仪节。并同前。但上设孔子位,东设朱子位配。释菜进爵,先诣孔子位,读祝后,次诣朱子位。

告文式:

维

大清康熙　年岁次干支　月干支越干支朔　日干支,后学吴某某等,敢昭告于

至圣先师孔夫子之神前而言曰:惟师祖述尧舜,宪章文武,上律天时,下袭水土。譬如天地之无不持载,无不覆帱,譬如四时之错行,如日月之代明。兹当□□之期,恭行释菜之礼。夫子之经,得朱子而正;夫子之道,得朱子而明。起斯文于将坠,觉来世于无穷。谨奉

徽国文公朱夫子配。尚飨。

童子入塾释菜拜师仪节:

前期积诚,托介绍先容,师允诺,乃卜期。亦预托介绍,以期闻于师。至期,父兄导子弟入塾,先如常肃揖师及父兄,率童子行释菜礼。礼毕,父兄再拜恳师。师答之。师复以再拜。父兄亦答之。弟子请师南面,弟子再拜跪。用红全柬,书门生某顿首百拜。复再拜。献贽。贽随仪物取将诚。用白全柬,前开具仪,然后书名如刺。再拜,跪献贽仪柬,复再拜。礼毕。父兄

揖师而出。礼师次日,父兄率弟子往谢介绍者。①

```
                    朱
                    子
                    位

                    茶
                    帛
         爵    爵    爵
         栗    芹    枣
              肉
         烛    香炉   烛
          肆歌位        肆歌位
              拜位
    鼓、钟磬              盥盆、帨、酒樽
```

释菜图②

四、结　语

"释奠"礼古已有之,在孔子之前业已存在。《礼记·文王世子》曰:"凡学,春官释奠于其先师,秋冬亦如是。""凡始立学者,必释奠于先圣、先师"。"释奠"本是古礼,此礼应是在官办的学校中祭先圣、先师之礼。新生入学和学校开学,都要举行释奠礼。"始立学"之礼显然较为隆重,贵族子弟入学的始年,举行"释奠"礼,不仅要祭祀先师,还要祭祀先圣。那么,释奠礼的主要内容是什么?郑玄训解"释奠"曰:"释菜奠币礼先师也。"郑玄在释《周礼·春官·大胥》中"春入学,舍采合舞"之"舍采"时云:"舍即释也,采读为菜,始入学,必释菜,礼先师也。

---

① (清)吴翟:《茗洲吴氏家典》卷八《释菜仪节》,合肥:黄山书社,2006年。

② (清)吴翟:《茗洲吴氏家典》卷八《释菜仪节》,合肥:黄山书社,2006年。

菜,萍蘩之属。"①可见,"释菜"即是向先师敬献果蔬食品,"奠币"即是向先师敬献丝绸,好让先师在天衣食不愁。

早期的释奠礼主要内容是释菜和奠币,并没有"释奠"和"释菜"的区别,但到后来有了"释奠"与"释菜"的区别。《南齐书·礼志》云:"永明三年正月,诏立学,创立堂宇,召公卿子弟下及员外郎之胤,凡置生二百人,其年秋中悉集。有司奏:'宋元嘉旧事,学生到,先释奠先圣、先师。礼又有释菜,未详,今当行何礼?用何乐及礼器?'尚书令王俭议:'《周礼》春入学,舍采合舞;《记》云始教,皮弁祭菜,示敬道也,又云始入学,必祭先圣、先师。中朝以来,释菜礼废,今之所行,释奠而已。"如此看来,到魏晋或南北朝,专在学校里进行的释菜礼废,而社会上的释奠礼仍然流行。关于释菜礼废,元代徽州学者汪克宽认为:"释奠"是"杂见于群祀"、"皆得而用"的祭礼,"乃所以神事之也"。"释菜礼则是专于先圣、先师"的祭礼,"苟徒举释奠而废释菜,是使尊礼先圣、先师之祀特与群祀等而"。他认为"爱礼者"不可"无辨"。②汪克宽认为释奠礼与释菜礼有所区别:释奠礼是"杂见于群祀"、"乃所以神事之也"的,声势较大;而释菜礼专于祀先圣、先师的,不舞,不授器,声势较小。他强调释菜礼不能废,颇有尊师重教的意思。现从有关史料来看,专门在学校中祀先圣、先师的释菜礼曾一度被取消过,但释菜礼本身并没有亡佚。如《紫阳书院志》记载的祭祀朱子礼就是规模较大的释菜礼,而《茗洲吴氏家典》卷八《释菜仪节》,就是祭祀朱子规模较小的释菜礼。

总之,作为"程朱阙里"的徽州,将朱子作为仅次于孔子的圣人来祭祀,不仅在方志中保存了完备的释奠礼,而且在家典家乘中也保存了释菜礼。这足以说明明清徽州社会"服朱子之教"、儒教盛行,同时,还体现了儒学与儒教的同一性。

---

① (清)阮元校刻《十三经注疏》,《周礼注疏》卷二十三,北京:中华书局,1980年。

② (明)汪克宽:《礼经补逸·吉礼》卷三《释菜奠》,《四库全书》本。

附 录

新安理学先觉会言

(明)韩梦鹏 辑

民国安徽通志馆传抄本

《新安理学先觉会言》简介

《新安理学先觉会言》为明代韩梦鹏所辑。韩梦鹏，字鸣起，世居徽州之黟，生卒年月不详，其学术活动主要在明嘉靖和万历时期。据《安徽通志·艺文考·子部提要》说，该书有明刻本，但暂无从考证，现仅发现藏于安徽省博物馆的民国时期安徽通志馆传抄本一册。

《新安理学先觉会言》共两卷，卷一为新安同志会约之序，因当时心学与阳明学盛行，郡有郡会，邑有邑会，乃至一家一族亦莫不有会。而为会约作序者，大都是鼓吹心学的大家，如王守仁、湛若水、邹守益、王畿、刘邦采、祝世禄、潘士藻等。《江南通志》谓"皖南讲学之盛一时，民淳俗朴有三代风"，读此可以想见。卷二为主会诸先生之所讲论，如湛若水、罗汝芳、王畿、刘邦采、耿定向、洪垣等。他们或拈《四书》、《五经》以彰大义，或揭性命天道以阐微言，或伤伦纪，或语家常，"读之令人油然生孝悌之心"。从该书出现的人物以及讲论的内容来看，反映了十六世纪中期阳明心学在徽州的传播和兴盛的状况。

宋明时期的徽州一向被称为"朱子故里"、"程朱阙里"，程朱理学在徽州有很高的地位，所以，在明清的徽州地方文献资料里，如《新安学系录》、《紫阳书院志》等，一般都不记载阳明学在徽州的传播的情况。然而《新安理学先觉会言》却详尽记载了心学主要代表人物在徽州所写的序言及所发表的演讲，反映了阳明心学在徽州的传播和兴盛的状况，说明阳明学是当时徽州学术的主流。这对于研究这个时期徽州学术的走向，是一份难得的宝贵资料。

另外，由于现在发现的《新安理学先觉会言》是唯一的手抄本，故将其整理点校出版就显得相当重要，具有一定的文献意义。

新安理学先觉会言序

　　新安自徽国文公倡道,遂得称文献地。今其俗尚仰高山景哲,行不致悬然若绝。郡人士岁有会,邑则以季。当其岁举也,即旁郡诸名公,时严然而辱临之,所为文若所称说,犁然散见于纪载家,岂不亦彬彬足述乎哉?韩鸣起君惧其放失,辑而属之梓,问序于予。予生也晚,则何敢置一啄。
　　余惟素王在莅,后先疑丞操赤文之符以弘制作,夫亦上观千岁,下观千岁,包两仪而周四际矣。讵至尚有遗理,而后世诸君子犹且谆谆缊缊,无休时者,夫岂辟门户以自广,标只字以炫世耶。
　　"六经"、"四书"犹之乎方家之《素问》也,内及环府,外及爪毛,候物神情,种种卫摄,斯已苞举顾亭毒之。风气日转,而病以时异,孕质毓气之不伦,而病复以人异,随病修方,著而为典要,亦各言其微而已矣。是故忠敝则救之以质,质敝则救之以文,时为之也。主敬、主诚、尊德性、道问学、求仁、致知,人为之也。盖内检真修之士,务穷其所受病,所受病处即所着力处,所着力处即所得力处。所为文若所称说,则举其所自为方以证之。人而或以听之,人之自择也。是故日月经天,星辰为耀;川壑悠悠,江海为导。使夫作者并存天地间,当无所不可。独怪夫未尝自效,强以方而授之人者,得禁方而谩然不复自试者,自试而勿要其效,与少见效而辄厌弃之者。
　　夫无诸己求诸人,见以为悖;需若鼎覆若薎,见以为懵;行百里半九十,见以为弱。悖与懵与弱,皆道之所不载也。望卫者之所当祛也,遂序以质之韩鸣起。鸣起名梦鹏,依方修行人也,能以其乡善,世居黟。

万历癸巳初秋祁阊生甫谢存仁书

晞阳范先生答征先觉会言序帖

　　曩承汪、张二兄及令郎君枉过山斋,远致足下新编二帙,且传尊意，不以走为固陋，欲以序言属之，随得盥手卒业。见前辈启迪殷勤，靡所不至，诸大方相发明者，又已殆尽。而足下之编摩搜索，征前俟后，成己成物之心，亦可谓恳笃矣。斯幸甚，敢不拜德。第所云序者，走非其人也，自愧质愚，一无知觉。向虽窃闻父师朋友绪论，而十余年间簿书支离，终涉鲁莽，今正欲请质于诸先达，求一定指归，尚未之逮。奈何敢以未定之见辄弁篇端，以误同志乎！

然走非姑推托词也，亦以斯道本非言语可求，在潜思实践深造之焉耳。造诣不一，故所见亦不一；所见不一，故所言亦不一。要之不能尽道均也。即兹编中，诸先达所言者，亦岂能尽诸先达之意乎？意且不能尽，又安可以尽道哉？故孟子以言近旨，远为善言；子贡以不可得闻属性与天道，其皆有忧世之遐思耶。走愚以为今之所患者，非不言之弊，乃深言之弊；非以性、天道不得闻为忧，乃以易闻性、天道为忧。何者？圣学言渐不言顿，大匠言规矩不言巧，下学而上达自在，不庸骤言。即骤言之，亦不得而悟也。不然，爱人无已之心，莫过于孔子，固宜以速化之术施之，何门人之问同，而答则异。一贯之授，自参、赐之外无闻焉。先正亦有从游半年，方许读《西铭》者，正学脉路可想见矣。走之所谓未定之见者盖以此，若欲为之序，则恐以信耳之諛词徇先达；又恐以信心之辟见误同侪，揆之于义，皆所不敢，所谓非姑为推托者亦以此。虽然，诸先达之言，又岂外于道哉？譬之谈天，然有言其形体者，有言其性情者，谓形体非天，不可谓性情非天，亦不可各执其是，亦不可会而通之。皆可以知天也，则先达言虽人殊，亦各就其资之所近，见之所至，惓惓然启迪后人，不一而足。吾侪能反而求之，身心力行不懈；皆可以至道也。独苦此志不立，或作或辍，虽使先达所言，一一追迫《论语》、五经，于吾何有哉？

侧闻足下嗜学有年矣，每月每会不以疾废，群族中子姓迄于邻里乡党，无不向学者。又闻友人汪潜夫谈贵邑中风俗醇厚，犹存倪道川先生古意，尝得亲见之而枉顾。令君朴茂雅驯，应对有序，亦窥见家教一斑。此皆足下相传学道之验。夫道始于家庭，亦莫难于家庭。以家庭之间情最亲，事最近，相与最久，诚中形外，毫发莫掩，吾身有一不合于道，虽法语巽语，未有能转移之者。以此益见斯道本切近精实。吾身非小,天地非大,一家非近,四海非远,求道者求之于此,亦思过半矣。高明以为何如?承远委有负,聊陈鄙见以复,且就正焉,翔便幸有以教之。

工部集三峡,侑览中有新安师友文集一序,略见前辈典刑。佳编以新安名,似宜于篇端叙其源委也。未遂识荆,临风怅怅。

附:新安师友文集序

元季国初之间,循(汪仁峰,名循)尝自谓吾郡典章文物之盛,理学相传之真,在他郡或未之过也。定宇陈先生栎,道川倪先生士毅,风林朱先生升,东山赵先生汸,礼侍朱先生同,工部范先生准之在休;云峰胡先生炳文,黟南程先生文,蓉峰汪先生叡之在婺;与夫师山郑先生玉之在歙;环谷汪先生克宽之在祁。其选也始以朱子之乡,观望而起,能自得师。于是乡邑之中,师友渊源,英才辈出。而其所以为学,皆务淑身心,尊乎德性,言必有裨于圣训,行必取法于古人。故修辞制行,如诸先生者,如浑金美玉。然有一亦自足,以贵重于世,矧其多乎。此或出自型模镕范之余,或得之相观私淑之懿者,不可胜数乎。是故文盛一郡,远余百年,在古有东南邹鲁之称,朱子世适之号,信不诬也。

嗟夫,膏沃者光烨,实大者声弘,固其理也。窃尝疑之,定宇云峰之于许文正、吴文正;黟南东山之于虞文靖、揭文靖、揭文安、宋潜溪诸公,皆并出一时,迹其造诣充积,仿佛相当。亲其自相许与标榜,未见优劣。膏实同而声光异者得,非地有通僻、时有显晦,天下之人得诸声光之末者,固未暇考其膏与实欤!循于是重有感焉,而为诸先生之不幸也。然诸先生皆见内之重,而先立其大者,其于幸不幸何恤焉?

汉口范生尚敬者,年少而好学,以其先工部公所有其师友诸先生,与夫断事程天,及其自制文集若干卷,求校以传意。是固诸先生糟粕耳,曷足以传诸先生哉?虽然后之人尚友以考其文,因文以核其实,即其实而反求诸身,庶几,前辈风流宛然心目之间也,亦不可以传乎?循故不辞固陋,躬为校雠,敬疏吾郡师友渊源之所自者,序以畀之。

汪练溪先生答征先觉会言序帖

承谕,欲以讲学格言,辑而梓之以公,诸同志命不佞第赘一言,其间顾往者,敝邑汪宗文亦以此属。自惟章句之见,徒拾前修咳吐,乃可为剿说续貂,以传笑于大方乎。然闻表兄以身范家,且率族人为月朔之会,诸彦亦蒸蒸然。回心乡道,不佞快睹母党之盛。愿以蠡测之见为爱助,惟吾兄正之。

夫学之讲以觉世也,而言之过高,往往以觉世者而乱世之趋。盛宅嘉会,愿吾兄言下学,毋言性命;言实际,毋言虚空;言功夫,毋言自然。圣人立教,中人不语上。性与天道,虽子贡且不得闻,彼岂隐其至而私之,以俾其身自有余哉?诚惧其无益于人而徒以滋人之惑,或令人妄意高远也。故曰:"民可使由之,不可使知之。"至于民不可使知,则圣人之心白,而二三子有隐之疑释矣。吾愿吾兄以可由者为教,以不可知者使人之自得,勿以圣人之罕言者为常言,是亦鞭辟近里之一。道也虚空,非古训也,子思述宣圣一费隐以言道,而以鸢鱼飞跃为真机。至子舆氏,则合形性以言道,而以圣人践形为天性。是圣贤未尝舍费而言隐、遗形而语性,况于虚空乎?孔孟岂不知道不囿于形器而不言虚空,诚惧虚空不足以垂训也,惧其弊至于幻妄,人世天地万物漠然与我不相关也。昔人谓申韩得老氏,所以轻天下者,是以敢为残忍,使空虚之说行,不几于使人轻天下乎?

性之本来,固湛然无一物也,自四大合而六根具,始不能不障于物,故语性则自然,不容人力去。其所以障吾性者以复吾性,则不容不力。盖易动而难御者气,易流而难节者欲,易亡而难存者心。自圣人以下变化气质之功,固有"人一已百,人十已千"而不得不措者,安能一任自然而可以坐忘默消乎?况人之远道为不用力也。

学之讲正欲,人之力于道也,乃曰学无事,力使致力于道者,闻其言则茫然无着手处,而继之以驰其怠焉。而无所事者则以为固然,而其心益以肆。吾恐讲学之本心欲何如,而可以一言而俾天下,驰且归也,窃谓圣矣之言,至善至备。如(此页未完,原书亦缺)。

新安理学先觉会言目录

一卷
会叙原述　此集系新安同志会约之序
紫阳书院序　　　　　　　　　　王阳明　仁守
与谢生惟仁为会约首文　　　　　湛甘泉　若水
斗山书院序　　　　　　　　　　邹东廓　守益
建初山房会籍申约　　　　　　　王龙溪　畿
福田山房序　　　　　　　　　　王龙溪
书六邑白岳会籍　　　　　　　　彭好古
又　　　　　　　　　　　　　　祝世禄
又　　　　　　　　　　　　　　潘士藻
书东山会六邑诸同志籍　　　　　邹善
斗山精舍记　　　　　　　　　　洪觉山　垣
石桥岩天泉书院记　　　　　　　洪觉山
书休宁会约　　　　　　　　　　王龙溪
四仲会籍序　　　　　　　　　　祝世禄
杭溪张氏交修堂家会题辞　　　　余纯似
福山书院序　　　　　　　　　　刘邦采
婺源同志会约　　　　　　　　　王龙溪
　　　　　　　　（注：抄本为邹守益，应是笔误）
余氏家会题辞　　　　　　　　　王龙溪
婺源同志会约　　　　　　　　　邹守益
书庆源潘氏约簿　　　　　　　　洪觉山
书祁门同志会约　　　　　　　　刘邦采
书婺源叶氏家会籍　　　　　　　钱绪山
祁西会约簿首　　　　　　　　　洪觉山
题狮山于氏家会　　　　　　　　谢应秀
狮山于氏同志会序　　　　　　　陈履祥
石墅潜源精舍尚志会序　　　　　陈履祥
书绩溪颖滨书院同心会籍　　　　王龙溪
书绩溪会册　　　　　　　　　　翟台
黟邑季会序（注：抄本无目录，根据内容补）　佚名
古黟新政乡都学会序　　　　　　陈履祥

黟南韩氏家会序	陈昭祥
乔岭韩氏家会序	李芳
李氏家学会序	李芳
全交馆铭小序	湛甘泉
题全交馆	邹东廓
神交精舍记	湛甘泉
王源谢氏家会序	谢凤山芊
附　湛翁勉立六邑会书	

二卷

会讲缉编 此集系主会先生之所讲论

福山临讲学习章旨	湛甘泉
斗山临讲梁王义利章旨	湛甘泉
天泉临讲尽心章旨	湛甘泉
圣学端绪辨	刘邦采
斗山留别诸同志漫语	王龙溪
孔圣思中行任道语	耿楚侗
指授讲语	罗近溪
家会求放心语	谢一墩
斗山会语	谢一墩
衍心字说就正会中同志语	徐温泉
存理说	余刚斋
人之所以异于禽兽者几希章旨	洪觉山
复东山会书格致语	黄新阳
东山会论大学之要	俞复吾
会中论孔颜知几语	邵继文
文溪解会质言	祝世禄
文溪解会质言跋语	范晞阳
又	陈少明
婺紫阳会讲	余复吾
又	余刚斋
又	余弘斋
又	陈文台
格字答	李梧冈
学人言十一款	陈履祥

新安理学先觉会言卷之一　　　叙

　　新安后学门人韩梦鹏　鸣起甫　编梓
　　　　　　　谢文烨　汝学甫　选
　　　　友人张文明　景禹甫　次
　　　　　　　谢　颋　惟直甫
　　　　　　佺韩继明　敬仲甫　录

会叙原述

紫阳书院序

　　豫章熊侯世芳之守徽也，既敷政其境内，乃大新紫阳书院，以明朱子之学，萃七学之秀而躬教之。于是校士程曾氏采摭书院之兴废为集，而弁以白鹿之规，明政教也。来请予言，以谂多士。夫为学之方，白鹿之规尽矣。警观之道，熊侯之意勤矣。兴废之故，程生之集备矣，又奚以予为乎？然予闻之，德有本，而学有要，不于其本而泛焉以从事，高之而虚无，卑之而支离，终亦流荡失宗，劳而无得矣。

　　君子之学，惟求得其心，虽至于位天地、育万物，未有出于是心之外也。孟氏所谓学问之道无他，求其放心而已矣者。一言以蔽之，故博学者学此者也；审问者问此者也；慎思者思此者也；明辨者辨此者也；笃行者行此者也；心外无事，心外无理，故心外无学。是故于父子尽吾心之仁，于君臣尽吾心之义，言吾心之忠信，行吾心之笃敬，惩心忿，窒心欲，迁心善，改心过。处事接物无所往，而非求尽吾心以自慊也，譬之植焉，心其根也；学也者，其培拥之者也，灌溉之者也，扶植而删锄之者也，无非有事于其根焉耳矣。朱子白鹿之规，首之以五教之目，次之以为学之方，又次之以处事接物之要。若各为一事而不相蒙者，斯殆朱子平日之意，所谓随事精察而力行之。庶几，一旦贯通之妙也。

欤,然而世之学者往往遂失之。支离琐屑,色庄外驰,而流入于口耳声利之习,岂朱子之教使然哉?故吾因诸士之请,而特原其本以相勖,庶几乎操存讲习之有要,亦所以发明朱子未尽之意也。

阳明王守仁书

与谢生惟仁为会约首文

嗟乎,惟仁子欲仁乎,吾语子仁。夫仁者,友其士之仁,而事其大夫之贤,是故闻风者不如亲炙而陶熏,而学莫便乎近其人。盖仲尼之门,言辅仁者,亦必会友以文,相观而善之谓。摩其孰与群居,终日腾口而言言,故学莫大于会,而会莫贵乎相禅以神。何以谓神?乃亲炙熏陶,渐摩观善之真,虽默焉而意已传。昔仲尼亦欲无言,四时行焉,百物生焉,胡然而然。胡然而天予尝泛观乎?

天下礼失而求野,则朴茂莫若徽士之犹存。昔也,涣散而不萃,嗟几何而能纯?十室之邑忠信,不如好学之勤,况尔六邑之英,三益同心,可不会极归极,立地轴而执其天根哉?其小会则方类聚而物群分,五人一属,十人一联;其大会则春斗山而夏天泉,秋福山而冬闭关,夫惟其然。吾见日至月至,三月不违。入圣域而骎骎于乎诸子,胡不勉旃!首斯约者,侯谁之坚?吹灯笔之。嗟乎!惟仁。

嘉靖巳亥十月二十三日甘泉翁书
湛若水官至司马,谥文简,扬州甘泉县人

斗山书院序

新安形胜,为冈阜者凡七,青鸟家以为北斗,兆文明之祥。诸同志择其最胜,构书院为藏修所。紫阳挺秀,五溪汇清,左邑右都,粲然指顾间。甘泉司马尝有训言,绪山钱子、龙溪王子,

相继有切磋焉。予与师泉刘子，游齐云，谒紫阳祠，以宿书院，六邑同志咸集，依依不能别。至度翚岭，冒雪冲泥，聚水西之崇庆，出六邑大会籍，订轮年之约以征言。首祁门，次歙，次婺源，次休宁，周而复始，期以共明斯学，无愧于先哲。

东廓子飓于众曰：诸君子亦知斗柄之神乎？柄指震而万物生，指离而万物长，指兑而万物收，指坎而万物藏。玄机默化，无声无臭，而蠕动茅甲，无不从以斡旋。吾心之神化，何以异于是？耳顺从心，始于志学，而美大圣神，基于可欲之善。孔孟所以斡乾转坤，为天下万世法程，执此柄也。志学者，志不逾矩之学也。矩者，天然自有之善也。可欲惟善，而举天下之物，无以尚之，此尚志说也。由是而立，由是而不惑，至于从心可欲而不逾矩，则大而化；圣而不可知，亦曰欲仁而至之，熟而已矣。故不善而可以得富，则有箪食而乐矣；不善而可以得贵，则有汶上而辞矣；不善而可以得生，则有杀身舍生以取仁义矣。彼其视不善之富贵寿考，若恶臭之加乎身，而不能以须臾安，是摄提贞于诹訾，而冻解蛰振之候也。

诸君子之藏修于是也，其果志于不逾矩之学乎？其果可欲在善而无以尚之乎？其果精神命脉融结凝聚，而不复知其他乎？良师胜友，俨然一堂，法语巽言，可悦可从，而退省其私，不免牵缠于世情，支离于闻见，模拟于功利，则彗孛攙抢，为灾为妖，而扰天纪矣，诸君子其敬念之哉！

新安之先哲曰徽国文公，以继往开来之绪，学者仰之为泰山北斗，非擅文明之祥乎？由徽国以遡周、程，达于孔、孟，择最胜而居之，毋溺于善，毋夺于志，力挽是柄，以斡旋斯文之机，使山斗之仰，于身亲见之，尚以为兹会光。

嘉靖庚戌仲冬丙辰安成东廓山人邹守益书

谥文庄，江西安福县人

建初山房会籍申约

新安旧有六邑同志之会，予与绪山钱子分年莅会，以致交修之益。初会斗山，后因众不能容，改会于福田。

今年秋仲,予复赴会,休邑邵生汝任,吴生希中,刘生安甫辈,驰报让溪、觉山、周潭诸公,举六邑之会期,以十月九日大会于休邑。予因趋归之急,不能久待。诸生因出建初山房会籍,蕲予申致一言,用助警策。予念甲子与诸君相会,七年于兹矣。七年之中,反复进退,失得好丑,万有不齐。诸君用力此学,精神念虑,果能打并归一,不从境上分扰漏泄否乎?论讲规切,果能逊志敏求、无胜心浮气之参否乎?所行所习,果能从一路上日著日察、无异见臆说否乎?先师提出"良知"二字,不学不虑,天则昭然,千古入圣之学脉也。夫学贵于精,尤贵于虚,贵于正。倘精神或有所分,念虑或有所杂,则不精。才有胜心,则不虚;才著意见,则不正。千里毫厘,不可不深省也。

《易》曰:"七日来复,朋来无咎。"相违七年,今始复来,正"朋来无咎"之时也,请以易之时义,与诸君筹之。夫有失而后有复,圣人无复,以其无失也。今者之失,既不免于纷扰涸杂之为病,求复一路,正吾人对病之药,不可以不深究也。"易为君子谋","复,其见天地之心乎?""良知者,造化之灵机,天地之心也",复之六爻皆发此意。初复者,复之始,才动则觉,才觉则化,不待远而后复,颜子之终身也。学便近仁,二比于初,谓之休复。学务有恒,三失于中正,谓之频复。四超群阴之中,志应于初,谓之独复。敦复者,服膺勿失。笃于复也,是谓敦复之吉。迷复者,非迷而不复,欲求复而失其所主。至于十年不克征,故曰"迷复之凶,反君道也"。资有纯驳,故复有远近;而功有难易,学之等也。造者自无而显于有,化者自有而藏于无。有无之间,灵机默运;显仁藏用,造化之全功也。立此谓之真志,证此谓之真修,了此谓之真悟,此致知格物之实学。吾人舍此,更无复有求端用力之地矣。且吾人在世,如入百戏之场。既幸入山,世缘已息,正好洗去脂粉,求复本来面目之时。初复则吉,迷复则凶,吉凶之机可以立辨。若复悠悠卒岁,不思挽回造化,以收宇宙之功,生死到来,作何摆脱?此吾人终身之忧,日夜以思,可为痛哭流涕者也。诸君兰臭相期,谅同此心,临此留此,以为左券云。

隆庆庚午秋九月龙溪王畿书

福田山房序

　　嘉靖丁巳春暮,予赴水西期会,新安歙县学谕徐子汝洽闻予至,遣友人程元道辈趋迎于水西,遂从旌德以入新安,馆于福田山房。至则觉山洪子偕六邑诸友,已颙颙然候予旬日矣。旧会在城隅斗山精舍,避静改卜于此,盖四月十八日也。

　　福田有讲堂,有华严西阁,昼则鸣钟鼓大会于法堂,夜则联铺会宿于西阁上,各以所见所疑,相与质问酬答,显证默识,颇尽交修。郡守泗泉陶使君,予姻友也,与歙令侯史惺堂授馆飧,以时临教,致其振德之益,诸生沨沨然益有所兴起,可谓一时之盛矣。会凡余十日而解,临别诸友,相与执简,乞言以申饬将来,以为身心行实之助,且使知此学之有益,不可以一日不讲也。

　　嗟乎!世之人所以病于此学者,以为迂阔臭腐,纵言空论,无补于身心也。其或以为立门户,崇党羽,而佗嚣哗,无关于行实也。审若是,则此学如悬疣附赘,假途借寇,谓之不讲也固宜,而其实若有未尽然者。吾人在世,不能为枯木、为湿灰,必有性情之发,耳目之施,以济日用;不能逃诸虚空,必有人伦庶物,以为应感之迹。有性情而不知节,则将和荡而淫矣;有耳目而不知检,则将物交而引矣;有人伦庶物之交而不知防慎,则将紊秩而棼类矣。此皆近取诸身,不容一日而离,则此学固不容以一日而不讲者也。且吾人之讲学,诚有迂阔而假借者矣。然此缘染习之未除,未可因此而并以此学为可鄙也。世之豪杰之士,亦有不待讲学,褆身而鲜失者矣。然此特天资之偶合,未可恃此而并以此学为可废也。学之不讲,孔子以为忧,况吾侪乎?由前之说,是惩哽噎之伤,而欲废其食;由后之说,是恃捷驰之足而欲弃其捶策也。呜呼可哉?然吾人今日之学,亦无庸于他求也,其用力不出于性情耳目、伦理应感之迹,其所慎之机,不出于一念独知之微。一念戒惧,则中和得而性情理矣;一念摄持,则聪明悉而耳目官矣;一念明察,则仁义行而伦物审矣。慎于独知,所谓致知也;用力于应感之迹,所谓格物也。千古圣贤,舍此更无脉路可入。而世之豪杰之士,欲有志于圣贤,亦或不能外此而别有所事事也。

　　窃念斗山相别以来,于今复八九年,立志用功之说,千古豪杰相期之意,谋于诸君者屡矣。八九年之间,所作何事?古人之学九年,则虽离师友而不返。今诸君自谋,果能离师友而不返否乎?不肖与诸君视此,果能无愧于心否乎?年与时驰,意同岁迈,迄今不为早计,复尔悠悠,岂惟有负有司作兴之情与师友规劝之意。窃恐聪明不逮,初心谓何?此身且无着落处,其自负亦多矣。

　　漫复书此,用答诸君申饬之雅,并以告夫世之豪杰之士,毋因吾党之悠悠,欲并鄙弃此学,固吾道之幸也。

　　　　　　　嘉靖丁巳仲夏端阳日龙溪王畿谨识

书六邑白岳会籍

　　新安为紫阳托迹之所,自宋至今,道脉在人心,昭揭如中天,而一线真传,缕缕如丝几绝。而复续夫昭揭如中天者,所谓由也。而缕缕如丝,则在知之者。由,可使知,可使耶。不佞谓讲则知,不讲则不知,讲故所以使哉。荀子曰:"心之精神谓之圣。"人心之精神聚于清明,散于旦夕;聚于广厦,散于幽居;聚于对谭,散于独处,大端皆然。讲必聚众,众聚则精神聚,精神聚则道脉流矣。故讲学者所以聚精神,而使之知也。而聚必以地,得其地又得其主地之人,则聚可久。然而得人难哉,得地益又难也。

　　新安自东廓聚斗山,天台耿夫子以学使者继督之,故新安六郡岁有会。岁庚寅会宜在歙,雪松潘君自婺源庄临之,而其地无定,姑就耿夫子新创书院,聚六邑共讲焉,仅仅终日而罢。雪松谋所以可久者,问地于不佞,不佞伯篯沉思曰:其白岳乎,是六邑之中,而人所愿假憩者也。雪松慨然以主自认,岂只得地得人矣。得人矣爰鸠无功。祝君假资焉,祝君欣从之。

　　新安多士,士多好义,不佞与无功袒臂而倡,必有继此而协成者。不佞异日虽去此而之他,而遥望白岳于紫衣苍狗间,则精神亦聚。夫圣,则吾岂敢?而聚吾之精神以通新安之精神,庶几,其可使知欤。聊书此以贻同志。

岁庚寅一阳月朔日楚黄亭州彭好古伯筬甫书

书六邑白岳会籍

新都自子朱子兴以理学,鸣者云集,称"东南小邹鲁"。五百年来羽翼斯绪,代不乏人。嘉靖间,湛增城、邹安成两先生先后临之,与诸人士盟,岁以秋九,轮修会事。余间辱席末,未尝不艳其斌斌盛也。乃今承乏海阳,则彭令君莅歙,历四年所矣轮主之。而潘去华先余至,因念同志之行李往来,宜有以周其匮乏者,爰卜馆于白岳之巅,以六邑道里均也。

白岳坐文昌阁,云霞掩映,五老可呼令前,道其事直指,欣然题之,属令襄彭歙县从事焉。寻彭令君束籍,戒予公华,又不腆余而督过之,盖二妙暨予并天台先生门下。尝闻天台先生拉新都人士登兹山矣,去华曾近随之。维时精神景物,孰与今山灵岑寂?

人各有心,人同有心,合则勃然,离则索然,若阳燧方诸之于水火,故选胜定会以垂久,其不可以已也。是举也,余乐彭令君之善风,尤望去华率有志者董其事,余敬奉盘酸于诸人士后。

嗟乎,张乐洞庭大雅入奏,不则讪声;习射矍相,醇德在位,不则屏迹。余固愿诸人士为大雅,为醇德,寻三先生不绝之绪,以仍"小邹鲁"之旧云。

庚寅加平月既望豫章祝世禄书
祝,江西德兴人

书六邑白岳会籍

吾郡大会,肇举于嘉靖庚戌。安成东廓邹公,实亲举玉趾以临之,一时景从之士彬彬然,遂以为常。六邑各举于季秋。粤岁丙寅,我师天台耿先生,大集都人士于郡之斗山,教铎所振,声施至今。

　　予晚乃知学,学然后知困,困然后益从事师友。万历戊子自京师抵家,秋会于休阳之斗山。闻彭令君有民则同天台先生之门者,明年会于祁。冬祝无功来令休阳,则予所共晨夕者。于是会当轮歙,彭令君主之,遂与无功登郡仙姑山所筑谈经处为会。七校之士诜诜然至,意气勃然,若有兴益信乎,君子之德风也。予因商订会所于白岳之功德堂,且谋聚金买田为会费。是议也,彭令君又实倡之。

　　先是东廓翁登白岳,首为兹会,山灵实与莅盟。天台先生至,率同游吟眺紫宵峰巅,自谓有风雩咏归之趣。今继前趾,投劵此山为馆谷地,比于白鹿、青原、华玉诸名迹,使赴者有定所,至者有资粮,斯彭令君所为风之者哉。无功故尝有名会籍,兹又白岳主也,义不当独让彭侯。予为识始事之端,又请命于觉山洪先生及一二长者。先生盖尝参安成、天台之席,于今为时灵光云。

　　　　　　岁庚寅冬一阳月既望郡人潘士藻去华父叙

　　潘,婺源桃溪人,万历癸未进士,官御史,见《府志·风节传》。

书东山会六邑诸同志籍

　　善抱病数旬,偶出任仁精舍,祁邑谢君继之,不远数千里,肃予与六邑东山之会,闻之跃然,有奋飞意。忆自嘉靖庚戌,侍先文庄公游齐云,初会于祁门,次会于休宁,大会于斗山,新安一郡,同志咸集,汹汹乎舞雩之风也,兹以病体未能行,继之出会籍,以征言敬书数语,以代面请。

　　夫自唐虞三代以上,圣学大明。朝廷之上,都俞吁咈,皆讲学所也。嗣是大明于洙泗,再明于濂洛,今复再明于会稽,厥遇良不易哉。今日奉以为蓍蔡,非文成王夫子耶。首揭格致训人,真孔、曾之嫡脉也。但今之谈学者,言知而罔识,不学不虑之良言良知,而罔识致知之功。言致知而鲜实用,其力于格物,皆不足以语真知真修,而宗旨日渐远矣。

　　物也者,非他知之应感酬酢,若视听言动,喜怒哀乐,子臣弟友交接之类，所谓万物皆备于我者也。知也者，非他灵明之独知，视听言动之以礼与非礼，喜怒哀乐之中节与不中节，子臣弟友之尽分与不尽分，诚密察而不忍自欺，则莫不知之，所谓物之则也。格如格心之格，正者吾则正之，不正者吾则去其不正，以归于正。如大人之格君，必待其不仁不义，而后正之亦晚矣。故凡感应酬酢，察吾灵明之不可欺者，事事格之。视听言动，必以礼，如其未也，即正之以复吾礼；喜怒哀乐必中节，如其未也，即去过与不及以中吾节；子臣弟友必尽分，如其未也，即不敢放过，以尽吾分。一切种种必不肯掩不善以著善，使吾灵明之真，洞然快足而无一毫欺闭掩覆之失，则吾之物格而知始致矣。然非真有明明德于天下之志，何足以语！

此近世谈学者，厌修而珍悟，不知真修即真悟也。珍悟者，多喜玩释典释氏之学，虽亦本于性命，而其去人伦，遗庶物，视天地万物皆为幻妄，故胶扰者喜其超脱而乐其径捷，不知孔门之旨。即此伦物而明察之，未尝不洒落，未尝不实际。若专务超脱，则必忽下学。纵有所悟，亦释氏之秘密，与洙泗、濂洛嫡脉终是千里，故明道先生断之以谓高明者流于恣肆，谨厚者入于固滞。试缔观之，虽圣人复起不能易此语也。

先大夫尝曰，吾人只一双脚，舍圣途而趋异径，是弃大道以入荆棘，不可惜此一生哉。善奉父师，明训而力行，未之逮。敬述所闻，与东山诸同志交勉之倘有未悉，不妨往复以相稽切。更忆先大夫别斗山时语、同游日，别后无他，嘱"惟立真志，修实行"二语而已，至今念之，即会稽之旨也。倘明岁病体稍健，当期以重阳前后，扁舟以趋齐云，求诸公真切之教，以祈不虚此生，诸君其许之乎？

万历癸巳仲秋既望安成颖泉山人
邹善（守益先生子）书于复古之明堂

斗山精舍记

昔人谓千古圣贤，有二字大榜，版如星斗，昭揭不可移易。夫所谓二字，"知行"是矣。惟精惟一，自唐虞有之。虽人之气禀,学力不可强同,然未有外此而能有成者。故曰立天之道,曰阴与阳;立人之道,曰仁与义;立天地人学问之道,曰知与行。

知行犹阴阳也,乾知大始,非知乎?知何以大始也?知为大始,以始乎万物,是大始之知,即生理也。仁,理也,天地与人之心通一无二,此圣门之学,所以必于求仁为至。是故天作其知,则成物矣;人致其知,则行成矣。致知而格乎物,则通万物为体而为仁矣。然而乾之知亦行也,惟人不能如乾,故有致有格。格致之至,万体咸具,故曰大人之学。

大者阳也,夫阳之知,其有内外乎?斯理也,晦翁亦尝言之矣。而今乃复群然訾之曰外、曰支离,噫!固矣。晦翁不曰人心之灵,莫不有知乎?又不曰用力久而豁然贯通,全体大用无不明乎。言人心之灵,言生理也,物之根也;言全体大用,言大道也,物之通也。知为行始,行为知终,知行相因,因吾已然之知,感于物而审察之,以穷进乎其极。此学知利行之事,非谓必知至而后可行,亦非谓知之无预于行,又非谓吾心之知无异于物也。

夫理固不在物矣,宇宙浑沦,无间可破,吾浑而合之,非物无以寓吾心之精,谓心之理不在于物,不可也。理固在于心矣,虚灵洞彻无罅,可乘吾类而彰之,非物又无以见斯理之用,谓物之理非吾心之理,不可也。阳气潜动,万物滋萌,苞拆敷洁其机,莫御于其所。不可御而犹有未达者,坚确沙砾之类耳。若夫吾心物欲之诱,识见之偏,意气之著,与夫影响形气之似也,皆坚确沙砾之类也。晦翁所谓即凡天下之物,莫不因其已知之理,而益穷之,以求至乎其极,其非振坚膏确,而汰沙石之谓欤。故其言穷理之功,曰或索之文字之中,求之讲论之际,察之念虑之征,验之事为之著,即致知而诚。正寓焉,即吾心。而内外物我忘焉,不离虚灵之用,以求全夫虚灵之体,是晦翁之苦心也。晦翁非不知静寂以求之,自然以致用,然而有不行者,故不敢为过高之论,以速化乎天下。噫,良知之与智慧,戒定之与静寂,相去能有几哉?本之恻隐之仁,物各生物,所以成是非之智。非恻隐而是非焉,非吾心之灵而穷理焉,是知识之说也。明乎是非之智,物各付物,又所以全吾恻隐之仁。无是非而恻隐焉,无穷理之实而生灵焉,是平等之说也。尝爱晦翁有二言曰:"天理生生本不穷,要从知觉验流通",此理不流通,何以为仁?又何以为知行之地?知之格于物者,所以流通之也,格者其通格之谓,与甘泉先生力主斯学,每每示人以随处体认天理,而于知行并进,内外合一之说,虽或与晦翁时有异同,至于发端指归,各相印证,长发而不可废。

嘉靖丁酉,先生北上过新安,会六邑同志于斗山,郑子烛、吴子林、程子嗣光、徐子文清辈,遂白郡大夫三石冯公,即其地为精舍。郡歙士为季会,又合六邑四方之士,轮四年为大会。噫,后紫阳而生者于二先生之教,深体而力行之,不以口耳加焉,斯仁在其中矣。

洪觉山

石桥岩天泉书院记

吾郡同志程子曾、黄子晋、胡子文孚、汪子亿、谢子芊、黄子质、谢子显、洪子熺、郑子烛、徐子文清、汪子尚宁、谢子知远、洪子圭、韩子一芝、洪子章、刘子昊、朱子天禄、洪子彦、子增,皆后紫阳兴者也。或学之甘泉,或学之阳明,或学之阳明质之甘泉,会于石桥之天泉岩,讲明良知天理之学,故书院因以建焉。建之日郡大夫三石冯公,实作兴之。院之西为岩正室,旧存佛像巍然南向,三石公因之。嘉靖庚子,同门岭泉胡公某二是邦,遂移故佛殿于岩前,为中正堂。堂前为达观楼,楼前署门曰"天泉书院",爰作讲所。东为心学,西为止善,其中即以所移佛岩为自然堂,轩翼方正,不假人力。

子章子且将议置赡田,同志有毕应者,遂自新泉邮书,告记于广曰:兹学其有兴矣,鬼道微而人道盛,人道盛则心术正,心术正则天理明,斯其知觉也。体物可亲有功,而其学也同天。又曰:吾心之天,本无不正,是故有不正之动,而无不正之知。动而后有善恶,而其几之者皆善也。几而后有善恶,而其所以能善于几,而不夺于恶者,皆知也。知则人,不知则鬼。人鬼之分,一知而已。知出乎天,无待外求。是故知天之学,在于几焉。审之足矣,几在事先,知在几先,天然自有之中。思诚不息之妙,因几而见焉、慎焉,非因几而后有见焉、慎焉者也。是故见非有物也,吾心明觉之体昭焉尔。然不见则何物之有?故其流也虚焉。慎非有动也,吾心明觉之用,浑然尔然,非慎则何功之有?故其流也妄焉。不妄则富有,富有之谓大业;不虚则日新,日新之谓盛德;盛德大业,异名同区,变动不居,周流六虚,斯其至矣。觉山子曰:是也。虽然夫儒之知与佛之知,儒之自然与佛之自然,其间相去毫厘千里。知其可不审,与动其可不慎,与知无思无为之本,而又知审几慎动之用,斯其至矣。

天泉发自三都,俗谓之张公山,迤逦而北,东折为复性岩,南为石桥岩。岩深三十丈,高数千仞。右为卧室龙,龙口有泉如瀑,滴滴不绝极甘寒,山人取之,以疗目疾。西有石桥岩,跨两山之间,空洞如规,曰复性洞。洞外一峰,立如卓笔,曰逼霄峰,有洞曰碧莲洞。东西两溪会流于岩前若丽泽。然其东之山曰岐山,岩曰标霞岩,岩石如虎者曰踞虎台。度桥而北,登高入深,直抵复性岩,峭入云汉,居齐云上游。山半有石城,广可十余亩,其顶有石室,方五丈,平视三天都,俯瞰南方诸山,如海水扬波,晴空自如雷雨在下。室后,有泉一泓,可用汲且愈沉疴。其他幽胜,清美错落自奇,予尝与诸同志游。子章子次第指谓觉山子曰:某某皆泉师手题。某为实刻当志之。

洪觉山记

书休宁会约

吾人为学,所大患者在于包裹心深,担当力弱。若夫此学之脉路,本来易简,有志者一言可以立决,正不必以为患也。

昔吾阳明先师讲学山中,时一人资性警敏,与之语易于领略,因其请引以入见。先师漫然视之,屡问而多不答,吾惑焉。一人平时做事过当,不顾人非毁,见恶于乡党,因其悔请,亦引以入见。先师与之语,竟日而忘倦,若有意于斯人者,吾惑焉。间以请问,先师曰:"噫,某也资虽警敏,世情机心不肯放舍,使不问学,犹有败露悔改之时,若又使知些意思,见解愈多,趋避愈巧,覆藏愈密,一切圆融智虑,适足以增其包藏而益其机变,为恶将不复悛矣。某也作事,能不顾人非毁,原是有力量之人,持其狂心偶炽,一时消歇不下,所患不能悔耳。今既知悔而来,移此力量为善,何事不办?予所以予其进也"。后,二人皆如所料,乃知先师教法,如秦越人视疾,洞见五脏,真神医也。

不肖千里远来,求助于四方,承诸君不鄙,相会数日,中间豪杰之士能不包裹、能担当世界者,不敢谓秦无人。试平心各各自反,亦或有一二似之否乎?不可不深以为戒也。予之为此言,心亦良苦。追忆曩相会时,复几年矣。今所进益复何如?若不及时发愤,复尔悠悠,恐后之视今犹夫昔也。若夫此学之易简,本心之灵,不容自昧,一念改过,未有不自得者。惟在诸君立真志,修实行,各安分限,以渐而入,终始勉之而已。

嘉靖丁巳岁仲夏龙溪王畿书

四仲会籍序

徽六邑岁有会旧矣。休则自程休倩,以万历戊寅率子弟为月会于其乡,已而又联五城十滩岭南诸人士为季会。邑故有清明后五日之会,今其四仲之会,则起于予莅任之明季五月,而实非以予故。会凡三举,予闻之欣然,于是以旧题会语申之。

夫会胡为而立哉?古者德艺出于一,而稽德考艺之权,操之自上,然下之人争中之。近世德行不(尊),制科独右文艺外,博士有月考,郡守邑令有季考,部使者有岁考,人士莫不争,自刮磨为文章,乃德行直弁髦视之。夫不修其德而艺焉,是崇虚车之谓。故有志者,合志以立会,立会以考德。夫合众火以成大冶,则锻炼为烈;合众水以成大浸,则停蓄弘而渐渍为深。是会也,近合里之人以月举,以证其修,于家者得耶不耶,犹有进于今之所得者耶。远合郡之人以岁举,以证其修,于乡者得耶不耶,犹有进于今之所得者耶。

人情大数易以玩,大疏易以废。季会者,盖又酌疏数之中而定之者也。顾可少欤,剡之桴可往可返,兴有时而尽也。泓之师易作易辍,气有时而竭也。自吾友休倩物故,而其乡之月会、季会亦随以废。俯仰今昔,窃慨噫之,而犹幸有兹四仲之会。非夫豪杰之士，卓然有志，不因人而劝沮者，其谁望之。漫书此以观厥成。

万历辛卯上巳月休宁令祝世禄书

杭溪张氏交修堂家会题辞

予友源泉张子，与其侄思斋、心源、复原诸君，贾留都，奋然有志斯学，作会于栖霞。期不负其所志，既而曰：吾等日事切磋，苟不能推之，以率其家而见诸实行。何以为学？欲家之齐。其在孝宗而善俗乎，于是捐赀输田，以为族人倡。

越二十年，而栖霞论学之所，举克有成妥灵。会讲之日，予咸与观厥美。源泉子请曰，祠事之礼成，荷兄揭叙伦，命其宗人矣。兹堂也，欲以交修名之，惟发其义，诏告我诸子弟，俾与叙伦之教，世守勿坠，可乎？予乃避席对曰：君子之学，惟在自责自修而已矣，本无赀于人也。然有相之道，苟非得夫自责自修之。君子与之道合，志同者交砥互励，以坚其自责自修之心，则其志必有不专，其功必有不勇。名曰自责，或不免于责人；名曰自修，或不免于自恕。一家之情，易至于扞格而不能相通，欲其齐不可得已。今诸君崛起，一时气求声应，凡有所为，若无有不如吾志者，而犹皇皇焉。以交修而自警，兼冀其后之人为张氏子弟者，其可不深谅其意乎？

盖家庭乡党，恩常掩义，苟能去其有我之私，惟知自责而自修。则所以洽一家之情者，既有其本，又得夫道合志同者，与之交砥互励，以坚其自责自修之心；则所以洽一家之情者，复用其辅，本立而兼得其辅，然后身正而人无不归。何也？爱人不亲，反其仁矣，犹未必其仁之至也。于是得道合志同者，与砥砺之以仁，而仁有不益至者乎？治人不治，反其智矣，犹未必其智之大也。于是而得道合志同者，相与砥砺之以智，而智有不益大者乎？礼人不答，反其敬矣，犹未必其敬之纯也。于是而得道合志同者与砥砺之以敬，而敬有不益纯者乎？此有志于学之君子，所以贵三益之友也。

如是而曰交修，非惟家由以齐，虽推之国与天下，亦无不可者。其或执已以求胜，矫行以相矜，嚣然而号于众，曰：吾之所以交修者也，此与同俗以取容者，固为有间，其不足以语交修之道，则一也。以是行之，一时且不能以孚之家庭乡党之间，况可得而使子弟世守之乎。此予之有志焉而未之逮者，愿与诸君共勉之。凡张之世世，尚其体父兄之至意，而引之于勿替。

源泉子与诸君起拜曰，吾兄之教及此，岂惟某也，敢不自力。其自吾子以下，生于斯而聚于斯者咸当知，所以嘉吾兄之赐。

万历己卯四月谷旦半塘山人余纯似书

福山书院序

圣人之学，性命之学也。人之得其性也，为心命也，其心意之明照也。为知常感常应，善恶分而万事出也。是故学也者，将穷理以尽性焉，以至命焉。外此则非圣学之大宗矣。虞庭授受曰："人心惟危，道心惟微，惟精惟一，此性命之学之源也"。人心者，人之心也，异于万物，备而最灵。善则恻隐、羞恶、辞让、是非，不善而至于机变、权谋、勇怯、暴缓，流注于视听言动之无纪。极者也，故曰危，皆其太虚之流行，学之为后天者，此也。道心者，统之为万物之一原，冲漠无朕，则之形而上者也，故曰微，乃其太虚之主宰，学之为先天者，此也。惟危也，故欲其常；精惟微也，故欲其常一。不一则匪灵弗莹，无以尽己之性；不精则用罔作狂，无以立人之极。是故消融荡涤，运辟化裁，以善天下之达道。而寐体不病于遗外，端拱清穆，专凝幽寐，以立天下之大本；而利用不病于麈内，所以范围天地之化，而不过者也。

孔子之敬义，颜子之博约，曾子之忠恕，子思之敦化，川流皆合，若符节者矣。洙泗远，而微言湮志于学者，非外感以致寐，则具寐以妙感也。至宋明道先生有曰："惟天之命，于穆不已，忠也。乾道变化，各正性命恕也。"又曰："君子之学，莫若廓然大公，物来而顺应"。庶几，于精一之旨而复明。伊川先生非不以斯文为己任，其必为圣人也，甚于水火，惜其以气质之弘毅,开道德之门庭,不能不假借于闻见,持循以就其所志。

然而用敬致知,皆著己近裹足,以成其一家之学。迨夫宗其说者,则不免缘圣人之事功,为学术掇圣学之绪。余为心法,扩尊闻行知之见,承继往开来之任,以净景为心,以动念为意,以照应为知,以客感为物。因景修念,而谓诚正之功;舍心逐物,而谓格致之学,不知心、意、知、物一体也,格致、诚正一学也。自其一体之中,而用力各有所专焉者,则复其主宰不动之体,而不落闻睹,正心也;顺其流行不二之用,而不落闻睹,诚意也;循其明照不昧之则,而不落闻睹,致知也;理其感应不杂之节,而不落闻睹,格物也。此精一之极功学之止于至善者也。

世季道晦,豪杰之生,非不以圣学而自树。然支离影响,漫无根柢,其推行举措,以建天下之事业,皆不过粉饰治具,琐琐于条教法令之末。求其发育万物,感人心而措斯民于持覆帱者,吾不知其竟何如也。十余年来,诚欲求四方之同志相与共学切磋,以回宇宙之元气。而培植之若徽宁之间,实开道运之会。庚戌之冬,予从东廓子涉鄱湖、跻齐云、历斗山,徽郡之同志聚而二百人,留七日未尽意而别。于是复偕朱先生赴福山之约,适九日至,再见衣冠之盛,又留十日言别。诸同志出会籍,丁宁予为述古今之端绪以请焉。若其会中之宜著者,旧有成规,且备循之,不懈是矣。

嘉靖癸丑季秋安成师泉居士刘邦采书

婺源同志会约

嘉靖丁巳五月端阳,予从齐云,趋会星源,觉山洪子偕诸同志,馆予普济山房,聚处凡数十人,晨夕相观,因述先师遗旨及区区鄙见,以相订绎,颇有所发明。同志互相参伍,亦颇有所证悟。

或者曰:"婺源为紫阳阙里,今日之论不免有所异同,盍讳诸?"予曰:噫,鄙哉!是何待晦翁之薄而视吾道不广也?夫道,天下之公道;学,天下之公学,公言之而已。今日之论,不能免于异同者,乃其入门下手之稍殊。至于此志之必为圣人,则固未尝有异也,盖非同异不足以尽其变,非析异以归于同,则无以会其全。虽使千圣同堂而坐,其言论风旨亦不能以尽合。道固如是,学固如是也,譬之五味相济,各适其宜而止。若以水济水,孰从而和之哉？今所论不同,莫过于《大学》之先知后行,与《中庸》之存养省察。

晦翁以格物致知属知,诚意正心属行,分知行为先后。先师则以《大学》之要惟在诚意,知者意之体,物者意之用,致知格物者,诚意之功,不行不足谓之知,知行一也。既分知行为先后,故须用敬以成其始终。先师则以为诚即是敬,既诚矣。而复敬以成之,不几于头上安头乎？孔门括《大学》一书为《中庸》首章,戒惧慎独者,是格其意之物,致其心之知,诚意之功也;未发之中与发而中节之和,是正心修身之事;中和位育,则齐家治国平天下之事也。若分知行为先后,《中庸》首言慎独,是有行而无知也。修德凝道,圣学之全。若分尊德性、道问学为存心致知,是有知而无行也。晦翁以戒慎恐惧属存养,不睹不闻为己所不知,以莫见莫显属省察慎独,为人所不知,既有所不知矣,戒慎恐惧,孰从而知之。先师则以不睹不闻为道体,戒慎不睹恐惧不闻,是修道之功,戒慎恐惧即是隐,即是微,即所谓独也。是申言不可不慎之意,非二也。晦翁随处分而为二,先师随处合而为一,此其大较也。

至于古今学术,尤有关系,不容不辨者。《大学》为致知,《中庸》未发之中,夫良知之与知识,争若毫厘,究实千里。同一知也,如此则为良,如此则为识。良知者,不由学虑而得,德性之知求诸己也。知识者,由学虑而得,闻见之知,资于外也。未发之中,是千古圣学之的,不可谓常人俱有。中是性体,戒惧者,修道之功,道修而后可以复性,故曰:戒慎恐惧而中和出焉,体用一源。常人喜怒哀乐多不中节,则可见其未发之中未能全也。夫良知如赤日之丽空,大阴五纬犹将避其光辉,况魑魅魍魉乎。未发之中,如北极之奠垣,七政由之以效灵,四时由之以成岁,运乎周天,无一息之停,而实未尝离乎本垣,故谓之未发也。千圣舍此更无脉路可循,古今学术尤不容以不辨也。然此特晦翁早年未定之见耳,迨其晚年,超然有得,深悔平时所学,虚内逐外,至以为"诳已诳人"、"李延平尝令体认未发已前气象,是本领工夫,则以为当时贪著训诂,未暇究察,辜负此翁耳"其语。象山有云:"所喜迩来功夫颇觉省力,无复向来支离之病其语"。门人有云:"向来全体精神用在书册子上,究竟一无实处,只管说王谈霸,别作一项伎俩商量。"诸凡类此者,所谓"晚年定论",载在《全书》,可考见也。学者徒泥早年未定之见,瑕瑜互相掩覆,使不得为完璧,其薄待晦翁亦甚矣。

夫晦翁平生之志,必为圣人,而其制行之高,如泰山乔岳,一毫世情功利,不足以动其中,故其学之足以信今而传后者,此也。吾人未有必为圣人之志,未免杂于故习,行不足以孚于人,而哓哓然致辩于分合异同之迹,譬之无价宝珠,不幸缀于婆人垢衣之内,人孰从而信之?虽然此犹泥于迹也。今日之学,惟以发明圣修为事,不必问其出于晦翁、出于先师,求诸其心之安而已。求诸心而安也,虽其言之出于葛龚,不敢以为非也,况先师乎?求诸心而未安也,虽其言之出于孔子,未敢信也,况晦翁乎?夫古今学术必有所辩,所望在会诸君,盖坚其志行,以身明之,不徒耳目闻见之腾,庶无愧于师门,无愧于晦翁之乡人也已。

嘉靖丁巳年仲夏朔龙溪王畿书

余氏家会籍题辞

婺源沱川余氏汝兴、诚甫、孝甫等,谋于叔氏士晋,举合族之会,以示亲睦而征德业,相与乞言于予,记有终也。

予惟君子之学,不外于伦理。伦理以厚为道,而化裁之机在笃思义以联之。家庭之间恩常掩义,恩洽而济之以义,则恩不渎义。敷而培之,以恩则义不乖,恩义并用,先后以节,正家之道也。然此非可以声音笑貌袭取而得,其本在于自反而日可见之行,系于言行之常。孔子曰:"所求乎子以事父,未能;所求乎弟以事兄,未能。"汲汲有事于庸言庸行,'以求'尽君子之道,此孔氏家法也。《易·家人·象》曰:"风自火出,家人。君子以言有物,而行有恒。"风自火出,动有所由,"象"之示人显矣。夫言而有物,则非虚诬之言;行而有恒,则非邪妄之行。言非虚诬,家人得有所稽;行非邪妄,家人得有所赖,风动之机于已取之而已。故曰:"威如之吉,反身之谓也"。且一家之中,父子兄弟之间不能以皆善,则不能以无过,惟在二三主会君子,积诚以感动之。诚意有余,而规过之言常若不足,俾之自悟自改,又须与之同过,不至洁已大峻以彰父兄之失,既不伤恩亦不废义,自处以厚伦理,始从而敦,此"风自火出"之象也。昔人尝以"忍"字为同居之本能,忍固善,然一家之中,情各不齐,情有所拂,则气不平。气不能平,则情易乖,虽使强忍,亦非可久之道。惟在二三主会君子,默体以通其志,使之情和气畅,恩义周流,不待忍而自消,于伦理尤为有补耳。

吾人之学,始于家庭,言行善否,不容伪饬,二三君子因此自考自证,彻底澄湛,以消余滓,使足为一家父子兄弟之法。岂徒化行于一家?德将日崇,业将日广。此学之日充,日显由一家,以达于一邑一郡,以风动于四方,亦将于二三君子有深赖焉。凡父兄子弟,亦望相与协赞,以图其终,固吾道之幸也,复书以遗之。

嘉靖丁巳仲夏上浣龙溪王畿书

婺源同志会约

婺源王生价、洪生圭、王生鸣宾、余生纯明,趋学于复古,订齐云之游。予携王生一峰、朱生震及二儿兰、善,泛番湖,历东山书院,相与剖富贵利达之关。齐景千驷,不及饿夫;管仲一匡,取羞童子。诸友欣然若有契也。既两邑之诸生,以次集于齐云,复以次集于建初。让溪游司谏聚讲岩镇,觉山洪郡侯趋别斗山,持其邑之会约以相示,规过劝善,期以共明斯学。师泉刘子为题其端。

东廓子申之曰,善而二三子之志也,夫徽国文公,非子之乡先哲乎?脱凡近,游高明,勿为婴儿而为大人,非公之启迪来学乎?婴儿之态也,饱则戏,饥则啼,与则喜,夺则悲,称其善则扬扬;斥其过则郁郁,其亦有不迁于饥饱,不忕于宠辱,不摇于毁誉,毅然以大丈夫自期者乎?孟氏之论丈夫,则有三品矣。居广居,立正位,行大道,嚣嚣然一穷达而齐得丧,命之曰大;人能谏于君,出能轻于爵禄,而必信必果,不免于悻悻,命之曰小;营营垄断,左右罔利,以为子孙计,而不恤其躬,命之曰贱。二三子之切磋于斯也,其为大、为小、为贱,必居一于此矣,果能同理而不甘于同俗否?果能求天知而不急于人知否?果能以千万世为度,而不谋一时否?若其未能,则自怨自艾,以拔于凡民。如曰能之,则自成自道,以全归于天地。予虽别,尚日望之,无为景公、仲父所笑,以续尔乡先哲之休。

嘉靖庚戌仲冬东廓山人邹守益书

书庆源潘氏约簿

让溪与庆源可山诸友,为紫阳之会,命予为约语,予惧不能以身约也。百缘种种,随情转迁,大意皆因平日意念悠悠,如空中负羽,其亦终何所底止乎?故将与诸友约为岁会,以约予身,庶几其有徽也。

会友之病,大约有四:上焉者,从见闻知识而入,习熟圆融,足以自给。考其所有,实非性生,名之曰假;其次,则以见解为学问,亦以见解光景为工夫,其将或以见解,而无工夫矣;又其次徒以问学,会约为善名美目,外作人情陪奉,而货财声色,孳孳于内,退未逾时,故态如旧,人谓之假。又何假焉?其将谓之以身诬道,可也。夫子曰:"士志于道,而耻恶衣恶食者,未足与议也。"吾今与诸友之所自信者,其将志于道乎?其亦为耻恶衣食而为。乡原之心,与必其心;知有所至,而后可言也。善可迁也,学之至与未至,与夫知识见解之非,始可议也。不然亦乌合之众,浪战之兵之似耳。程子曰:"且省外事,但明乎善,惟进诚心"。夫人情世故难决,绝要之事,有缓急本末,终是省革洗刷,于精神志意有补。约亦可循紫阳,特会以三、九月十五日,非大故必赴。其以他事至会者,不在此例。

洪觉山

书祁门同志会约

　　同志之在祁门者,是岁正月,定为范山全交之会。岁凡四举,以孟月,其条画劝戒具有明规,而东廓先生又为之书言矣。斯固可久可大之机也,况祁多有志之士。然或就其忠信沉毅之资成其收敛孤劲之学,视之见解虚悟者大有间矣,要之尽性至命之旨,则愿有所请也。

　　夫性命之理具于吾心,心之灵明虚彻者,良知也。孩提之爱敬,平旦之好恶,皆其良知之流行应感者也。学固不外于爱敬好恶,然即爱敬好恶以为学者,亦非谓之能致其知者也。是故圣人之学,知常心而过常化;颜子之学,知常心而过常见;后儒之学,知常照而过常起。常照则知随念转;常止则念徒知化,愈见过愈入微,愈入微愈神化,譬诸赤日当空,容光必照,资气之受,病者固不容隐,而其得力者抑岂容混哉?故曰发圣人之蕴,教万世学者,其惟颜子乎?

　　今之学者,苟假借于知见道理之影响,以济其自信自安之习态,是自离于性命者也。学不离于性命,则灵照一体之心,融液于庶物人伦之应;优柔平中之性,流贯于相规默成之中。一堂之上,成己尽仁,成物尽智。兹会也,安知不为四方共学者之赤帜哉?愿相与敬勉,以续千圣之一脉。

　　　　　　嘉靖庚戌仲冬望浚吉人师泉刘邦采拜手敬书

书婺源叶氏家会籍

　　自吾师倡学,而天下始有同志之会。始会于师门,既会于四方。迩年以来,各率族党子弟,以会于家。夫道始于家邦,终于四海,三代之常也。绝学难兴,应志而起者,非超世特立不可得。故始会于师门,尚寥寥也。会于四方,则信乎者博无择地矣。会于家庭,则信乎者益博无择人矣。周子曰:"家难而天下易"。学征于日用,难者既乎,而易者自不容己焉,得道之常也。

余自水西赴婺源福山，会福山者觉山诸君子，合六邑同志之会也。叶生茂芝，率其家会弟子，邀予于家。予见其童叟咸集，蔼蔼然和气之相袭焉，彬彬然德让之相宣焉。婺源当万山之中，而叶氏居穷谷之邃，年来世发显科，而子弟又贤且众多，浸浸于道。若此，喜同志之会，不择于穷谷，斯道之庆也。

明日诸生稽颡恳乞一言，以规会籍。予进而语之曰：二三子，尔知会之为义矣乎？知同志之会在四方，而不知自求其所会，其会也欺。知同志之会在家族，而不知自求会之端，其会也诬。天有二气五运，会而为人；人有五类四体七窍，会而为心；心之神明灵触，灵通主宰造化纲纪，百物散为万殊，归而为一。心也者，万理之会也。故心一则神明察，而万理时出；心二则神明蔽塞，万理乖隔。会也者，以求自一其心也；一其心者，自得其所会也；自得其所会，会之实也；人人皆得其所会焉，会之成也。《易》曰："观其会通，以行其典礼"，知会则知通矣。是故心二求会，以自一也；心疑求会，以自明也；心散求会，以自凝也。一其心亦以惩人之二也；明其心亦以开人之疑也；凝聚吾心之精神，亦以萃夫人之涣散也；得其会而物我皆通，会之成也。不知会者，反是奸其会之名而不思，其实自欺也。袭其会之始而不思，要其成自诬也。既欺且诬，人亦以诬欺应之。行于妻子且不能，而况于家乎？而况于天下乎？二三子识之。

明日师泉刘子会合于福山，会毕，茂芝持会籍请书，乃书而归之。

钱绪山

祁西会约簿首

祁西文堂陈友少明、冠庭、子道三子者，闻予与李乐斋春元至谢村，诘朝来会，讲于石原善则之堂。每以兴起，后时同志未闻斯学为恨，约予二人者莅之。盖文堂为祁西乡，去祁甚远，去吾福山、斗山又远，斯文雅盛，非有考校公事，不得数至郡邑。其于斯学，递难取信，某亦时情之所同者，虽然予有说焉。

始予闻王、湛二公，倡斯学于四方也，举业训诂之习未解也，非惟不信，且将辨之喋喋，如呓中语，不觉其说之妄。虽远有志，如东廓、道林诸贤，亦且扞格而未入者久矣。然卒之论，得二先生正脉者，不能少加于扞格未入之心。此何说耶？今之斯学明矣，其为会也广矣，童穉孺子，概知讲学入会为美事，一举笔便能言良知天理，中人以上话头。然终之骤进骤退，数多此辈。圣人德业，无所赖于毫毛，此又何说耶？盖轻信者其中不固疑，而难合者，于吾心必有所主故也。文堂西乡诸友，始而闻之，独非诸贤所谓扞格未入之心乎？其不肯随人语言起倒也必矣。是故吾宁为扞格，不为轻信；吾宁取其难入，不当取其轻进。

高山之石，屹不可转，有一乌获者，举手而顺推之，则其声虩虩然，直下而入于千仞之渊也，不难矣。昔人有言，君子之为，善也，如水之必寒，火之必热，其必不为不善也。如窃脂之不穀、麟趾之不杀。是四物者，其必寒、必热、不穀、不杀人者，将有疑之者否耶？吾辈但患无必为必至之心耳。人人有此天理，不可不以乌获自任；人人同此天理，又不可独以乌获自立也。兹于三子之归，不暇致详，聊书数语，簿首以订他日之约。

靖甲子岁中秋前监察御史官源洪垣书

题狮山于氏家会

秀卧南阳之烟霞三十载，不穀无能为役甫，弱冠尝从安城东廓邹夫子游，订南都讲学之会，一时先辈在婺有觉山洪师，歙有周潭汪师，祁则凤山一墩谢先生，休则鹏溪汪先生，黟则乔山韩先生，大倡举而振起之。六邑有岁会，各邑有季会，劝善规过，提醒究竟，蒸蒸然鼓舞薰成，不啻饥求饱、行赴家也。

或有问讲学者所讲何事，讲道者所讲何道，若以士谋名、商谋利两者之外，无复有讲学一条门路。嗟夫！学之不讲，孔圣人所忧，不可须臾离者。只有此道，假使吾人一生所当重者。惟名与利，则孔子大圣人如何不忧？如何不须臾莫离，而自误以误人耶？盖道非他物，一点孝悌之真性也；学非他事，复此一点孝悌之真性也。讲学讲道，非有别样说话，异样行事，如庐扁治病,洞照五脏中病源,施针用药洗涤,斩除其病根,而指引其安身立命之基。知此身原,何以生原,何以死不落禽兽巢窠,同草木腐朽。忧煎苦逼,虚枉过了一生也,于生从教良楣,夙有道种。

岁丙戌,勇赴歙邑福田大会归,毅然负荷而担当执贽南阳,出狮山于氏家学会约,以告且诵其所为约欤,所为规条,欲人人究竟性命根源;人人觉悟孝悌真性,以义联会,以会联心、联宗族,以联乡邦;联乡邦而通天下万世,庶可为兹会光。文台陈友,以斯道重任勉,病老着力肩之,语曰:"上肩容易,下肩甚难。必人人担子上肩,乃是自家下肩时。"南阳担子,今在从教肩矣,愿狮山诸贤心心印可,各各分荷,则从教之肩又复大有托也哉。

稽山谢应秀撰,命儿宗善书

狮山于氏同志会序

祁之有会自东山始。先是王源谢一墩诸公,受道湛翁,建全交馆,群四方士,会于其乡;迨安福邹公来游齐云,谢、汪公辈,乃创为东山。通邑会与歙斗山、婺福山、休天泉、黟附祁,绩附歙,迭为兄弟,狎主齐盟。祁轮首讲焉。夫祁何当诸邑?顾学术粹茂,则推祁人士,岂非数君子后莅会之功与?自是文堂,则是澹菴馆,石门则有志学斋,右邑则有栢山家会与王源神交精舍,四季迁转。独东路人才渊薮,不得一会,振作其有待耶。

兹而环溪于从教氏,无因缘而兴起,从游谢稽老而寻盟文堂。归则联其宗,若而人者为同志会,规条整整,且也将承管秋季,一会诸人士。壮哉!志将以一于氏而当祁秋会哉!稽老恳责成,情见乎辞矣;从教且谐从心诣,不佞九龙生谂之,曰:夫以礼饮酒者,常始乎治卒乎乱;以道相会者,亦始乎勤卒乎怠。何哉?患在资口耳而不躬行;患在任意气而不闻道。夫道者,率性之路,故见性者闻道之根也;性者从心以生,故尽心者知性之符也。即今学人,谁不有志?惟不认取本心,则何以树立性根而充道体?于是昌口耳为实得,信意气为天则;于是校长论短、形骸念生,而始合终离。

胜会莫既,诸人氏勉之。即今立会讲学,非有明文督责,又无名利希求,岂不是诸君发动哉?即须认取此本心。原何故发动立会讲学?一念则须扩拓此本心,再何辜负立会讲学;一念由是见家庭父子兄弟,亦只尽此本心处日用事务应接,亦只尽此本心;自当下一息,至于经月经年,都只尽此本心,再无尔我间隔,再无长短嫌疑,则生生化化。本心中自有无限妙趣,而何始勤终怠之有?嗟乎!不佞何能,外与诸君?诸君亦何外求不佞?通于氏,人人得本心;通于人,事事得本心,泰和宇宙哉。是会也,增光通邑多多。虽然是说也,悟之者,凡夫立圣;昧之者,终身罔功于人事,谁先达矣。即此本心,即此同志。岂惟于人,即祁人、徽人,天下万世人通一。大会在当下,本心中何意气不道义、口耳不性命哉!噫,是不佞言,言本心也,亦本谢老心也。

陈履祥

石墅潜源精舍尚志会序

祁闻石墅,吾西之大方,俗古风醇。乡贤谢一墩与陈同甫讲学于斯,尊贤尚礼风韵如在。戊辰春,予偕陈龙华,从谢石原、朱弘斋、李一峰,会于观之洞,元讲千驷之不及饿夫,一匡之取羞童子。予与龙华,飒飒然脱洗功利之沉痼,若登春台焉。乃率同志朴斋凤华,订盟于潜源,因之名曰尚志会。

夫好仁者无以尚之,可尚非志也,即今应举者,尚科甲营商者,尚货财,彼且以有志也。不知醉生梦死,火烬灰灭,其无以尚者安在也?惟皜皜乎不可尚者,圣人也。诸君子之会,将欲作圣乎?请自潜源始。潜之义,大也,潜则见而飞矣,不潜则亢也。人之异于禽兽者,潜亢之分也,诸公试验之。父子兄弟之不亲友,君臣夫妇朋友之不义信,别者,此心亢也。君子之尚志,甚无亢而已。自以为尚而不肯下学者,亢也。不亢则潜非退,然不胜也。

心体无为而无不为,性天未发而常发,为而发者,乃无意之意,无情之情。顺而存之,勿助勿忘,一毫不得加损,夫是谓之潜。是故戒慎不睹,恐惧不闻而后潜;正目而视,倾耳而听而后潜。潜则虚,虚则足以受人;潜则诚,诚则足以动物。愈潜愈尚而愈无以尚,立己立人,达己达人,转动乡邦,而太和之乾坤旋转矣。天何言哉,四时行焉,百物生焉,天之潜也。不违亦发颜之潜也。下学上达,从心不违,此孔子潜天而天为,圣之时也,斯为皜皜乎不可尚已。诸公月旦而潜,笃实光辉,法孔颜之莫尚,予将以炙潜德之光。

万历癸酉九龙生宗弟履祥书

书绩溪颖滨书院同心会籍

　　新安旧有六邑同志大会,每岁予与绪山钱君迭主会事,每会不下百数十人,惟绩溪信从者寡,心窃讶之。今年秋杪,予复如期赴会。绩溪葛生文韶、张生懋、李生逢春,以休邑金生承息为介,追谒于斗山,意专辞恳,且云:"某等深信阳明夫子良知之学,丁卯岁发愿,誓同此心,以此学为终始。惟先生独得晚年密传,窃愿有以请也。"予笑曰:"有是哉?苟能发心,求悟所谓密在汝边,凡有所说即非密也。"

　　三生因请问格物致知之旨。予曰:此是吾人须臾不可离业次,但此件事须得本原,方有归着。古之欲明明德于天下,是学者最初所发大志愿。吾人原是与天地万物同体,灵气无处不贯。明明德于天下,不是使天下人各诚其意,各正其心,然后为至。只是此个灵气,充塞流行,一毫无所壅滞,显见昭朗,覆冒天下,一毫无所隔碍。所谓光于四方,显于西土是也。天地万物为即己分内事,方是一体之仁。不然只是独学,只成小家当,非大成之学也。然工夫须有次第,非虚见所能袭取,浮气所能支撑。

　　欲明明德于天下,须先明于一国;欲明明德于一国,须先明于一家。欲成齐治平之功,非体面上凑泊得来,须从修身始,修身便是齐治平实下手处。欲修身,亦非是躯壳上粉饰得来,须从正心始,正心便是修身实下手处。身心原是一物,非礼勿视、听、言、动是修身,所以"勿"处却在心。心本能视,发窍于目;心本能听,发窍于耳;心本能言,发窍于口;心本能动,发窍于四肢。身之灵明主宰谓之心，心之凝聚运用谓之身，无身即无心矣，无心即无身矣，一也。

心无形象、无方所，孰从而正之？才要正心，便有正心之病。正心之功，只在意上用。心无不善，意方有善有不善。真无恶，实有善，谓之诚意。意有善有不善，孰从而辨之？所以辨别善恶之机在良知。意之所用为物，良知是诚意之秘诀，物是意所用之实事。良知自有天则，正感正应，不过其则，谓之格物。如舜不遇瞽瞍，则孝亲之物有未格，而孝之知有未致；文王不遇纣，则忠君之物有未格，而忠之知有未致。致知格物者，诚意之功也，此是绵密不容紊之节次，恳切不容已之工夫。于此实用其力，不为虚见浮气所胜，方是与物同体之实学。

孔门之学，专务求仁，颜子四勿，是为仁实用力处。子贡博施济众，便不免从虚见浮气上承当，孔子告以欲立欲达之旨，正是不容已真根子，使之近以取譬，为仁之方也。诸生最初所发愿力，只有此件事终始保任，亦只是保任此而已。此方是深信良知方，是孔门家法。到得悟时，更当有印证处，非可以躐等而尽也。且诸生信从虽寡，所关系却甚大。

一方之人，读书好礼，处章缝之列者，无虑千百。诸生此来，有非之者，有忌之者，有骇之者。善根人人所同有，亦有视其进退，以为从违者。诸生闻学以后，果能始终不息、日有所进乎？平时觉矜傲，渐能谦抑得来；平时觉纵怠，渐能勤敏得来；平时觉隘陋，渐能宽裕得来；平时觉浮躁，渐能沉默得来。觉得平时一切干当，觉有过处，渐能惩悔，以善补过得来。只此一觉，便是致知实用力处，亦便是学问实得力处。从心悟入，从身发挥，日著、日察、日光、日显，刑于家庭，信于朋友，孚于乡党，不惟非者、忌者、骇者，翕然以定，观望以为从。违者知其有益，亦将勃然兴起，有风动之机，是培养一方善根在，诸生即为功首。苟为不然，众将视以为戒，斩截一方善根，或亦不免为罪魁也。成败之机，一念自反，可以立辨，在始终不忘，愿力而已。

漫缀数语，用致交修之助。闻同盟有王生诰、周生文山、王生梦槚、郑生汝砺二十余人，并以此意，致一体相成之望也。

隆庆庚午十月朔龙溪居士王畿书

书绩溪会册

新安诸同志订六邑会,会以秋季,聚散旬日,每邑轮其年而司之。隆庆壬申,会始创终于绩。届期凡六邑长幼先后辈,群率而赴。有越郡越省而至者,不下百数十人。时训迪诸士而主其会事者,邑大夫望山李君也。学博则缜吾庄君、鲁斋李君、纳斋付君,皆辍帷而临讲焉。于是显示密究,质疑证得,周旋歌和,义尽相观,汎汎乎洙泗濂洛之风也。

予不肖,求友海内,志切交修,故闻命而趋席,得与于泽丽之幸。每见诸君有蔫然而深诣者,有潜然而静习者,有爽然而自慊者,有欿然而虚取者,有奋然而锐于初入之求者,各以其得力者起予,予因得其机而请益焉。始告之以立志,申之以慎独,终之以反己致虚,而不敢有违于圣门之矩。精神翕并,意趣孚畅,岂非千古之一快哉!临别葛子成之等,惧此会之或易懈也,相与谋卜会所,各度力捐田,以助资给,并以同志姓字登诸,册乃造。予丐一言于册首,以靳永成,予何敢辞哉。

窃以凡人之异业者各有学,学各有会,会以考学,学以修业,非为人而为之也。吾辈今日之会,岂徒骋辞辩侈见闻,以标榜其门墙已耶。盖道有要归,学有本源。不探本源,而徒以资之所近者。为学即以资之所近者教人,其远于大道也,奚惑哉!昔人云:圣贤之学,心学也。学也者,所以学此心耳。吾尝观之,自心之冲漠而生,生者谓之性;自心之流行而殊,应者谓之情;自心之不落有无、不滞形式、蕴之至虚、触之至灵者,谓之神;合而言之,一心也。是心也,发窍于视听言动;理体于子臣弟友;用达于辞受进退、食息起居,而通之于家国天下之远。所谓该动静、彻内外,无有乎弗同者也。孔孟所以阐发心髓,而上续精一执中之密机者,不越乎此心。学不明,人人原习执迷,而百肆其欲间有知,所用力者又或起明于识,或碍境于定,或倚假于形格意气以袭之。及会之日,胜能诸心各相窃发而莫能相取焉。噫,可惧也已。

昔者颜子潜心仲尼,而《易·复》之《象》曰:"不远之复,以修身也"。至孟轲氏之论则曰，学问之道无他，求其放心而已矣。夫心有所著，即为放觉其著，而即化之，即为本心，其于颜子之复也，岂相戾哉？吾辈之学，果能实反诸未发之天而体识乎？虚灵之主，不倚假于意识之私而植立乎？不二之神，凡视听言动罔违乎礼；子臣弟友罔离乎道；辞受进退之间，罔逾乎则，则心无所著，而可以言一矣。心一则神凝，神凝则性定，性定则情顺。神凝则微，微则显；性定则明，明则照。情顺则通，通则溥，而措之家国天下，莫非真感而真应矣，是之谓圣贤之学。斯学也，诸君能同之。斯为同心，同其心而不为异物异说所迁焉，斯谓同德。

庶乎斯会也，日新月长，神塞宇宙，而足绍乎洙泗濂洛之秘传矣，岂惟有光于新安已耶。予非能言者，承诸君之不鄙，而敢以偶见者请，并以自勖焉，诸君其同念之哉。

隆庆壬申腊八日震川主人瞿台书

黟邑季会序

六邑同志之有会也，黟以人数之寡，特附于祁。其始而倡之者，惟韩乔山先生一人焉，继惟李一峰先生一人焉。由一峰以至于今三十年，李培吾、汪培松、韩心乔诸公，翕然并兴，互相振厉，致相缘而兴起者比比，殆不减于六邑，于是始自为会。

今年春，会于寺之曰延庆者，几百人。呜呼！盛矣。不肖以衰朽之年，亦得与观厥美，以聆诸公之教。承培吾不鄙，致诸公意，属予叙会籍之端。予其何以答诸公之雅？予思夫吾人为学，有求端用力之方，亲贤取友之实，固已与诸公商订，极其详矣。至于圣学相传之正脉，有所谓未发之中。谈学之士，每举之以为话柄。而听者每不知其所谓，如采花于镜中，见之若甚了了，执之杳无所得。心乔韩兄，固尝惓惓以是为问，予虽引其端而未竟其说也。请举昔日所闻于师者以就正，并答诸公之雅，可乎？

夫道一而已矣，中之与和，非有二也，无未发、已发之分；不睹不闻与莫见莫显，非有二也，无静存动察之异。其曰未发者，自其存诸中者言之也,即所谓不睹不闻也;其曰发而中节者,自其达于外者言之也,即所谓莫见莫显也。内外无二时,显微无二界,一之以为学者,后儒之失其传。

　　古先圣贤无是也,夫古先圣贤之学脉,非始发于尧乎? 考之于尧,不过曰"允执厥中"而已矣;舜之智,不过曰"用中于民"而已矣;回之仁,不过曰"择乎中庸,服膺勿失"而已矣;夫子告子路之勇,不过曰"中立不倚"而已矣。是中也,其为未发者乎? 其为已发者乎? 其为有先后内外、本末之分者乎? 宋儒惟濂溪、明道独得其宗,故曰:"中也者和也,中节也,天下之达道也。圣人之事也";曰:"冲漠无朕而万象森然已具,未应不是先已应,不是后此。"其言盖有发前圣所未发,与圣学正脉若合符契者,知此始可以语未发之中矣,然此岂易言哉! 故阳明先生教人,虽曰无非此意,然每引而未发,惟示之以慎独之要,曰:"戒慎恐惧,是吾人时时自见己过之功"。又曰:"只一念改过,当时即得本心",本心得未发之中在是矣。故以未发之中而为教者,是采镜中之花,愈求而愈不可得,以改过则得。本心而为教者,是开拳而见手也,一览而俱在目中。吾人欲求未发之中,惟求慎之于独,以寡其过,则圣学人人所可能,而脉路庶乎其不差矣。

　　黟之会不将于是愈盛,足以为吾郡之先登乎。请以是而复诸公,不知诸公将何以教我。

古黟新政乡都学会序

　　新都之学,自紫阳夫子而来,中兴于谢一墩、方明谷诸公,得派江门。其后,邹安成振铎白岳,立为六邑岁会。黟之首学事者,则以乔山韩先生,而欧阳功曹、李邑博相蒸蒸起。每六邑轮会,则附祁门。而乡都之会,则犹有待云。惟是心乔韩君,既世其家乘,而废于履步,独笃其心行。盖当乔山先生时,一墩诸公尝往来,聚讲复性岩中,而李君培吾因是发志有日。东山之会,培吾以心乔犹子赴焉。于是两人深相得道术,志益坚,远迩从风,心迹符应。于是九龙子逃暑傅岩,搜山水之奇踪,耽风月之逸趣。培吾偕史、汪君来商究宗旨，意有洽，于是与心乔约会都人士于延庆禅堂。

是日也，在祁则李梧罔先期至。逾时陈子义、谢惟直来，休则张、刘诸伯仲，婺则余、叶二者。在李村，则自培吾而下，若而人仁甫、敬甫而下，若而人乔岭自鸣远而下，玛川自汝安、瑞卿而下，岩下、霞阜自仰青、宿甫、子嘉而下，暨楠岭、梅源、考川，各若而人，长幼咸在，风日交辉。予时携儿献，即席承教，则首揭礼学，盖吾闻之罗师乎。圣道之大，发育峻极，原非虚诞，总是三千三百实体。君子德性，问学无然多歧，只是敦厚崇礼。而治乱上下，网不宜之。诸君子为学，何事远求？即此会上，坐立进退，个中周旋之礼，即是盛德之至。明日相与论朋友之信，又相与歌五伦之诗，而戒成。于是培吾诸君订为会蘸，岁时举行，将与六邑轮盟相永久，属序于予。

九龙子曰：礼非仪文之谓，亦非外仪文之谓也。即此会上，一不如礼，则乖则乱。吾人终日终身有能废礼者哉？夫礼者，理也，天理也。故克己复礼则天下归仁，穷理则尽性以至命。孔圣诱颜渊、训伯鱼，皆必以礼信乎。履德之基是入门，立于礼是实践，动之不以礼未善。是会归诸君子，即是当下之礼。而探其本原乎？则不事防检，亦不厌拘束。而中正自履、要其极致乎？则有所执持，亦有所变通，而神化自流，无余学矣。礼从何起，亦从何着，在七情则为喜怒哀乐之中，在四体则为视听言动之节，在五伦则为亲义序别之良知良能，要在信得这些子耳，即信即礼，即礼即学，诸君不能一日无七情、无四体、无五伦，则安能一日无礼，一日无会哉？

语曰："刻鹄不成，其尚类鹜"，循礼之喻也。忠信之人，可与学礼。诸君子能如孔圣之好学，何负十室之忠信？可与立，可与权，远续大成之命脉，此会之为功也。通之郡国天下贞之。今古乾坤，奚啻都人士之为会已哉！

夫大块噫气，众窍齐鸣，前者唱于而随者唱禺，乃成太和。诸君子各持信心，诱人自诱，博文约礼，会进一会。月异而岁不同，予不佞且得乐观其盛者。

万历辛卯季夏之望一日祁闾陈履祥光庭父书

黟南韩氏家会序

夫生人之道,有可已而已者,有不可已而不已者,有可已而不已,有不可已而已。庸众人居,常能谭说之,乃若天命之性,人所得之以为生者,盖有终身由之,而不知丧失之;而不知求之者。然而求则得之,此事之必不可已者也。死生由命,富贵在天,此其求之所不可必得,而事之所可已焉者也。顾乃已其所不可已而不已。其所可已,滔滔者天下皆是也,吾何以易之哉?

当吾世而上者无论矣,挽近世若吾王、湛二先生,以性学率天下,天下亦庶几靡然从之。在吾徽,于郡岁有会,于邑季有会,学人士犹然有作有辍焉。若以为不可已,而庸或有已之者,故方其作而趋之会也。朋友攸摄摄以威仪,莫不以为斯会之不可以已也。如是及其相在尔室,孰有不愧于屋漏者乎?盖予数过韩鸣起,而鸣起之父兄之子弟举欣欣然,俎豆余逾久而不懈也,余私心窃异之。无何,鸣起出其家之会藉,索序于予,曰:"不佞业已称久卧樗人矣,无能为尚友天下事,乃父兄子弟窃相谓:郡会十日耳,十日之外,谁为提撕之?邑会五日耳,五日之外,谁为警束之?夫道也者,不可须臾离者也,吾安能枵腹而俟饱,于一岁之十日、而一季之五日也乎?于是诸父松岗公、伯兄思乔先生辈,群其族之人为月会。会凡一日,晨而集,日入而解,相与稽考其一月之所为,其宅心庸有未忠未信者乎?其饬身庸有未敬未谨者乎?其行之家而推之族也,又庸有未恭俭而未礼让者乎?父兄不忍愧其子弟,子弟不敢辱其父兄,接目属耳即欲已之,而情与势有所不容已者,盖不出户庭而师友存焉。"

噫,可谓盛矣,虽然予窃有请焉,夫所谓忠也、信也、敬也、谨也,而恭俭而礼让也,一皆天命之性,遇之感而发之和者也,惟天之命,于穆不已。夫孰得而已之要,在默识之焉耳矣。夫嘿者,不涉文字,不属知解,冲然渊静,无从着力之时也。既无从着力,而不属知解,不涉文字,则已是全体举似矣。故曰,莫之为而为者,天也;莫之致而致者,命也。意念有起灭,而此物无起灭;兴况有作止,而此物无作止。具信心者,能于此玄览而默识之,自可一念万年,何有已处,又何有已时。即有习气未融,习心未彻,自可不远而复,譬彼雨雪见睹日,消矣。夫然后推之而忠也、信也、敬也、谨也,恭俭而礼让也,大本立而达道行矣。若于此信不及识不彻,则用功虽密,见解虽融,譬之注水漏邑,凝春彩胜,虽欲不已,何可得耶。不佞盖尝三折肱于是者,愿与诸同志恭究之,而无虚此良会也哉。

万历壬辰夏六月望日祁门昭详拜书

乔岭韩氏家会叙

吾里心乔韩子修,其先人乔山公之业,溯道脉于紫阳,证讲盟于梓里,虽淹淹卧榻而潜心理学,无息少懈,固其学有渊源,所性盖天植也。一日,与其叔涌泉松岗、兄思智爱乔、弟怀宇、念墩、乔野诸君议,以里中岁会逖,隔暴不胜寒,欲订家会,聚族而时讲焉。因出所撰会约,属予为叙。予观之,其纲弘而远,其目详而明,其言切于箴规,其学本于日用,其叙讲取月之朔,而月以为常,各务实得,以求无愧此心,其宛然先正立会之意乎。

夫会也者,聚也,通也。聚吾心之精神而通之于家;聚一家之精神而通之于国、于天下者也。由兹聚之于前,而通乎千百世之既往;聚之于后,而通乎千百世之将来,斯可云会耳。昔舜历山耕夫也,一年成聚,渐而成邑、成都,遂以法天下,传后世,岂有他哉?亦得其所聚而已。孔孟得所聚而师万世,尧舜得所聚而其心至今在。今有志乎尧舜孔孟之学,盍亦敛精聚神,反而思之,曰心以神用,心无愧而神乃神。吾今以往,果能寝不愧衾乎?果能言不愧声、行不愧影乎?果能视不愧目、听不愧耳乎?果能不愧大庭、不愧屋漏乎?果能由一念而念、念无愧于静虚动通之体乎?有愧则精神不聚,不聚则间隔不通,如天下后世,人心之神何哉?予不能文,始终惓惓之意。不过欲同盟者,锐然省惕,无使退缩障碍,必求此念之无愧,以为聚为通也。倘诸君不谬吾言而聚之、通之,予日望之余,正求通而未得者,宁不乐为聚中人?

万历壬辰孟夏望日培吾李芳书

李氏家学会序

　　吾人学问只在一心,即心即性,即性即命,与天地万物同此灵明,而分出者惟其一,属于人则未免混于形气。此心属形气,则危;属性命,则微。此虞庭所以旨传精一而歌,赓时几敕天之心法也。岂惟虞庭?孔门不睹不闻果何物?戒慎恐惧果何事?分明指出天命之性。不落闻睹,欲人认此原头。戒慎恐惧,奉以周旋,自然莫见莫显,此正子思吃紧得力处。

　　吾人吃紧,更当何如?惟自视听言动,人伦日用,一以敬心临之便是。戒慎实际少懈,即为不知命、不畏天,可哀孰甚焉。夫人获一夜光之璧,则珍慎异常,以其照远也。见一庭草,见一盘鱼,则油然忻跃以其有生意也。若吾此体,则生天生地,生古生今。近而身心,远而天地,古今事物,靡不毕照。顾乃自昏自蔽,自涸自伐,甘与草木同腐,何忍哉?肯一反观,旋复旋照,起死回生无难矣。要非他有照也,敬心即照心也;非他有回也,敬心起则生机回也。敬不已生又恶可已耶?不然者,其乐潇洒而忘敬畏者耳。不知敬非□持之谓也。愈敬畏则愈精明,愈精明则愈潇洒。盖天命顺适于其中,出王游衍于其外,自然坦坦荡荡,活活泼泼,无时不暮春,无地不舞雩,无物不鸢飞鱼跃,宇宙间更有何物可尚。若平日敬不彻底,功不宥密,其所潇洒,不过以意见气魄当之,一临事变,遂至主乱神释,潇洒果安在耶?益信命为心性之根,敬为事天之秘,虽欲不知命,不畏天,不可得矣。不知不畏,少涉情识,便为天之小,人便流而为无忌惮之中庸矣。

　　吾何人也,乃敢言知,乃敢言畏难。然昔卫武公行年九十,犹不忘国士交儆。愿吾族同志,忱勤以勖,朝夕交修,其不怠。若徒月会,犹是岁会,犹是因循,了此一生。端必取怜善识,恨遗千古。

　　　　万历壬辰夏五月蒲节日敬一居士李芳书于敬一所

全交馆铭小序

祁门谢氏子凤山芊、惟仁显,为馆曰全交,以为朋友往来文会辅仁之地,请予铭之。

铭曰:朋友之道,纪纲人伦,自天子以至于庶人,未有不相须以辅其仁,以成其身。彼杯酒论交,若出示肺腑,以势以利,等之市道,黄金不多,反眼行路,夫彼其何以以其势利耳?势利得失,均之反是;道义之贤,死生不迁;死生之际,交情愈坚。其何以然哉?维道维义,性根于天。天一不二,比之胶膝,为物二焉。或谓君臣朋友,以为人合,惑矣斯言,岂不尔怨平仲久敬敬哉?不比往来,于是相观,于是丽泽,于是有道义,于是是谓全交。道善聚乐,岂云不尽人之欢已。

嘉靖戊戌十月十九日泉翁书于锡龟亭

题全交馆

新安诸同志,春会于斗山在歙,夏会于天泉在休宁,秋会于福山在婺源,而全交馆在祁门,又以时往来,相亲丽泽,皆甘泉大宰公所命云。嘉靖巳酉,谢子显率其弟铉,偕江生山、韩生一芝,不远千里,冒盛暑以入复古,切磋两月而未能别。东廓子曰:久矣!予之困于歧路,盖三十年而未能一也,年来升衡岳、历匡庐、徘徊石屋,取善青原、云津、梅坡、龙华之间,赖二三君子,着实箴砭于发愤竭才,任重道远,始觉有进步处。愿为诸同志诵之。

天命之性,纯粹至善,昭昭灵灵,体物不遗,而无形与声,不可睹闻,于焉戒惧,常寂常感,常中常和,以察人伦,以明庶物,以赞化育,而峻极于天,合德合明,更无别项脉路。圣门忘食忘忧,以濯以暴,拳拳服膺,兢兢知勉,不以陋巷易箪瓢眩,是为皜皜肫肫、全生全归之学。此学不受世情点污,不赖博问充拓,不须意中测度,不可意气承担,不在枝节点检,亦不藉著述,继往开来，凡有倚着，便涉声臭。江门一脉，掀翻千古，去耳目支离之用，全圆融不测之神，其诸所授于楚云而以为衣钵者乎！

尝拟登九华、放齐云，以正于新安，而谢子乃先施之。虚以好善，勤以自检，其敢以有隐。凡我同游，胥劝胥规，洗刷旧证，直达天德，务求为直为谅，以自远于善柔，无负甘泉公全交之训。若劝而未纯，规而未净，群集聚谈，虚度光阴，则纵情欲、执己见，症候虽异，皆象山痛慨于师友也，师友因循德业，玩愒道术，将为天下裂。后来豪杰贸贸，其何取衷焉？谨寄题前楹以为同馆箴。馆在祁门之缉功山，四乡翕义，百有余金。而谢氏实主之：曰芊、曰铉；倡其费：曰纹、曰治、曰梯；董其劳：曰薰，复亭其成。凡为正楼六楹，门四楹，东西廊若干楹云。

邹守益

神交精舍记

祁门谢氏惟仁，与其族之老少，辟全交之馆，甘泉子铭之。既十余稔矣，交道之兴勃焉矣。嘉靖壬子之腊，谢氏三子者慎德也、堂也、知远也，轻四千里之途，而来访甘泉子于天关。甘泉子与之语而说焉，喟然叹曰：其进矣，其进矣！夫交也者，交夫道也，所以纪纲人伦，化之本也。予昔之所铭者执德机，自今之所进者化德机矣，吾闻之改政改玉。

今祁门之风勃焉而兴，宜进全交为神交，馆曰精舍。吾之所期于诸子之交，岂直不尽欢竭忠浅浅已哉？三子者进曰：六邑三院之士之幸也。精舍创于缉功山。甘泉子曰：止夫缉功者，缉熙也，兆之矣。曰：其基谢铉所置，其费则谢芊与四方同志所共，成以为会讲之所。中有咏归楼六楹，楼下即今所谓神交精舍，堂曰神交堂。楼前两庑斋房各四楹，为路亭一。曰：朋来敢问神交之义？归告惟仁，以布播于同交之士，六邑之彦，四方之贤恭焉。甘泉子曰："《易》曰：天地交而为泰也，上下交而德业成也。又曰：上下交而其志同也，不同何以天地人物之交，其感应如桴鼓影响哉？"神也者，潜天而天，潜地而地，潜万物而万物。《易》曰："二人同心，其利断金"。同心之言，其臭如兰，兰之臭岂有迹哉？神之所为也。是故神之感也，不以世隔，故孔子梦周公；不以地隔，故高宗梦传说，舜梦拜乎丞。故神也者，本诸身，征诸庶民，建诸天地而不悖，质诸鬼神而无疑，百世以俟，圣人而不惑。大哉，神之交乎，通乎六合而无间乎。

曰：敢问何谓神？曰：圣而不测之谓神。神者气之精也，心之灵也，天地万物之良能也。上天之载，无声无臭，神之所为也。至矣何则？人者天地之心也，心者天地之神也。天地以神而成化，圣人以神而化天下，故相观而善，相禅以神也，交之至也。孔子曰："予欲无言，四时行焉，百物生焉"，此神交之至也。故曰：鼓之舞之以尽神，神之所感，天神降，人鬼格，鸟兽舞，凤凰仪，而况于人乎？况于师友之交乎？故天地之道，神而已；圣人之道，存神而已矣。请闻焉。曰：大则孔子铸颜回，博之以文，约之以礼，而使之欲罢不能；小则如蜾蠃祝螟蛉之子，曰：尔似我，尔似我，久则化之矣，皆交之神也。

甘泉子曰：岂惟圣人哉？东海有人焉，同此心同此神也；西海有人焉，同此心同此神也；南海北海有人焉，同此心同此神也。是故神也者，放之东海而东海准，放之西海而西海准，放之南海北海而南海北海准。何也？以其同也。人与天地万物一体也，岂有人之一体刺之而不知痛，击之而不知动者？知此则知感应之机，神交之义矣，其道也深乎。为神交精舍记。

嘉靖癸丑二月廿七日，八十八甘泉翁湛若水撰并书

王源谢氏家会序

何言乎家会也？将以别于全交馆之会之云也。夫全交馆出，以会四方之同志；家会入，以会族彦于朝夕。即志正其趋，即事以究其变，相规相养，以励其不息。日有省，月有程，食息语默有警，以聚以散，无往非相与规切，以求同归于至善，此家会之所以有具也。

附录：倡始于伯升元龄，予与菊潭诸君和之，遂以成编。噫！兹会也，予窃有庆焉，亦方有大惧焉。夫以一会一家，联聚约束，若是使人人交师互法，著诚去伪，则愈久而愈光宁，不为

可庆乎？苟言与行违，迹与心倍，日与追逐，栩栩而非本于真实，是又与于不仁之甚者，亦宁不为大惧矣乎？诸君幸相与勉，其所可庆，闲其所可惧，庶无愧于斯会斯录哉。

凤山谢芊撰

附：甘泉湛翁勉立六邑会书

竑转送到，惟仁书一通，书稿二通，足见所见之的。然以此意，自养可也。六邑之会，昔以托吾子其力之。成己成物之事也，不可缓也。会后幸见报。

庚子正月望水再拜

又勉举会

辛丑二月十日书

六邑约会，吾以专托吾惟仁。今久不闻举行，而来书亦不少及，何耶？余不及。

闻会欣慰

复谢惟仁暨方时素贤契足下，惟仁昨简云，六邑同志以时会聚，相观而善，不言可知。惟以不得时素诸贤进，修之耗此心，不能不兴怀。

勉会悠远

接惟仁书，知欲来未能。又知六邑同志，以期作会于福山、斗山二书院，甚慰老怀。若遂不辄相观之益，以神相传，岂在于言语间哉！

闻郡会家会期晤

得吾惟仁发来手翰兼家会集,又知此学,行于一门父子兄弟之间,及闻二月福山之会四十余人,默识之旨,有言下觉悟者。又知此学行于朋友丽泽之时,深慰老怀。弟觉山、时素仍未有附音,又不知觉山亦同此会乎否?闻吾契有冬间来樵之约,若得拼生拼死向前者,二三辈为久住之计,必然坐进。此道超出于言语之外也。

闻会进修欲复临黄山有怀六邑诸贤

前月之杪,得手翰寄徽客来者,中间所言进修之益,诸贤文会之雅甚详。而黄山之胜,欲为卜筑之兴,土地之恳,长往之志,浩乎浴沂之风流,蔼然尧舜之气象,令人此心飘飘然黄山之巅矣。屋室宗庙坟墓,所以光前而垂后者,人间之事已了,意者跳出尘寰,以与造物者游于无穷,以毕吾志。开春将西登祝融,越江湖,访于黄山之间。东省武夷一线之天,憩于斯馆归而终焉。于朱明、青霞,大科莲洞之奥,未知天意从人愿乎否也?诸贤能相从乎否也?徽客暮来,灯下草布,言有尽而意无穷。

伏 读

泉翁为吾徽约会文,及率六邑士作会,会成而慰勉诸书,惓惓恳挚。又斗山、天泉、福山三院营创,并吾乡全交小构而俱,捐赀赡给,其造就吾徽启佑来学,诚如乾元之生物,发育无疆;父母之迪子,顾复肫切。自后海内大贤,俨然以临之。剖析几微,申究真性,饬会籍,订轮年,日渐月濡,在在成风焉。实光辉绳绳相属,迄今五六十年。而岁会月会无间,丕承以昌。盖原湛师翁不厌不倦,而浚源泓也。其约会首,六邑萃英,三益同心,绳愆纠谬,涵育熏陶,而胥与寡过,以善其身。成己成物,一体浑然,而胥与立诚,以辅其仁。会文说理,精义致用,而胥相修齐,以达乎治平。砥砺名节,不为意气所激;挺身孝友,不以名誉相矜,由执德而化德,融良能于圣。神宁非天理存存之不息,以敬始敬终,而范围曲成矣乎?于亦念哉。

昔唐虞以天下授舜,禹而允中昭训,精一传心,先儒谓天下与人,并传以治之之法。吾徽由紫阳以往,诸儒聿兴,亦或未克大就。兹先生以斯学斯会,振起徽人士,并营置会讲之所,徽同志抑何幸,与于今缙绅名公之临莅吾徽邑,与徽大夫士咸维书院之新,赡田之立,叠叠振德不息,又何殷与耿耿服膺,深长思矣。

友人张景禹,因韩鸣起氏谓六邑之会沿流已久,而其原不可以无述语。颐与烨,谨搜先哲遗编,藏于全交馆中,举其端略而附载之,因以备识如此。

壬辰六月朔日后学谢文烨顿首附言

新安理学先觉会言卷之二　　　讲字集

<table>
<tr><td>新安后学门人</td><td>韩梦鹏</td><td>鸣起甫</td><td>编梓</td></tr>
<tr><td>友人</td><td>谢文烨</td><td>汝学甫</td><td>选</td></tr>
<tr><td></td><td>张明德</td><td>景禹甫</td><td>次</td></tr>
<tr><td></td><td>谢　颎</td><td>惟直甫</td><td>搜</td></tr>
<tr><td>侄</td><td>韩继明</td><td>敬仲甫</td><td>录</td></tr>
</table>

会讲缉编

福山临讲学习章旨

《论语》开卷首章作圣之事已具,物我同体,上达天德,圣人之道备矣。"学"字解作"觉",从见为觉,从子为学,其实一也,属知,《中庸》学问、思辨之事是也。"习"字从羽从日,解如鸟数飞,属行,《中庸》笃行之事是也。程子云:"学者将以行之也"最为明切。不具知行,不足以言圣学。首章之字,及所学所说,皆指天理而言。

这天理混然在宇宙内,又浑然在性分内,无圣无愚,无古无今,都是这个充塞流行。人人具有,不须假借于人,人亦不能假借于我。何以言学、言习?盖虽人人具有,为气拘欲蔽,便似不见了。然本体自在,能知觉而存习之,则自有,如宝为尘泥所没,日月为云雾所蔽,一旦云雾消、尘泥去,日月宝光自见矣。故圣人之教,必使博学、审问、慎思、明辨以开其知,察见夫天理之真;又必使笃行以恒其所知,造次必于是,颠沛必于是,终食之间必于是。"昊天曰明,及尔出王;昊天曰旦,及尔游衍",以时习之,有如鸟之数飞而不能已。所谓学而时习、真知而实行之者如此。由是而积之之久,浩浩其天,如云雾消而日月明,人人快睹;尘泥去而珠宝光,人人乐观,如何不说!即孟子"理义之悦我心,如刍豢之悦我口",况天理者。天之所以与我,我固有之，自学自习，自性自存，而自得自悦，非如珠宝、日月、刍豢之在外者。故于身外之富贵贫贱，夷狄患难，无入而不自得，则自说矣。说则与天、地、人、己，合一同体。陆象山曰："宇宙内事，则己性分内事"。中庸"尽其性，则能尽人之性，尽物之性，而与天地参"。故未能成物，则己性分未尽、未得、未成己。故学至于说，则德盛而人化之。同声相应，同气相求，远方同志者骎骎而来矣。朋者同类，在学士则为考德问业之人，在人君则为会极归极之民。善及于众，得以遂吾性分之愿，可以发我本心之说。所谓得英才而教育之，如何不乐？此乐不是乐人从己，乃自有性分之乐也。

夫学习而至于说，说而至于乐，则人己两忘，天理流行。人知之亦嚣嚣，而性分不为之加，人不知亦嚣嚣，而性分不为之损。故凡天下之不同志者，相与非之而不顾，顾吾天理之常存而不怨不尤耳，其有于愠乎！学至于是，则成己、成物而成德矣。成德者，君子之人，学问之极功，圣人之能事毕矣。故愚尝谓：君子观其说，乐不愠，而其性可知矣。此真圣人吃紧为人处，与《大学》之明德亲民，以至于至善；《中庸》之戒惧、慎独致中和，以至于位育，皆同条共贯，其要只在随处体认天理，为始终圣学人己之贯也。

今婺源同志诸君，共立福山书院为讲习之地，时余谒文公阙里而过焉，相与诵法斯言，察识而力行之。今日藏修于家以成己，即他时见用于朝廷而成物，为达天德以辅王道之功用，此固君子之事也。诸君岂肯不以君子自期待也乎？

湛甘泉

斗山临讲梁王义利章旨

《孟子》七篇，皆是遏人欲、存天理，天理存则人欲自消。此章乃开卷第一义，深陈利害之原，尤为痛切，乃圣学大关键，真实工夫处。当战国时，功利之说坏人心术，入人骨髓，自家固有莫大之功，自然之利都不知了，千方百计只要求能利其国。如梁惠王招得孟子到来，谓此老素有贤名，必是能利吾国者，故以利国之计为问,被孟子窥破他心术,浑身病痛都在利上,便下手落他顶门一针曰:"王何必曰利,亦有仁义而已矣。"又复手报他一针曰:"亦有仁义而已矣,何必曰利。"盖死中求活,如卢医扁鹊,能视垣一方人返魂起死的手段。但只如此说,又恐惠王卒难觉悟,无入头处,孟子又善诱开导得人。故又言,王若言利,则大夫士庶亦化之,皆争言利,上利乎下,下利乎上,相利则相征,相征则相弑,夺之祸纷起而不可救遏,皆自王利之一言启之也,利中必然之害有如此。

若王好仁义,则大夫士庶亦化之,而争为仁义,自不遗后其君父,即为君父之利矣。仁是本心之德之爱,爱莫先于爱亲,亲乃生我者,为一体同气之分,故爱之最先,未有不爱其亲而爱他人者。义是本心之宜之敬,敬莫先于敬君,君乃治我者,为父母之宗子,故敬之最先,未有不敬其君而敬他人者。是则许多安富尊荣、大功大利,皆王仁义之一念教之也。仁义中自然之利又如此,虽然此犹为二义,孟子始就惠王略下言之耳。设使当时惠王能继问之,"利何以有此害?仁义何以有此利"?则将谓"人只有一个心,曷尝有义利两个心来?但一念得其正时,则为仁义之心;一念不得其正时,则为功利之心。利心生于物我之相形,在躯壳上起念头;仁义之心生于物我之同体,在本体上起念头。物我同体,则痛痒相关,焉得不急先君父?物我相形,则利己害人,利害相攻,贼灭无伦,焉得不至弑夺?此又义利得失、吉凶之几、祸福之门也。"惠王闻之,未必不悟其本心,达天德以行王道,朝秦楚莅中国而抚四夷,其自然之功利孰大焉?惜乎其不能问终于危亡而不悟也。

噫!斯理也,孟子盖得之曾子,曾子得之孔子。故《大学》曰:"此谓不以利为利,以义为利也。"《论语》曰:"放于利而行,多怨。"又曰:"君子喻于义,小人喻于利。"利义之分,其初萌于一念之微,其终至于为君子、小人,如水火冰炭之相反。德之存亡,家国之废兴,天下之安危,民生之利病系,焉可不谨哉?今日为学,只在体认天理,为千古圣贤心法之要。这个天理即是仁义,自尧舜至途人一也,完完全全,人人固有。只为利欲为心之贼,必按伏此贼,乃有进步处,而生理自不可遏。所谓人欲之残贼者,今之累心于科举爵禄者是也。学者诚笃志于德业,则举业不期好而自好。董子曰:"正其义不谋其利,明其道不计其功。"苟事科举,处爵禄而无计功利之心,则贼我者反以助我,恶人反为良善,德泽至于济天下,功及生民,上下与天地同流,岂曰小补之哉!

余过新安,同志诸君请至斗山书院讲问此学,余谓圣人之学,孔子传于曾子,曾子传于子思,子思传于孟子,《孟子》七篇之义皆在此章。固生死路头,学者立志之初,吉凶之决也。诸君其可不早自择术,以无负朝廷所以养贤致用之意也乎!

湛甘泉

天泉临讲尽心章旨

孟子示人以心学之法,而造夫性天之妙,尽心存心是大头脑,而性天与命,不外是此个心,即天地之心。人之一呼一吸,便通于天,干涉甚大,惟人自私,自小始与天地不相合,故孟子此三段,将许大天与性命,都在心上用功,此正圣贤心学,至约而至博,至微而至大,至紧关处。

何谓心?人之神明是也;何谓性?心之生理是也;何谓天?心性之一原是也;何谓尽心、知性、知天?盖心之本体,本自广大,本自高明,惟有一分私欲私意,则心体欠了。至于十分,则全无了。故广大之体,反为狭小;高明之体,反为卑暗,而心非其心矣。欲尽之则何如?忘则失之不及,助则失之过。惟勿忘勿助之间,中中正正,则广大高明之体完完全全,若明镜之刮垢,复其本体,光明圆满,无一毫翳缺处,而心可尽矣。心既尽,则其心理活泼泼地,跃如卓尔,参前倚衡,而性之本体自然呈露,非知性而何?夫心也、性也、天也,一体而无二者也。心尽而性见,性见而天不外是,天其有不知乎?夫学至知天,知之至矣,不过尽吾心焉,岂远乎哉!

何谓存心、养性、事天?人惟心有不尽,则懵然不知性天所存所养何物,今则既能见得本体亲切,又当念念在兹,罔敢或懈,使广大者常广大,高明者常高明,便是存其已、尽之心。夫心常存,存而弗失,则性常生,生而无穷,如火之益然,泉之益达,跃如者益跃如,卓尔者益卓尔,参前倚衡者益参前倚衡,非养其已知之性而何？夫性即心之生理,天即性之同体,心存则性有养,性有养则天不外是天,岂有不能事乎？夫学至于能事天,行之至矣,不过存吾心焉,岂难乎哉？何也？即心即性,即性即天,不必更求。性,天也,盖孟子此章虽两段言之,其实一段,工夫即尽即存,非今日尽、明日乃存也。即知即行,知行并进,非今日知、明日行也。

何谓至殀寿不贰,修身俟之,以立命？前乃知行并进、修身之功也。君子以此知性养性,知天事天,俛焉日有孜孜,不知老之将至,毙而后已,何暇计殀寿以贰其心乎？至是则天性在我,我即是天,命不在天,而在我立矣。世间人遇富贵则淫,遇贫贱患难便变移,何况生死？命何曾立？明道先生曰："才穷理便尽性,尽性便至命"。至命者,立命之谓也,此孟子示人以作圣之功,其要只在体认天理,直上达天德。盖体认便兼知行并进工夫。

今休宁同志诸君,共立天泉书院为文会讲习之地,时余过而讲焉。故发此圣学始终之要,与诸君共商之、共勉之。

湛甘泉书

圣学端绪辩

会稽先师揭良知以唱四方,四方之士一时响应,而婺源之共学者日增。庚戌孟冬,东廓先生偕予东游,跻齐云、谒紫阳,而兹邑同志闻而云集,依依不忍别,又不容于不别也。惧其离群索居,遂谋而为一邑之会,属予言以征。会稽师泉子曰："噫,予何言哉！予何言哉！"

夫人备万物之灵,立天地之心。戒惧之心离于须臾,则须臾失其所以为灵,丧其所以为心。以人而失其灵,丧其心,可乎？此人之不可以不学也,乌容辩哉。故曰：是非向背可以立决者,此也。然以一原之性,杂之以不齐之气,则虽有志者,不能不因其质禀之得力以入,此古今学术之殊科,势之所不免也。于是有见闻之学,有影响之学,有真性之学。求之前言往行,访之明师良友,穷索拟议,以尽乎道理之微;依效持循,以精其步趋之功,见闻之学也。运之心思圆觉,通之天地变态,全体全妙,不费丝毫之力;自生自化,不见一法之漏,此影响之学也。真明常止,真用常辟,种种内缘时时自见,而推行化裁,皆其寂体之流行,此真性之学也。见闻者杂,影响者虚,真性则无杂无虚,主宰同天地之体,流行同天地之用,始之毫厘,终之千里。故曰:端绪得失,则当早辨者此也,可不慎与?曾子曰:"君子以文会友,以友辅仁",兹会之举,宜不容缓。然共学之中,各因其近似以致力,抑不能以遽而画一也,须积诚于未会之前,善道于合簪之时,无各执已见以自是。其所非是之谓,不言而饮人以和,与人并立,而人自化者也。诸君其念之。

嘉靖庚戌仲冬望后吉人师泉刘邦采书

斗山留别诸同志漫语

　　不肖慨惟离索之久,思求助于四方,乃者千里远涉,历钓台,登齐云,陟紫阳,止于斗山之精庐,得与新安同志诸君为数日之会,其意固不在于山水之间也。诸君不以予为不肖,相与辩析疑义,究证旧闻,相观相磨,情专而意恳,飒飒乎有不容已之机。参诸孟氏尚志之说、曾子格物之说、子思戒惧慎独之说,复证诸颜氏好学之说,宏纲大旨,节解丝纷,若合若离,亹亹绎绎,其说可谓详矣。至于求端用力之方,生身立命之源,则群居广坐之中,固有未暇及也。此因久雨移馆城隅,诸君复移榻相就,连床晤语者更两日夜。探本要末,广引谨密,其说又加详焉。诸君乃复以用功之疏密、受病之浅深,次第质言,以求归于一是之地,不肖何足以知之。

　　夫学,一而已矣,而莫先于志。惟其志之不真,故所用之功未免于间断;用功之不密,故所受之病未免于牵缠。是未可以他求也。诸君果欲此志之真,亦未可以虚好种种贪著、种种奇特技能等凡心习态,全体截斩,令于净,从混沌中立定根基,自此生大业,方为本来生生真命脉耳。此志既真,方有可商量处。譬之真阳受胎,而摄养保和之功,自不容缓也;真种投地,而培灌芟锄之功，自不容废也。昔颜子之好学，惟在于不迁怒，不贰过，此与后世守书册、资闻见，全无交涉。惟其此志常定，故能不迁；此志常一，故能不贰。是在混沌中直下承当，先师所谓"有未发之中，始能者"是也。颜子之学既明，则曾子、子思之说可类推矣。夫颜子没而圣学亡，诸君欲学颜子，须知颜子之所学者何事。若舍身心、性、情，而以虚见胜心觅之，甚至以技能嗜好累之，未见其善学也。

商量至此，岂惟说之加详，将并其意思一时漏泄。诸君珍重珍重，虽然此非悟后语，殆尝折肱于是者。自闻父师之教，委志于古人之学，于今几廿年。而业不加修，动抵于悔，岌岌乎仆而复兴，夫亦虚见嗜欲之为累耳。动忍以来，稍有所悟，自反自艾，切切求助，以收桑榆之功，其本心也。昔者秦越人，医之神者也，真药童子服勤既久，颇能传其方，间以语人，人服颇效，而此童子则固未之能也。余不肖，何以异于是？诸君重信其方，务加修服，以去其病，而不以不肖之未能为疑，吾道幸矣。

明发戒行，留此为别。流光易迈，真志难立；习俗易染，真道难闻。所望此志，时时相应，共进此道，直以千古豪杰自待，而无愧于紫阳之乡人。斯固千里，耿耿之心期也。

龙溪居士王畿书

孔圣思中行任道语

世间好资质有四等：第一是中行，次便是狂，又次便是狷，再次则谨厚之士也。吾夫子恐斯道之无传，一心要得个中行人付托这个学脉。盖所谓中行者，志意高大，而行履又自平实；节操坚定，而识见又自通明，如此辈人真是任道之器。不幸此个中行一时难得，谨厚之士又却振拔不起，故叹曰：不得中行而与之，必也狂狷乎！

夫狂者，行常不掩，夫子如何思他？盖所谓行不掩者，不似今日言清行浊，如此言行不相顾也。若是那样，言清行浊人，圣门岂容得他？只是他那精神才力，一时便凑泊，他的志念不上其应用，施为未免疏漏。即他动则曰"古之人"。古之人亦不是悬空妄想,只恁地说大话,他老实于此道已见得了,看得古大圣大贤,只是如此。我实是可与他顽颃,心心念念,直要造到他地位而后已,想他志意襟怀,直是如凤凰翔于千仞上也。此档人品造就裁成下来,于斯道便担当得几分,夫子所以思之也。

至如狷者,虽规模窄隘些,然却有所不为。视那世间不洁事,惟恐一毫污染,断然不肯去做,斩斩截截,真是不使加乎其身,世俗人那讨这等节概。此样人品涵养扩充一步,这门户便靠他守得定,撑持得住,夫子所以思之也。想夫子当时这都是何等心肠,只是望这般人承他此学,令后人有个凭据,此真是万物一体、一念万年也。自此学不明,中行难得,或有狂狷之士,又多不合于世,而为流俗所不喜,其声藉藉足以取重于人者,要不过谨厚之人而已。这样人要他兴个志念,扎挣一步,超脱些流俗,向圣贤这条路来,便躲躲闪闪,自家将就安顿,只说如此。也罢!也罢!虽是硁硁自好之心,不敢自冒于不义,其有所不为之迹,疑若有似于狷。然而委靡堆堆之气,视夫狷者之崭然不屑,而若将浼焉者,盖亦不啻霄壤矣。即是一生寡过,不至伤人害物,比之小人而无忌惮者不同。然斯道终是靠他不得,圣门之所不取。吾党须是奋然向往,毅然竖立,毋阴阴地落此等窠臼也。

耿楚侗书

指授讲语

万世心学之源,曰道心惟微。夫微,必睿乃足以通之,故思曰睿睿作圣也。吾人辄以浮气,强探肤辞谩道,往往自谓能致力于学,诚俗所谓粗麻线透针关。

孔子大圣人也,万世无及焉。然其实非孔子之异于万世,乃万世之人自忘其所同于孔子。孟子云:"大人者,不失其赤子之心。"夫赤子之不虑不学,与孔子之不思而得、不勉而中,浑是一个。吾人由赤子而生长,则其时已久,在孔子地位过来,今日偶自忘之。孔子宗旨只是求仁,其言曰:"仁者,人也"。彼自异于孔子者,亦或自忘其为人也耶。

圣人之道,原是天性浑成,而道心之微必须几希,悟入其中本着不得一念,而吾人亦不可以一念著之也。今不求真机点化,强泛光景;分别耿耿以为光明;执住一念,以为现在;不知此个念头,非是真体。有时而生,则有时而灭;有时而聚,则有时而散。故当其得时即是失根;当其明时则是暗根;当其欣喜时即又是苦根也。"大学之道",言学大人有个道,而其道则在明德、亲民,而止至善。善之所同,惟是孝、悌、慈。老老而兴孝,长长而兴悌,恤孤而不悖。薄海内外万万生灵,未有一方一人而不由之以行,此其道之同也。

《中庸》初言诚意,而末后方言天下之至诚;初只言圣,而末后方言天下之至圣,此圣诚两个"至"字,与无声无臭至矣"至"字正对面,所以谓圣智不达天德不足以知。夫圣智犹且不足知天下之诚之至,况非圣智者乎?

学而时习,学固在习。习尤贵时,如时动时静,时语时默之类。谓之曰时习,却似习乎时也,其功用即是时措而皆宜;其根源便是溥溥而时出,久久便可仕止,久速而圣之时也已。

孟子道性善,言必称尧舜,乃所愿则学孔子。夫孟子之学孔子、称尧舜,岂是舍了自己性善,去做彼明白说?圣人者,人伦之至,是善则人性之所同,而至善则尽性之所独。善虽不出吾性之外,而至则深藏性善之中。今概谓至善在吾心,而上同圣人,是即谓有脚则必能步,而责扶携之童以百里之程;有肩则必能荷,而强髫垂之孺以百斤之担,岂称尧舜孔子之家法乎?

今士人将欲从事于学问之道,宜先归宗于德性之尊,未有德性之不尊而问学之能道者也。如致高大而尽精微,则须理自己当下视听云为、起居食息之德性,果是广大否也?果是精微否也?若果真见广大之无不该,精微之无不妙,吾知其致之尽之工夫,自有莫可已焉耳。极高明而道中庸,则其理会亦然,其真见亦然,吾知其极之道之工夫,亦自有莫可已焉者矣。故四书经传,非不博习,以吾本然之现在博而习之,其致力固劳,而力有其端,则劳而实逸;役志亦苦,而志得其方,则苦而甘随。譬诸善农者有腴田,善圃者有熟地,以培佳植而枝叶易于畅茂;以祛恶草而根株易于拨除。独慨夫近世为学者,惟欲习善,而善乃未之先明。每思成道,顾无所从入,又奚怪夫所学之愈陋,而去性之益远也哉。

罗近溪书

家会求放心语

丁未暮春,凤山又自金陵归,尝联族彦十余辈,朝夕聚论勃勃焉,若各有兴起者。显时在黄山闻之,喜甚。比归群彦莅,予于会而请益焉。因与之酌三七之期,简之以条约之宜,而复开之,以求放心之义。

问曰:"心在我,无声无象,曷放而曷求之耶"?显曰:"噫,此义之弊久矣,自昔温公之贤,不能无疑于此矣。不肖乃幸于师友有闻焉,请得与诸君商之"。

《记》曰:"人者天地之心也"。仁者人之心也,求放心即所以求仁,求仁即所以求天地之心也。心之本体,恻怛浑融,行乎日用事变之中,而超乎日用事变之外。无际畔,无方体,无可放处,无可放时,故放心非可以一端言也。非实有一物,如鸡犬之可以放可以求之者也。动于气则放,役于欲则放,夺于习俗则放,营营于意念则放,当其放乎前便若遗后,当其放乎外便若虚内,故求放心以言乎其全觉也。全觉浑融,无内无外,无前无后,得则俱得,有事此心,无事此心,穷居此心,大行此心,显微精粗此心,幽明昼夜此心,感与未感,应与未应,此心自动静语默取舍,以至礼乐禅受放伐皆此心。自父子、兄弟、夫妇之近,以至于赞化育、参天地,何莫而非此心?原之而莫测其始,究之而莫知其终,旋而观之,而莫见其有罅隙可乘,其本原则然也,即所以求其放心者也。故心放则物,不放则神,心放则百物皆病,不放则百物皆化。孟氏云:"学问之道无他,求其放心而已矣"。学问乃所为求放心之道也,非有二也。后之学者自谓求放心,即学问之道,遂欲守此灵明不昧之心,俾勿放失,不复知有精义。有谓求放心而后可以学问,姑舍其所当学当问,而自求其为心。由前之说,不免于心外有物;由后之说,又不免于以心求心。是皆以腔子之心为心,而不知天地万物之皆吾心。即事而心存,即心而事具,非有二也。此其为学,虽与世之为辞章利达,而不知反求其心者若有间,其非圣人大中至正之教,而支离于道则一而已,乌可以差殊观哉!故求放心即所以求仁,求仁则所以求天地之心也。

谢一墩

斗山会语

虞夏君臣论政不离此心,孔门师弟子论学不遗夫事,何事非心?何心非事?要在于不睹不闻之间见得。故夫目之所睹不逾寻,又耳之所闻不越于垣,其气体有以限之也。乃若心之神明妙用,非气体得以限之,四通八达,一真莹彻,虽无所睹,而自无不睹;虽无所闻,而自无不闻。五常百行,同神而殊应,同应而殊迹。

朋友贵于诚意,以相与见人之善,若己有之;见人之不善,若己陷之。善则油然思以翼之,不善则俛然思以匡直之。信以相孚,神以相佑,意以相授,此便是辅仁,实际不在区区于辞色肩袂之为疏数也。今之时,顾有面与之友,而内怀忿疾倾圮之私,辄忌其善而幸其蹈于不善者;亦有以声气亲比,栩栩翕翕,爱而不知其不善,恶而不知其善者,若是亦奚尚予取友也哉?

夫天地万物,本自一体,惟人以形骸、尔我相与,而若有所扞格。其实呼吸屈伸,无一时一物不通,人自不著不察矣耳。试看吾人一呼,则人之气自通于天地,一吸则天地之气自通乎人。天明与明,天暝与暝,天寒与寒,天燠与燠,虽欲不一体,天地有不可得。岂惟天地为然!孩提而自知爱亲,及长而自知敬兄,见孺子入井,而自怵惕恻隐,睨亲之委壑,而其颡自泚,非有待于物以相胜也,其性则然也。岂惟至亲为然,乃若东海之东,西海之西,南海之南,北海之北,相距若甚辽也,闻其人有豫焉,莫不油然怿之;有弗豫焉,莫不蹙然隐之。是非有切于身以相形也,其性则然也。岂惟四海之人为然!至若鸟兽草木,实与我不同类也,见其生则喜,闻其声则戚,取不以道,用不以节,则惋顾以惜,是又非必同类能相感也,其性则然也。岂惟鸟兽草木为然!至若瓦砾块石,又非若鸟兽草木之有生情之可玩也,使物得其宜则慊物,不得其宜则弗释然焉,是何也？天命之性,万物皆备,人难以形骸尔我相扞格,自非销刻泯灭殆尽,其天机感动,有时有不容于自已焉者,不疾而速,不行而至者也。故曰,其性则然也。

是故君子之学,求复其性之全体已矣。彻去形骸之有我,而常游于混沌无物之先；脱出习俗之猥近,而超入乎天命渊微之奥。上下四方,不烦凑泊,而一齐洞彻；往古来今,不烦推索,而一体浑融。皓皓而不可尚,肫肫、渊渊、浩浩而无所倚,万目而一视,万耳而一听,万口而一辞,万虑而一致,万物而吾一体。天,吾高明也；地,吾博厚也；四时,吾运行也；亲,吾尽仁也；长,吾尽义也；四海之人,吾同胞也；鸟兽草木,吾之生生不穷也；瓦砾块石,吾之精灵血脉无不贯洽也。明道尝言："体天地之化",已剩一"体"字,只此便是天地之化,又有以体之,是以有我与之也。实见得自无我、无人、无内、无外、无动静隐显、无有、无虚,实先天地而无始,后天地而无终。自我观之,则天地万物在我；自天地万物观之,则我在天地万物。无在而无不在,一屈一伸,大化流行；一来一往,神理不亡,见此谓之易,见闻此谓之闻道。非此而知,知虽切,未免为躯壳之知；非此而行,行虽善,未免为邪僻之行。此盖愚之所尝闻于师,讲于友,自谓粗得其要领者,故为倾倒言之。

一墩谢显书

衍心字说就正会中同志语

大哉心乎！其天地之精灵乎,其圣人之所以赞天地日月、四时鬼神而一之乎！所以位天地、育万物而与天地并立,而为三才者乎！匪惟圣人为然,虽凡人同得是心以为生,亦可以为贤为圣也,而卒不免与草木同朽腐者,以其不识心故也。愚为此惧,画心字图而为之说,将以求正君子,以辟圣学之门径焉。

夫中一点者,象其清虚不倚,浑然示人以无声无臭也；下一弯画者,象其包括不御,浩然示人以其大无外也；两旁两点者,象其散殊不遗,犁然示人以其小无内也。惟其无声无臭,是故以言乎其体则无所不包也；以言乎其用无所不贯也。然包与贯非二也。曰：一面弯画，何以知其无所不包也？曰：即一面而四面可知也，两旁两点何以知其无所不贯也？即两点而积之，以至于不可穷尽者可知也。此正书不尽言、言不尽意，而学者可以意会也。夫心至虚而已矣，至无至寂，浑然一理而已矣。然感之未有不通，触之未有不应者，是故遇可伤而恻隐之心生焉，遇可耻而羞恶之心生焉，遇交际甄别而辞让是非之心生焉。孟子谓恻隐、羞恶、辞让、是非为四端，此仁义礼知发见之始也。此至虚而通，至无而有，至寂而感，至一理而即万理也。即是观之，而心断可识矣。

然则人心道心何居？曰："夫心气，之精灵者也"。虽曰精灵，而不能不属于气。是故随其气之自然流行者，道心也；随其气之流行而有偏重者，人心也。虽有二者之殊，而实一心矣。自气之偏重而磨砻焉、锻炼焉，以底于刚健中正、纯粹之本体者，精也；是个刚健中正纯粹精之本体，而无丝毫之偏胜者，一也。惟精惟一，方是心之自然，是故谓之中。中也者，万世心学之源乎。

夫中，出于心之自然者。何也？曰："无心之心，根于无声无臭之天载也"。夫惟无心之心，不能不照察，其照察则为无知之知；不能不流行，其流行则为无念之念；不能不主宰，其主宰则为无体之体；不能不裁制，其裁制则为无用之用；不能不用极，其用极则为无极之极。无知之知则觉真，无念之念则窍圆，无体之体则神存，无用之用则化普，无极之极则中立。是故自觉真而照察也，谓之天灵；自窍圆而流行也，谓之天机；自无体而主宰也，谓之天君；自无用而裁制也，谓之天能；自中立而用极也，谓之天则。故心不合天，不足以言中，不足以言心也。彼或失则内，或失则外，或堕于寂灭，溺于见闻，扭于意兴，傍于格式，汨于文识，是皆不识心为何物，学其学而非圣人之学也。《易》曰："夫大人者，与天地合德，与日月合明，与四时合序，与鬼神合吉凶，先天而天弗违，后天而奉天时。"其惟圣人乎？知是心而不失，其圣人之所以为圣人乎。学者苟能观心之字义，而得其心焉，则圣人之路脉可入，而道在我矣。

徐温泉

存理说

孔子曰:"操则存,舍则亡。"天理人欲之分,亦惟在于操舍之间,放与不放而已矣。一念之放,则天理化而为人欲。人欲者,非他也,天理之失其正也。一念之不放,则人欲化而为天理。天理者,非他也,人欲之得其正者也。是岂有两物相为倚伏而相寻于无穷哉?故君子之学,不责乎人欲之生,而惟责乎吾心之放。吾而不放,谁为之欲?吾而不欲,谁为之蔽?故曰:"学问之道无他,求其放心而已矣。"心,一也。孰为放而孰为求哉?常存不放而已矣。常存不放,故微有一念之失而即转之,则虽谓之求亦可也。颜子有不善,未尝不知,知之未尝复行,正惟欲罢不能。既竭吾才,以常存为事,故一拨便转。尔若旋起旋灭,旋作旋止,则憧憧往来,所谓频复之厉矣,安得谓之"三月不违仁"乎?故君子之学,存理焉至矣。存理也者,端本澄源之道,必有事焉,而行其所无事者也。

或曰:"孔子克己之训,得无有不然乎?"曰:知己所以为己,则知所谓克己矣。为仁由己,而顾以己为欲耶?使以克己为去欲,则克伐怨欲,不行者何以不得为仁?而粗鄙如樊迟,犹以恭敬忠告之,是颜子之欲顾多于樊迟矣。又何以谓之乾道也?《乾》之"象"曰:"君子自强不息。"噫,知不息之义者,其知存理之妙也哉。

余刚斋

人之所以异于禽兽者几希章旨

孟子惧斯人自暴自弃而弗之思也,每每语以君子对小人,大丈夫对贱丈夫,二者并发而并触,可谓恫厥心矣。兹复不得已,又大震动之,乃以人对禽兽。

言曰:人之所以异于禽兽者,在此几希之理。夫此几希之理,至虚而实,至无而神,万物人伦之本,所谓"道心惟微"者是也。惟其微也,不可得而见,不可得而执,操存舍亡,亦甚危矣,其机要在乎知与不知而已矣。不知而亡之以入于危者,庶民也,其去禽兽者不远,及其至也,斯禽兽矣。知而存之,不离乎道心之微者,君子也,其去圣人也不远,及其至也,斯圣人矣。圣人,人也,惟能真知为人之理,故明于庶物,察于人伦,惟其明而察也。斯物从明出,伦从察生,生仁生义以生育乎天下。扬侧陋而风动四方,诚所谓几希者,浑浑乎完具而中达之。不见不闻,潜伏孔昭,其未感也,一物不着;其已感也,无物不融。

人伦者,性之切实而尊贵者也,物感而生意觉焉,流行而不御焉,仁斯见矣;物感而生意觉焉,流行而各满其分焉,义斯见矣,仁义见而人道立矣。人道弗立,而欲行仁义以为存。存之地,虽不谓之禽兽,其得谓之全人亦不可也。盖必得为全人而后谓之圣学,方谓之人。圣人但尽人耳,人须有必为圣人之心,必先有求为全人之心;人须有求为全人之心,必先有不为禽兽之心;不为禽兽,吾知人必有之,而又不肯奋然自力以上进于圣人,斯则不免为庶民耳。谓之曰人,亦不可也。人与禽兽无中分两立之理,出于此入于彼,将为禽兽乎?将为人乎?当于始焉,辨而决之。

洪　垣

复东山会书格致语

太虚至神至明之气,无不通贯,是以阴阳五行顺布不爽,四时百物奉天不违。凡飞潜、动植、洪纤、高下,莫不各得此灵以成其变化。而人为天地万物之心,一呼一吸,莫不与太虚融通,未尝间隔。朱子谓"人心之灵,莫不有知,虚灵不昧,具众理应万事"者是已。然必有勇猛之志,实用致知格物工夫,然后能知其所止,而可以明明德于天下。

夫明我之明德,极乎九州四海之广远,此所谓同天之功化,极天下之至变,极天下之至神。不言而信,不戒以孚,不疾以速,不行而至者也。此岂可以一朝一夕易而致之哉?是以随吾日用间念虑之微,事为之著,考之于典籍,正之于先觉,所以穷致物理,表里精粗,无不尽者,莫非吾心至虚至灵,中正和平之妙用,所谓亲生儿子者是也。但须识良知丹头,而穷致物理,则不是悬空想像,乃是随所行而著,随所习而察。行著习察,原非两说,天神天明,日著日察,著察便是本体,著察便是工夫,只于此处不昧,亦何曾费纤毫之力?卓然在前,跃如可从,焕乎如日月中天,光彩无不照临;巍乎峻极于天,高明无不覆帱;浩乎至大至刚之气,充塞乎天地之间,何可限量?何可屈挠?然必有此实功,方有此实得,一毫不涉影响,在诸君子自修自悟。

黄新阳

东山会论大学之要

　　三代之衰,贤者亦多尚权智,借道理处置人,不知正己物正,是天下可运于掌之道。故虽或足以救一时之乱,而上下之心术遂习于机变文饰,君子不得闻诚身之大道,小人不复被诚身之至治,孔子独忧焉。于是汲汲乎取大人之学,诵而传之,使知、诚、身为齐、治、平之本,以销其权智之习而已。其工夫全在默识怵惕之心,敏求六经四子之古训,博询稽谋自天之公论;其正法直在正己而物。自正;其求端用力,则在时时刻刻立定明明德于天下国家之欲,使非根怵惕处,默识古训公论上考证,则萌芽发用非古今人心同然之独知,固与心意之性命无关,不可以语诚身;使非止于正己而物自正,则怵惕未充心意之性命,容不免亏欠间断,亦不可以语诚身;使非立定明明德于天下国家之欲,则吾之所欲营营以终其身者,不过局于一己躯壳之私,人之痛痒,不恫瘝于吾身,而怵惕之心无自萌芽,纵或隐隐萌芽,物欲亦旋蔽之,所致既非同然之独知,所格必非正己而物正,则亦安诚吾之身以淑乎人心耶?合人己为一体曰真身,合人己而皆正曰诚身,故谬谓诚身为本,是为《大学》要旨。

俞复吾

会中论孔颜知几语

古昔圣贤虽有先后之殊,而其所以用功得力处,总是同一几窍。孔子《易·系》一则曰:"知几其神乎";一则曰:"其殆庶几乎"。夫曰"知几"其神者,谓此"几"神妙不测,应用无方,故上交不至谄,下交不至渎者,乃知此"几"者也。然此"几"常在事先,其端甚微,有善无恶,人所难知,惟君子为能见"几"而作,不待意识安排,而能顺几而作用也,此等之学其知几之学乎。其曰颜氏之子,其殆庶几乎者,盖言颜子虽未能纯其几,然有不善,是少离乎几也,未尝不知于几上便觉也,知之未尝复行,则复其几矣,颜氏之学,其殆庶几之学乎。夫知几其神者,是全其几而未离乎几者也,二者之学虽殊,其学于几一也,其得于几一也,学者若识得于此几窍上用功,则虽屡失屡复,乃是几上著力,终当复其几矣。今之神其几者,吾未之见矣。然有过高焉者,则谓道不容思,乃不屑于几窍上。照察其不及焉者,则谓道散万殊,又不知于几窍上修为。此知几之学,所以鲜明于世也与。

中菴邵继文书

文溪解会质言

横览八荒,竖览千古,生人大限,难满百年。过去之日月莫返,未来之身命难测。眼前光景,能有几何?石火电光,未足云速,于此大作料,量应悼身世之蜉游,笑衣冠之傀儡,渺彼己之蛮触。出世一番,作何干当?不容不汲汲遑遑,讨个出头处。又曰此物元来浑沦,元来无入头处,安有出头处?出入妄立名耳。然悟门大开,不得入头处,又安得出头处?须是发深远心,用精进力,以唇吻上搬弄为耻,以形骸上修饰为伪,直将自性自命以为期。行住坐卧,脉脉参求,参求不得,又不得作一知半解,直至迷乱闷结,兴意落寞,一字道不出,有密云不雨之象,方是好症候。久久如是,忽地得个脉息,心开目明,手舞足蹈,能开平生不能开之口,顿了平生不能了之心。不受人惑,不受人怕,非必作而致其功。功自不已,亦自不同,一念万年得大自在,更有何事不然?依凭影响,堕落窠臼,自是其愚,攀缘作活,终难与游,不骋之途,倾不竭之源已。

昔在都门,会吴翰编以请告行,白余曰:"不佞髫年人目为慧,弱冠取科名,读中秘书以为丈夫事,只此近得胜友相与,乃知人身难得,元来有无上事。始取六籍,帖身理会,意见横生,妄谓圣哲,步趋如是。近又为友人盘诘到底,平生种种伎俩,种种见解,到此总用不着,茫然自失。今且指车南矣,兄何以佐我行?不诗不赋,第欲以口头话,道吾意中事。"余不获辞,漫书此以赠之,且以印可于有道者。

盖自夫子引学之不讲,以为己忧。后世则之,以讲学为最胜事。或者谓学则不可以已,讲则可以已。夫身不出户庭,而途焉、津焉是问,如之何其不可以已也?出门问途,临流问津,如之何其可以已也?《顾》讲之于三代之前,《易》讲之于三代之后,难讲之于不识一字之夫,易讲之于老师宿儒,难何也?乏躬行之功,而多读书。旧闻旧见,涂其耳目,填其胸臆,湑其唇吻也。以为不明也者,解说道理,霏霏不竭;以为明也者,一经盘诘,左支右吾,莫能响应,旋而复作道理,语以当之,更不自疑。夫学莫善于疑,疑者吾人出凡入圣之机也。果能自疑,自脉脉参之心口之间。参之不得,于是参之师友之会。夫子有言,不曰如之何?如之何者,吾末如之何也已矣。何以曰如之何?如之何,心口自相参也,所谓君子谋道之讲也。人不自参之心口之间,而参于圣人,圣人且无如之何,况寻常之师友哉?惟无真志,故无真疑,故无真参。终日聚谈,多属虚假,如场中策问,只以考人,非求益己,无病而吟,不痒而搔,今世讲学大都如是。不高标话头,便重下注脚,一朝解散,仍各怀一副当道理语而去,卒未有发深疑者,又何取于呶呶聚讼、增口业为哉?世禄妄道,斯事白首无成。同心方来,欣逢雅会,其转影响之明,而为疑也。惟此日其转影响之疑而为明也,亦惟此日如何。今者方有事于操民兵,闻解会在即,不知诘朝还得一晤言否?走笔相质,聊以当面,有百君子其毋吝以修我。

人何苦不安命,饶君株守终生,必不能损命之所有,即蝇营狗苟,亦必不能益命之所无。是故贵富贱贫,夭寿造命,自天乃贤,不肖由我造。

火性自焚,水性自溺,知性者知刚、知柔、知透,而化于中。古之真人,入水不濡,入火不焦,有以也夫。

见人不善,万恶之根;见己不善,万善之门。辟若门划,若根心和气平,解脱冤憎,可以安身,可以和亲,可以式子孙。

圣人空空,鄙夫亦空空,故能叩能竭。惟上之不至于圣人,下之又不至于鄙夫,胸中常有一副知见作梗概,即圣人无所关其口。吴草庐有言:"能使不识一字凡夫,立跻神妙"。夫不识一字,所谓空空也。设识一字,一字便能作祟,欲使立跻神妙,能哉?

寰中有两品官品,品之一朝人品,品之百代达人,近思身后之身,远览人中之人,终不以彼易此。

不善读书者,读万卷书不留一字在胸中;善读者读万卷书,亦不留一字在胸中。

祝世禄

文溪解会质言跋语

曩在会堂,侧闻四方高贤妙论邃旨,反之,愚心捕风捉影,杳无所得。且自日用常行内,浅浅理会,将去近里,着己一语一点、一动一静,比验古昔圣贤与在己同异,何如此志坚定,顷刻不放过,久之,或当有凑泊处。尔书册上言语靠不得,师友间商议悟不得,又去书册、离朋友不得,总之求个自得而已。子思之素位而行,孟子之深造以道,皆圣门的确公案。自得之学,岂一蹴可至哉?汉儒杂之训诂,宋儒反之性命,今儒近之玄空。不言下学言上达,不言渐进言顿悟,与中人以上语此,中人以下亦语此,是以性命为训诂矣。圣门之教,或不其然,即君子爱人无已。心何尝不切?而强其所未至,终非自愤自悱,何得之有?愚窃愿会中无多言,无深言,点缀日用工夫,启其体验,使有所著脚,发其疑难,使之寻路,思索自当得之时有味乎。我候祝明府之言,曰反躬、曰真志、曰自疑自参。不者一朝解散,仍各怀一副当道理语而去。噫!学之弊也久矣。"顶门回生手,名家一十针",其在此乎?

邑汪潜夫,得明府会间手笔二函,珍重百朋,遂勒之石以广其传。兼摹明府,过玄芝室,别录数条,皆与此学相发明者。此学千古不泯,明府弘道济世之功,亦千古如一日也。昨睹此作,为吾道生色,回附所欲,以质之四方之同志者。

范晞阳

又

岁壬辰九日,徽六邑大会轮休阳,休令君豫章祝无功先生寔莅之。于时先生方羁于公事,不得数数,于是出其旧所,与吴翰编赠言及教语一通以商之。同志者,乃一洒学人言诠。俾人人自参自悟,无复蹊径可回,依声闻可揣畔一旨,闻者莫不欣艳,以为得未曾有。其门人汪潜夫辈,力请于先生亲书为卷,镌之贞珉,以公之四方同志。属予一言于卷末,予则以为,先生之言譬之摩尼宝珠,得之者无不人人如意,乃其书法之妙,则又若□玉之牍,无不人人珍玩。予窃恐其有买牍而还珠者,则于潜夫之意孤矣,观者其举而两存之哉。

陈少明

婺紫阳会讲

吾人为学,有头脑工夫,正心与戒惧、不睹不闻是也;有节目工夫,诚意与慎独是也。头脑工夫,即大德敦化,其工夫无时可间,所系为甚大;节目工夫,即小德川流,其工夫有感寂之分矣.念之起时,则宜加诚意慎独之功;念未起时,则无功可加,此其所系不若头脑工夫之大,所以《中庸》末章既曰:"内省不疚",又曰:"不言动而敬信",其为头脑节目,了然甚明。吾人苟能了此,斯圣学之全功在我矣。夫心者,身之主意,则心之所发。心固常发,无无念时,却有无人无事时。故正心工夫占得地步阔,无寂、无感、无动、无静而浑然,湛然无少间断,执事与人,则心体中种种色色之应迹耳。学者徒大段正心,而不随人随事诚意,则对景放过私意,决难净尽。若不大段正心,色漫欲根,如渣滓潜伏,则虽随人随事,诚意终是强制,可以为难,不可以为仁。

夫人有躯壳,道心固根柢于中,则身之主宰不偏,少间发出头头是道而身修。人心藏宿其间,则身之主宰不端,少间发出色色非道而身不修,此修身所以先正心也。

吾心不正,则身便不诚,不待发之于外。《易》曰:"正其本,万事理"。《书》曰:"惟厥攸居,政事惟醇"。《学记》曰:"大学之法,禁于未发之谓豫,发然后禁则扞格而不胜"。孔子曰:"凡事豫则立,不豫则废。言事行道,前定则无踣困疚穷"。孟子曰:"生于其心,害于其政"。又曰:"作于其心,害于其事"。千圣心法如出一口。可见正心自有正心工夫,不专靠心之所发处,致力明矣,其必曰意诚而后心正者。盖谓千磨万炼之后,志益坚仁益熟,始能收正心之功耳。

俞复吾

又

《大学》论身心意知物,虽有许多名目,却无几项工夫,只诚意二字足以该之。其释正心修身,亦只将心之所用来说。心之所用,非意而何?意虽有善有恶,言诚意则无恶矣。盖学问工夫,只在头脑主意是当。主意即是工夫,工夫全在主意。若当下是个真真实实,要做圣矣的主意,即便是正心修身的工夫。孔子曰:"苟志于仁矣,无恶也"。善恶二念自是相反,不是相对,故只消说个诚意,便不消虑其有恶念矣。后儒只言思诚,言立诚,良有以也。舍诚意而别求正心之功,不知将如何用?告子不知诚意,只知正心以药其病,孟子岂以正心为非哉?今若时时格物致知,以诚其意,则时时是集义,时时是有事,心不期正而自无不正矣,何以正心为哉?

余刚斋

又

《大学》一书,舍诚意再无正心修身工夫。《中庸》一书,舍慎独再无戒惧、不睹不闻工夫。意非念虑,有起有灭之谓也,即吾心之生生不息者是也。观之草木,其生意虽值秋冬收藏时节,亦是生生不息底。何时是他已处意不息,则吾人诚意之功,亦无时可得止息,独非不睹不闻之外,又有所谓独也。即不睹不闻,为吾所独知之地,举天地之间,无物可以与之为对者是也。所以当戒惧者以不睹不闻之独,虽隐而莫见者此焉;不睹不闻之独,虽微而莫显者此焉。其诚中形外如此,此君子所以当戒惧而慎之。即此便是头脑无间工夫,不落支节点。由是而心无不正,喜怒哀乐之未发无不中,好恶不滞于内,大德之所以敦化也;由是而身无不修,中节之发无不和,好恶不偏于外,小德之所以川流也。故曰:"欲正其心者,先诚其意",又曰:"意诚而后心正",又曰:"故君子必慎其独"。玩味经文,之所以归重,既未尝见有三项两项工夫,而验之于吾心。如此用工持循,又何等简易,直截洒落自在。

曾子传"诚意"曰:"德润身,心广体胖。"夫语意而曰:德即所谓明德,即所谓至善,即予之所谓生生不息。语心而曰广,可谓之心正;语体而曰胖,可谓之身修。心广体胖,由于德是;心正身修,由于意诚。曾子之言与孔子之言如出一辙。知孔、曾之言,则知阳明与王、钱之言,皆先得我心之同然,更无可疑者矣。

夫身、心、意、知、物,虽有五者之名,而其实只是一物;格、致、诚、正、修,虽有五者之目,而其实只是一事。故阳明以为,自物而言谓之格,自知而言谓之致,自意而言谓之诚,自心而言谓之正,自身而言谓之修。格者,格此;致者,致此;诚者,诚此;正者,正此;修者,修此。夫岂有内外彼此之分哉?阳明语学,至此可谓直接。惟精惟一之旨,学者苟能知此,则处处俱是本领工夫。

夫心者,身之主宰;意者,心之所发,分而言之则有二,合而言之则一而已。何也？意之所发，非好则恶；心之主宰，非悬空有。所谓主宰也，心之所主在于好意，始发而为好；心之所主在于恶意，始发而为恶。故诚其所发好恶之意，即所以正其主宰之心。观修身在正心之传，不曰正心，而惟曰有所忿懥、恐惧、好恶、忧患者，心之不得其正也，是正心由于诚其好恶之意也。齐家在修身之传，不曰正心以修身，而惟曰之其所亲爱、贱恶、畏敬、哀矜、傲惰，而辟者身之所以不修也，是修身由于诚其好恶之意也。治国在齐家之传，不曰正心以齐家，而惟曰其所令反其所好，而民不从，观好则恶可知，是齐家由于诚其所好恶之意也。平天下在治国之传，不曰正心以治国，而惟曰所恶于上下、前后、左右，毋以交于上下、前后、左右，观恶则好，可知是治国平天下。由于诚其好恶之意也，可见好恶之意则心诚意，即正心也。语主脑工夫，主脑不外乎诚意；语逐节工夫，逐节不外乎诚意；语大德敦化，唯天下至诚，为能经纶大经、立大本、知化育，大德不外乎诚意；语小德川流，唯天下至圣，为能有容有执有敬有别，圣诚而已矣，小德不外乎诚意，意诚则心正矣。然《大学》虽归重于诚意，学者苟悟圣矣宗旨，则虽止言修身可也，止言正心可也，止言致知，止言格物亦可也。何也？举一而数者皆在其中也。如洗心制心之云，正身守身之论，夫岂言彼而遗此，言此而遗彼哉？

余弘斋

又

吾心本体，无起无灭，无感无寂，此为吾心真意。一真百真，连根连苗，通为一物。何者？吾人实无无意之心，亦无无心之意，即所云正心者。果以无心正、抑以有心正耶？如以无心正，则无意之心本自正也，其不必说正心工夫。如必以有心正，则欲正之心亦是意也。正心如何不是诚意？又所云：诚意者果以有意诚、抑以无意诚耶？如以有意诚，则意从念起，非真意也，意果不足以尽心。如必以无意，则无为之意不属意也，诚意又何可无正心？是无意之心不必正，有心之意非真诚。如必正有意之心，则不分已发未发，而皆谓之诚意可也。如必诚其无心之意，即不论已然未然，而即谓之正心可也。正心之初，实不外乎诚意；诚意之极，乃所以为正心，正心诚意之旨原无分别。

陈文台

格字答

谢见参曰："曾见子'格'字论，然'格'果异于'至'乎？"叔阳曰："自汉唐以来，皆以'至'字释之，不觉轻看过了，予以'格'字乃当然之旨矣。据《论语》'有耻且格'，是不为非。为而所为，不叛于道也"。《虞书》曰："七旬有苗格"，岂惟来至，乃归化也。《尧典》曰："格于上下"，非止言至，乃合德也。彼物之取正者，曰格方；事之可法者，曰格式；人之违道者，曰无格，皆是此意。曰："舜格于文祖，何也？"曰："此可以'至'字释矣。若格其非心，亦可以'至'字释之乎。格物是当然之义无疑也。"曰："如此则'格'字非一言能释矣"。曰："一部传义，皆是'格'字。如听讼而使民无讼，无情者辞不得尽而畏服民志，此听讼一事之物格也。故传文曰：'此谓物格，此谓知之至也'。举一隅而三隅可反矣"。曰："然则明明德于天下，尽在一'格'字乎？"曰："是矣。大抵经文首提纲领，必及工夫。知止者，止至善之工夫也；格物者，又知止之工夫也。以吾人有当然之道，因物而见千变不同处之得，宜各无失所，方是格也，致知先求乎此而已矣。至于应之无过不及，其中节恰好处，必熟之而后能。故圣人发出精密次第而归于格物者以此。"谢子曰："善，惟理之当然，而可以言至处，惟事之至当而有合于当然。吾兄当然之旨，与传义'至'字之释，两相该而互相发，宜纪之为吾人格致之省。"

李梧冈

学人言十一款

程本贞问观过知仁。陈子曰：仁，无过也，过焉得仁？过生于党,党者互相隐覆之谓也。观过则不党,便知无过之仁体,便是志仁无恶,便是用力于仁之功夫。天地之道贞观者也,是故所过者化。

《大学》曰"正心",《孟子》曰"勿正",《孟子》曰:"求放心",邵康节曰"心要放",如何?陈子曰:心是我的活物也,能放得方能求得,勿正时乃是正心。

文溪之会,诸友密正于范大夫、李梧冈,举生而知者四项,各各将何处,诸人氏不敢当,上次认不学欤。梧冈曰:"何曾见人困来?"予曰:"我实生知,亦学知困,知亦不学不困。"范大夫曰:"何为乎?"曰:"愚夫与知与能,难道非生?孔子忘食寝,难道不困?故上焉者,从生处学,学处困;下焉者,从困而学,学而生,此四项何有定限?吾辈但看当下一时肯学与否,不学则上知沦于下愚,能学则下愚进于上知。然则何居乎困下,又何让乎生上为哉?"

张子厚十五年学恭而安不成。苏子瞻曰:"何时与他打破这'敬'字?"愚谓:"不睹不闻之中,着此一'敬'字不得,又将何物与他打破?及至打破,不得则恭而安,学成矣。"

汪惟复问:"安得一悟,永不作疑?"陈子曰:"悟与疑对,不作疑非悟也。夫悟者,如冰消瓦解,自有而化无,固难;疑者,如移花接木,自无而生有,尤难。故有深疑者,有大悟能妙悟者,能善疑。"

问:"如何是衲僧活计?"曰:"耳里种田。""然则如何是俗儒生业?""亦然亦然。"

金陵侍耿夫子诘曰:"来此非买货即卖货,子奚若?"予曰:"生从买处卖,亦从卖处买。"师肯首。逾年,友人詹君衡自金陵来,予诘曰:"耿夫子何以语汝?"君衡曰:"夫子谓我卖货乎?买货卖,要货真,买货要本钱,不赊。"予三复而叹曰:"有孔孟之真货,处处可卖;有舜颜之本钱,物物可买,夫子二言,是我奇货。"

汪师颜来问学,将归请益。陈子曰:"默勿复言,即便去。"汪未得申之,曰:"出门拈东带西,中途三返四复,不及到家日暮矣。古往今来,惟颜子到家得早。嗟呼,师颜乎?"

论学要逢原,诸友人皆曰:"须深造,因举有为掘井公案。"陈子曰:"不然,掘从有泉处掘,一举有功,不然九仞犹是弃井。

学不从以道处深造，何得逢原？"

谢石原曰："今世学者，大患不是伪，则是迂。伪者是明敏人的病，迂者是笃实人的病，不伪不迂善学哉！"然学人士常以伪之病甚于迂，愚则以伪之病人人得而指摘之，其害在自己身上。若迂腐人，循循雅饬，人争信慕卒之，变通神化处，毫无着落，所以误己误人，误天下后世尤大。他日谢汝学问曰："伪岂不甚于迂乎？夫子之说吾感焉。"陈子曰："阳墨之仁义伪耶？迂耶？告子之不动心，迂耶？伪耶？孟子何以辟之甚者？"汝学曰："吾得之矣。吾人终日何敢作伪，实是转动不来，夫子有谓矣。"

陈履祥

主要参考文献

一、古籍文献

（宋）朱熹：《朱子全书》，上海：上海古籍出版社；合肥：安徽教育出版社，2002年。

（宋）朱熹：《朱子语类》，北京：中华书局，1994年。

（宋）周密：《癸辛杂识》，台北：台湾商务印书馆，影印文渊阁《四库全书》本，1983年。

（宋）陆九渊：《陆九渊集》，北京：中华书局，1980年。

（宋）程颢、程颐：《二程集》，北京：中华书局，1981年点校本。

（宋）陈亮：《陈亮集》，北京：中华书局，1987年。

（宋）吴儆：《竹洲集》，《四库全书》本（集部八一，别集类），上海：上海古籍出版社，1987年。

（宋）程洵：《尊德性斋集》，知不足斋丛书本。

（宋）吕祖谦：《东莱别集》，《四库全书》本（集部八九，别集类），上海：上海古籍出版社，1987年。

（宋）程珌：《洺水集》，《四库全书》本（集部一一〇，别集类），上海：上海古籍出版社，1987年。

（宋）陈淳：《北溪文集》，北京：中华书局，1986年。

（宋）谢琎：《竹山遗略》，清咸丰峨术斋刻本。

（宋）汪莘：《方壶存稿》，《四库全书》本。

（宋）祝穆：《方舆胜览》，《四库全书》本。

（元）郑玉：《师山集》，台北：台湾商务印书馆，影印文渊阁《四库全书》本，1983年。

（元）程钜夫：《雪楼集》，台北：台湾商务印书馆，影印文渊阁《四库全书》本，1983年。

（元）吴澄：《吴文正集》，台北：台湾商务印书馆，影印文渊阁《四库全书》本，1983年。

（元）史伯璇：《四书管窥》，台北：台湾商务印书馆，《四库全书》珍本，1971年。

（元）胡炳文：《四书通》，台北：台湾商务印书馆，影印文渊阁《四库全书》本，1983年。

（元）程端礼：《读书分年日程》，台北：台湾商务印书馆，影印文渊阁《四库全书》本，1983年。

（元）陈栎：《定宇集》，《四库全书·集部》，上海：上海古籍出版社，1987年。

（明）朱升：《朱枫林集》，合肥：黄山书社，1992年。

（元）赵汸：《东山存稿》，台北：台湾商务印书馆，影印文渊阁《四库全书》本，1983年。

（元）赵汸：《春秋集传》，台北：台湾商务印书馆，影印文渊阁《四库全书》本，1983年。

（元）赵汸：《春秋师说》，台北：台湾商务印书馆，影印文渊阁《四库全书》本，1983年。

（明）赵滂：《程朱阙里志》，清雍正三年刻本。

（明）程敏政：《新安文献志》，合肥：黄山书社，2004年。

（明）程敏政：《道一编》，《四库全书存目丛书》本。

（明）王阳明：《王阳明全集》，上海：上海古籍出版社，1992年。

（明）汪循：《仁峰集》，《四库全书存目丛书》，济南：齐鲁书社，1997年。

（明）汪循：《帝祖万年金鉴录》，《续修四库全书》子部，儒家类，第320页。

（明）程曈：《新安学系录》，民国二十一年安徽丛书第一期影印本。

（明）韩梦鹏：《新安理学先觉会言》，民国安徽通志馆传抄本。

（清）黄宗羲、全祖望：《宋元学案》，北京：中华书局，1986年。

（清）黄宗羲：《明儒学案》，北京：中华书局，1985年。

（清）张廷玉等：《明史》，北京：中华书局，1974年。

《续修四库全书》，上海：上海古籍出版社，2003年。

（清）永瑢等：《四库全书总目提要》，北京：中华书局，1965年。

（清）施璜：《紫阳书院志》，清雍正三年刻本。

（清）戴震：《戴震全书》，合肥：黄山书社，2000年。

（清）戴震：《戴震全集》，北京：清华大学出版社，1999年。

（清）吴翟：《茗洲吴氏家典》，紫阳书院藏版。

道光《徽州府志》，道光七年刊本。

道光《休宁县志》，道光三年刊本。

（清）周溶主修、汪韵珊纂：同治《祁门县志》，南京：江苏古籍出版社，1998年。

徐乃昌：《安徽通志稿·艺文考》，民国二十三年安徽通志馆铅印本。

二、近人论著

梁启超：《清代学术概论》，北京：中国人民大学出版社，2004年。

江藩：《国朝汉学师承记》，北京：中华书局，1983年。

钱穆：《中国近三百年学术史》，北京：商务印书馆，1997年。

胡适：《戴东原的哲学》，合肥：安徽教育出版社，1999年。

余英时：《论戴震与章学诚》，上海：生活·新知·读书，三联书店，2000年。

侯外庐：《中国早期启蒙思想史》，北京：人民出版社，1956年。

休宁县地方志编纂委员会编：《休宁县志》，合肥：安徽教育出版社，1990年。

侯外庐、邱汉生、张岂之主编:《宋明理学史》,北京:人民出版社,1984年。

张立文:《朱熹评传》,南京:南京大学出版社,1998年。

张立文:《朱熹思想研究》,北京:中国社会科学出版社,1981年。

周晓光:《新安理学》,合肥:安徽人民出版社,2005年。

张海鹏等:《徽商研究》,合肥:安徽人民出版社,1995年。

张海鹏等:《明清徽商资料选编》,合肥:黄山书社,1985年。

王国良:《明清时期儒学核心价值的转换》,合肥:安徽大学出版社,2002年。

蒋元卿:《皖人书录》,合肥:黄山书社,1989年。

王杰:《戴震义理之学的形成、确立及其方法》,《现代哲学》,2006年第1期。

孙以楷:《戴震与新安理学》,《光明日报》,2003年6月3日。

解光宇:《朱、陆分歧与徽州学者"和会朱、陆"历程》,[韩]《儒教文化研究》第11辑。

解光宇:《程敏政、程瞳关于"朱、陆异同"的对立及其影响》,载《中国哲学史》,2003年第1期。

解光宇:《论朱升理学思想及其价值》,载《安徽大学学报》,2007年第3期。

黄开国:《赵汸的春秋学》,载《中国哲学史》,2004年第2期。

王国良:《朱熹与新安理学》,载《中国哲学史》,2003年第1期。

王裕明:《〈仁峰集〉与明中叶徽州社会》,载《安徽大学学报》,2005年第5期。

钱明:《王学在新安地区的遭遇与挫折——以王守仁与汪循关系为例》,载《黄山学院学报》,2008年第4期。

后 记

记得赵华富先生曾说过，徽州文化之所以成为徽学，徽学又之所以成为显学，主要有三大支撑点：徽商、新安理学、徽州宗族。我非常赞成赵先生的观点。近几年来，我花了一定的时间和精力研究新安理学，主持国家社会科学基金项目"朱熹与新安学术流派研究"，全国高等院校古籍整理研究工作委员会"《新安理学先觉会言》整理与研究"，主持和参与省部级相关科研项目，并且取得一些成果。但总的来说，我对于新安理学的研究还缺乏系统性，正如这本书名，曰《新安理学论纲》，这主要是由于资料的匮乏。也许正是由于资料的匮乏，我才对寻找新安理学资料产生浓厚的兴趣，这或许也是以后继续研究新安理学的动力所在。

感谢石磊、蒋艳艳、姜波、马学存等同学，他们分别为《吴儆思想研究》、《倪士毅与〈四书辑释〉》、《〈范子呓言〉思想研究》、《程大昌思想研究》等章节的撰写做出了很大的贡献。

感谢安徽大学出版社副总编朱丽琴老师，感谢《徽学与地域文化丛书》编委会，感谢责任编辑王娟娟老师，没有他们的支持，就没有这本小书的问世。我想，以这本小书的问世为自己学术研究新的起点，加大对新安理学的研究力度，为弘扬徽文化和祖国传统文化尽一份责任。

解光宇

2013 年 6 月 28 日